工作过程导向现代市场营销系列教材
全国首批**28**所国家示范性高职院校建设项目成果

现代市场调查与预测

Xiandai Shichang Diaocha yu Yuce

赵　铁　编著

高等教育出版社·北京
HIGHER EDUCATION PRESS　BEIJING

内容提要

本书是全国首批28所示范性高职院校建设项目成果。本书深入贯彻教育部《关于全面提高高等职业教育教学质量的若干意见》和《国家中长期教育改革和发展规划纲要》(2010—2020年)文件精神，与专业市场调查公司合作进行课程开发及教材编写。在职业分析基础上，构建了以市场调查职业活动顺序为主线的教材内容体系，理实一体，任务驱动，学做合一，从课程开发的角度，为经管类课程的实施搭建了“工学结合”的立体舞台。

本书设计了10个学习性工作任务，包括市场调查项目的准备、市场调查目标的确定、市场调查方案的制订、市场调查方法的选择、市场调查问卷的制作、市场调查工作的组织、市场调查资料的整理、市场调查资料的分析、市场发展态势的预测、市场调查报告的完成。

本书从职业的角度，编述了市场调查工作活动，操作性强，职业工作过程完整。本书适合高职高专院校市场营销专业及经济管理类相关专业教学使用，也可作为在职人员工作实践的指导书和营销师职业资格考试用书。

本书提供数字课程的学习，欢迎读者登录经管理实一体化课程平台，获取相关教学资源，进行自主学习及交流活动。网址：http://hve.hep.com.cn。具体登录使用方法见书后郑重声明。

图书在版编目(CIP)数据

现代市场调查与预测/赵轶编著. —北京：高等教育出版社，2012.1（2013.11重印）

ISBN 978-7-04-033225-4

Ⅰ.①现… Ⅱ.①赵… Ⅲ.①市场调查-高等职业教育-教材②市场预测-高等职业教育-教材 Ⅳ.①F713.5

中国版本图书馆CIP数据核字(2011)第228912号

策划编辑	杨世杰	责任编辑	杨世杰	封面设计	于文燕	版式设计	范晓红
插图绘制	尹文军	责任校对	张小镝	责任印制	张福涛		

出版发行	高等教育出版社	咨询电话	400-810-0598
社　　址	北京市西城区德外大街4号	网　　址	http://www.hep.edu.cn
邮政编码	100120		http://www.hep.com.cn
印　　刷	北京市鑫霸印务有限公司	网上订购	http://www.landraco.com
开　　本	787mm×1092mm　1/16		http://www.landraco.com.cn
印　　张	15.75	版　　次	2012年1月第1版
字　　数	370千字	印　　次	2013年11月第2次印刷
购书热线	010-58581118	定　　价	29.80元

物 料 号　33225-00

前　言

作为一种"类型"的高等职业教育，其课程来源、观念、开发以及实施都应具备自己的个性。每一位高等职业教育工作者都应该从教育的本真出发，去认识高等职业教育区别于普通高等教育和中等职业教育的身份属性，迎接教育精细化、精致化的未来。

高等职业教育的培养目标是，学生不仅能够直接上手从事职业活动，而且能够在考虑自身社会责任和环境要求的前提下，参与设计未来的职业技术、工作内容和自己生活领域的发展。这也是高职与中职的重大区别之一。因此，高等职业教育不是简单地"传授书本上的学习内容"的过程，而是发展设计能力和职业行动能力的过程。职业发展的过程既是能力发展的过程，也是职业认同感发展的过程。其课程开发的起点只能是职业分析而非学科，课程观应该具有经验属性，课程内容的设计与编排应该建立起知识与职业任务的有机联系，为"工学结合"的切入提供有形舞台，为学生开辟一条从初学者到熟练从业者的成长之路。

课程是高职高专院校专业建设和改革的核心。长期以来，社会、院校、教师、学生和家长都将课程视为塑造学生期望与生活轨迹的重要力量。因此，人们越来越多地将注意力聚焦于"课程开发"这一严肃的命题中。从2006年年末的国家示范性高职院校建设项目开始至今，从专业教学角度认识职业教育，遵循职业教育规律、职业成长规律与学习规律，进行课程开发，运用职业教育技术，进行"工学结合"课程的设计与实施，已经成为全国高职院校课程改革探索的主流方向。作为示范项目，我们与专业市场调查公司合作，借鉴"学习领域"课程开发思想，共同开发了市场营销专业系列教材。

与传统学科教材相比，本书在定位与设计方面具有以下特点：

1. 依据职业分析搭建课程结构。以市场调查与预测职业分析为基础，找准课程的来源，校准教材内容参照。贯彻工作过程导向思想，职业分析的着眼点是整个工作过程以及工作过程中涉及的各个要素，而非一些"点状"的技能。以职业任务为载体，进行课程内容编排，使原来独立、离散的学科知识有机地融合到职业操作体系中，形成以职业任务为中心、以工作过程知识为焦点、以学科知识为背景的新型课程内容结构，实现了课程内容由学科结构向任务结构的转变。

2. 依照职业活动定位课程演进。遵循职业教育规律和职业成长规律，以市场调查职业工作活动过程为导向设计教材内容，使独立、离散的学科知识随着职业活动进展而演进。同时，围绕着学生和职业活动两个相互耦合的中心，营造模拟的职场环境，以模拟职业工作过程任务来展开教学过程，引领学生对职业内容和工作环境产生感性的认识。建立起知识与职业工作之间的紧密联系，形成理实高度一体化的新型课程内容，实现学科课程向工作过程导向课程的跨越。

3. 参照职业活动设计教学情境。在充分考虑职业工作任务的繁简、难易以及工作过程是否完整的基础上，教材设计了一系列职业活动情境，将学生置于职场中，由传统意义上的教师讲学生听的被动行为逐步向学生的主动探索行为(完成某项活动)转变。伴随着工作任务的实践过程,学生经历“边做边学、学练结合、自评自纠”的学习过程。同时,在职业氛围中鲜活地实现了职业教育的育人功能,也增强了学生对职业的认同感。

4. 对照职业能力设计学习目标。由市场调查行业专家、企业技术专家组成课程开发小组,科学归纳职业典型工作任务,分析职业能力,根据职业成长规律,确立学习素材并参与教材设计,使学习目标具体、明确、系统,学习内容先进、取舍合理,学习内容结构清晰、层次分明,信息传递高效简洁。技术与技能标准以企业标准为主,并且把课程考核与职业资格证书考核有机地结合起来。在方便学生职业技能养成的同时,也兼顾了学生获取相应职业资格证书的需要。

本书设计了任务目标、任务分解、情境导入、任务回顾、任务小结、重要概念与技能、课堂讨论、课后自测、案例分析、模拟演练、学生自我总结等栏目,形成了相对完整的市场调查与预测课程内容及操作体系,回归了以培养学生技术应用能力为主线的高职教育本位,突出强调学生学习的参与性与主动性,体现了教材定位、规划、设计与编写等方面的教学改革示范性,适合高职高专院校市场营销专业及经济管理类相关专业选用。

本书由山西省财政税务专科学校国家示范性高职院校建设市场营销专业领导小组成员赵轶编写。在编写过程中,编者参阅了国内外一些专家学者的研究成果及相关文献,多家校外实训基地多次提供市场调查实践项目,广东省商会馈赠了一些国内外专业营销调研公司的宝贵资料。编者在德国研修时的老师——荷兰南方高等职业技术学院林堡商学院市场营销职业教育专家 Spaubeck 教授多次给予悉心指点,新加坡南洋理工学院和中国香港职业训练局一些市场营销专家对教材的设计提出了许多珍贵的建议,在此一并表示衷心的感谢。

高职教育课程建设正如火如荼,作为首批立项建设并验收通过的国家示范性高职院校,有义务做出更多尝试。编者最希望分享的经验:从专业教学论的高度认识了高等职业教育,彻底匡正了职业教育课程观;从社会学、教育学以及心理学等多个维度掌握了职业教育课程方案的精要;从职业教育学习规律、职业教育技术角度理解了“工作过程”的内涵。在此基础上,结合经济管理类专业的特点,开发出了各专业具备“工作过程”特征的课程方案。

编者深信,高等职业院校课程建设是一个内涵不断拓展、目标不断提升、思路不断创新、任务不断更新的过程。通过“国家示范性高等职业院校建设计划”的实施,100 多所示范院校和 2010 年 9 月新确立的 100 所骨干院校的积极探索,一定会形成结构合理、功能完善、质量优良、具有中国特色的高职教育课程体系,在我国高等职业教育中发挥重要的作用。

作为一种探索,尽管我们力求完美,但对市场调查职业活动的认识、理解和分析等方面难免存在偏差,敬请读者不吝赐教。

编　者

2011 年 10 月

目　　录

任务1

市场调查项目的准备

▷ **任务目标**

▷ 知识目标

1. 了解市场调查的含义与功能；
2. 掌握市场调查的内容；
3. 识记市场调查建议书的内容；
4. 认识市场调查机构。

▷ 技能目标

1. 能认识市场调查职业；
2. 能组织调查项目洽商；
3. 会编写调查项目建议书；
4. 能组建市场调查项目组；
5. 能进行调查人员招聘管理。

▷ **任务分解**

▷ **情境导入**

1.1 市场调查项目的认识

1.2 市场调查项目的洽商

1.3 市场调查人员的组成

▷ **任务1小结**

▷ **重要概念与技能**

▷ **课堂讨论**

▷ **课后自测**

▷ **案例分析**

▷ **模拟演练**

▷ **学生自我总结**

◈ 任务分解

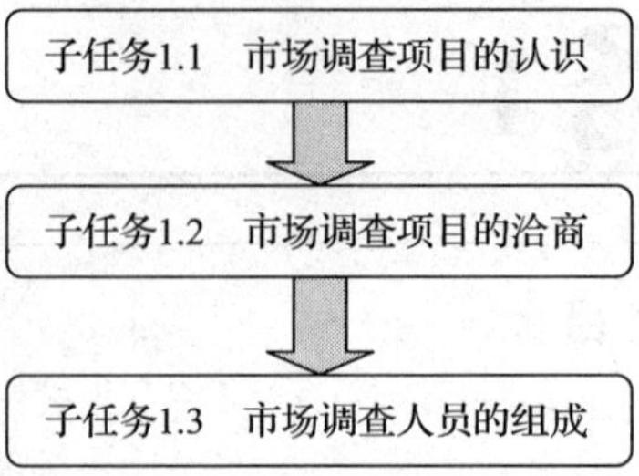

◈ 情境导入

尊敬的读者：翻开本书这一页，您就已经步入了市场调查与预测职业活动之中。紧跟本书任务的引领，您将开启一扇崭新的职业生活大门。这里充满了挑战，您将获得前所未有的成就感。

作为市场营销活动的起点，市场调查与预测是通过用专门方法收集市场信息，经科学分析，提出调查与预测的结论，供企业决策者制订营销策略时参考。一个市场调查项目往往要经历准备、实施调查（收集市场信息）、分析数据资料、提出结论这样一个完整的过程。作为初学者，本书为您设计了一系列市场调查项目活动的准备工作，现在您将作为北京××市场调查公司的一名市场调查员，开始第一个业务操作：**市场调查项目的准备。**

市场调查与预测职业活动操作的第1步：**市场调查项目的准备**。为了方便您掌握市场调查与预测活动的基本知识，学会市场调查工作准备的专业技巧，我们根据实际业务活动顺序，将市场调查项目的准备这一个业务活动分解为三个子任务，这三个子任务分别是：

市场调查项目的认识；

市场调查项目的洽商；

市场调查人员的组成。

您可以按照任务引领，对照学习目标，依次完成各项子任务，直至完成本任务，从而具备完成市场调查项目准备工作的职业能力。

1.1　市场调查项目的认识

> 任务描述：作为初学者，本任务将引领您认识市场调查，以及市场调查职业活动的工作对象、工具、工作方法、工作组织、对专业工作的要求和工作成果等过程要素，最终真正走入职业活动中。

1.1.1　认识市场调查

面对竞争激烈的市场，我们经常惊叹于一些企业的成功。美国麦当劳公司原是一家名不见经传的快餐店，如今它已经成为拥有三万多家分店的国际快餐经营集团。麦当劳在北京的第一家分店成立于1992年4月23日，但早在1984年年底，美国麦当劳总部就派出专家，对中国河北、山西等地的上百种马铃薯成分逐一进行调查分析，确定是否能够作为麦当劳的专用马铃薯。仅仅是一个薯条的原料，麦当劳就如此兴师动众，可见其对市场调查的重视程度。同时，也不难理解其称雄国际快餐市场的原因。

在竞争激烈的市场上，企业的任何经营决策都存在着不确定性和风险，只有通过有效的市场调查，掌握足够的市场信息，才能顺应市场需求变化趋势，了解企业所处的生存、发展和竞争环境的变化，增强企业的应变能力，把握经营的主动权，创新营销组合，识别新的市场机会，实现预期的经营目标。所以，市场调查是现代企业一项重要的基础工作，是企业市场营销活动的起点，也成为企业营销管理的重要组成部分。

重要概念1-1

市 场 调 查

市场调查是指为了形成特定的市场营销决策，采用科学的方法和客观的态度，对解决市场营销有关问题所需的信息，进行系统地收集、记录、整理和分析，以了解市场活动的现状和未来发展趋势的一系列活动过程。

1. 市场调查的起源

最早出现在人们视野中的调查活动是社会调查。有记载的最早的调查活动是1824年8月由美国的《宾夕法尼亚哈里斯堡报》(*Harrisburg Pennsylvanian*)进行的一次选举投票调查；同年稍后，美国的另一家报纸《罗利星报》(*The Raleigh Star*)对在北卡罗来纳州举行的具有民众意识的政治会议进行了民意调查。早期的调查活动常被一些国家或其代理机构用来作为收集民意的一种手段。

较早的、较系统的、以营销决策为目的市场调查活动是20世纪初由杜邦公司发起的，这项活动要求其推销人员在推销产品的同时，收集并提交有关顾客特征的调查资料，并进行系统的整理和分析。但当时负责收集并报告数据的推销人员认为这纯属于一项额外、多余的书面工作，因而感到异常愤怒，抱怨纷纷。

随着社会生产力的发展，以及市场经济在更大范围内的拓展，众多企业了解消费者需求和对产品的态度的需求应运而生。美国的一些大学先后设立了市场调查专业，大量的研究成果被运用到调查实践中。随着企业对市场调查工作的日益重视，越来越多的调查新技术和新方法也层出不穷。特别是在第二次世界大战后，世界经济经历了一个黄金发展时期，企业迅速发展，市场调查活动方式方法的创新、调查结论可信度的提升也成为理所应当的要求。于是，市场调查的重要性被提升到新的高度，这项工作也成为企业的一项常规管理工作内容。

2. 市场调查的意义

在市场调查领域，经常有人用"伟大"一词来定位其作用与意义。对于企业来讲，市场调查活动具有以下意义：

(1) 市场调查是企业营销活动的起点。企业的营销活动是从市场调查开始的，通过市场调查，识别和确定市场机会，制订营销计划，选择目标市场，设计营销组合，对营销计划的执行情况进行监控和信息反馈。在这一过程中，企业每一步都离不开市场调查，都需要以市场调查结论作为决策的依据。否则，就会形成盲目的和脱离实际的决策，而这些则往往意味着损失和失败。

任务资讯 1－1

市场调查的功能

市场调查具有三种功能：描述、诊断和预测。第一种功能是描述，指收集并陈述事实。例如，消费者对某产品及其广告的印象和好感度如何？第二种功能是诊断，指解释信息或活动。例如，改变包装对产品销售的影响是什么？第三种功能是预测功能。例如，企业对于持续变化的市场机会的利用等。

对企业来讲，通过市场调查可以了解市场，发现企业市场营销机会，促进新产品、新市场的开发，提高企业的竞争力，保持和巩固顾客。但是，市场调查的作用是为企业市场营销提供参考的信息，并不能代表决策，那种期望市场调查的结果会告诉企业怎么办是不现实的。企业首先应该对市场调查结果的科学性和准确性进行评估，做出基本的判断。如果认为调查结果是相对准确和客观的，则必须在认真研究调查结果的基础上，综合其他方面来源的资料，同时结合企业自身的现状，最终才能做出正确的企业市场营销决策。

（2）市场调查对企业决策有检验和修正作用。企业依据市场调查获得的资料，可检验企业的计划和战略是否可行，有无疏忽和遗漏，是否需要修正，并提供相应的修改方案。通过分析市场信息，可以避免企业在制订营销策略时发生错误，或可以帮助营销决策者了解当前营销策略及营销活动的得失，以做出适当修正。只有在实际了解市场情况下，才能有针对性地制订出切实可行的市场营销策略和企业经营发展策略。

（3）市场调查有助于企业及时发现潜在需求。随着市场经济的发展，消费者需求变化越来越快，产品的生命周期日趋缩短，市场竞争更加激烈，对于企业来说，能否及时了解市场变化情况，并适时、适当地采取应变措施，是企业能否取胜的关键。企业通过市场调查，可以发现市场中未被满足或未被充分满足的需求，确定本企业的目标市场。同时，可以根据消费者需求的变化特点，开发和生产适销对路的产品，并采取有效的营销策略和手段，将产品及时送到消费者手中，满足目标顾客的需要。

（4）市场调查有利于企业随时了解市场环境。随着竞争的加剧，企业所面临的市场总是不断地发生变化，而促使市场发生变化的原因很多，如产品、价格、分销、广告、推销等市场因素和有关政治、经济、文化、地理条件等环境因素。这两类因素往往又是相互联系和相互影响的，而且不断地发生变化。企业为适应这种变化，只有通过广泛的市场调查，及时地了解各种市场因素和市场环境因素的变化，从而有针对性地采取措施，通过对市场因素，如价格、产品结构、广告等的调整，去应对市场竞争。通过市场调查，企业可以了解市场营销环境的变化，可以及时调整自己的产品、价格、渠道、促销和服务策略，与竞争对手开展差异化的竞争，逐渐树立自己的竞争优势。同时，企业还可以通过收集竞争对手的情报，了解竞争对手的优势和弱点，然后扬长避短，有的放矢地开展针对性营销，从而增强企业的竞争力。

（5）市场调查还可为企业整体宣传策略提供信息支持。市场宣传推广需要了解各种信息的传播渠道和传播机制，以寻找合适的宣传推广载体和方式以及详细的营销计划，这也需要市场调查来解决。特别是在高速变化的环境下，过去的经验只能减少犯错的机会，更需要适时的信息更新来保证宣传推广的到位。通常在市场宣传推广中,还需要引用强力机构的市场信息支持,如在消费者认同度、品牌知名度、满意度、市场份额等各方面提供企业的优势信息。

3. 市场调查的内容

具体来讲,市场调查的内容主要包括以下方向,如图 1-1 所示。

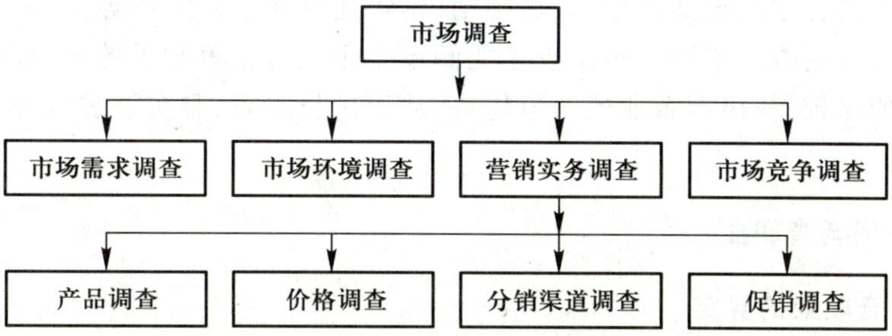

图 1-1　市场调查的内容

(1) 市场需求调查。市场需求调查是企业营销调研中最重要的内容,它主要包括消费者数量和结构、购买力、需求时间、支出结构、心理、行为、满意度等方面的内容。消费者是市场活动的主体,是企业产品的最终购买者和服务对象。企业要取得营销的成功,就必须研究消费者。

(2) 市场环境调查。企业经营活动是在复杂的社会环境中进行的,环境的变化既可以给企业带来市场机会,也可能对企业形成某种威胁。市场环境主要包括经济环境、人口环境、政治和法律环境、社会和文化环境、技术和自然资源环境等。

任务资讯 1-2

对市场调查含义的理解

我们可以从以下三个方面来进一步理解市场调查的含义:

市场调查的目的具有较强的针对性。市场调查的目的是为了了解、分析和判断企业市场营销管理中是否存在问题,或解决已经存在的问题,预测未来发展趋势,从而为企业制订特定的营销决策服务,并非对市场营销的所有问题进行笼统、盲目的调查。

市场调查的方法具有科学性。市场调查活动必须采用科学的方法,如市场信息范围的确定方法、信息收集方法的选择、流程的设计、执行的技巧与严谨度、采集数据的处理方法和分析方法等。市场调查活动只有运用科学的方法进行组织、实施和管理,才能获取可信度较高的调查结果,才能做出比较正确的市场决策。

市场调查活动的过程具有关联性。市场调查活动是一个系统化的工作,包括调查活动的设计与组织,所需信息资料的收集、整理和分析,以及调查报告的出具等。一系列工作环环相扣、紧密联系、互相依存又互相影响,共同构建了市场调查活动的全过程。

(3) 营销实务调查。营销实务调查主要指企业在营销活动各个环节所进行的调查活动,主要涉及产品调查、价格调查、分销渠道调查和促销调查几个方面的内容。

产品调查的内容主要包括品牌忠诚度、品牌价值、包装、产品生命周期、新产品创意与构思、新产品市场前景、产品售后服务等。

价格调查的内容主要包括定价目标和定价方法、影响定价的因素、价格调整的策略、顾客对价格变化的反应等。

分销渠道调查的内容主要包括分销渠道的结构和覆盖范围、渠道选择的效果、影响渠道设计的主要因素、经销商分布与关系处理、物流配送状况和模式,以及串货管理等。

促销调查的内容主要包括广告、人员推销、销售促进和公共关系等。

(4) 市场竞争调查。市场竞争调查主要侧重于企业与竞争对手的比较研究。通过对成本和经营活动的比较,找出本企业的竞争优势,从而扬长避短、避实就虚地开展经营,提高企业的竞争能力。

1.1.2 认识市场调查职业

1. 市场调查职业的界定

市场调查职业是指在各类企事业单位或其他社会组织中,为本组织或受托为其他组织从事市场调查、市场研究、统计分析及相关活动的一系列工作的总称。

随着企业竞争的加剧和市场营销走向专业化,市场调查的作用越来越明显,具有市场调查、市场预测、市场分析能力的调查人才日益受到企业的重视,市场调查分析人才逐步独立出来,成为一项新职业。

2. 市场调查职业的前景

随着经济全球化和市场经济的不断完善,市场调查分析作为一项技能或职业越来越受到社会的关注。据中国商业技师协会提供的统计数据显示,目前全球500强企业中,有90%以上的企业都建立了信息分析部门。微软约17%、可口可乐约5%、摩托罗拉约11%的利润源可以归结为市场调查分析工作的贡献。

美国有1 300多家公司直接从事市场调查与咨询服务业务,年营业额达到70多亿美元。欧盟有1 500多家市场调查公司和咨询机构。荷兰人口几百万,调查机构就有约500个之多;法国有300多家;英国有400多家,仅伦敦市就有60多个商业调查机构,拥有多种数据资料,如《官方统计指南》、《年度统计摘要》、《地区统计摘要》、《社会统计》、《家庭开支调查》等,可以为企业或个人提供全方位或专项的调查服务。日本有600多家市场调查与咨询服务公司和8万多名"诊断士",每年为成千上万家工商企业服务。据业界人士估计,我国以市场研究为主业的公司在1 500家左右,营业额在50亿元人民币以上。这一切都显示市场调查与咨询服务业具有巨大的市场潜力和发展潜力。

目前,国内著名的市场调查与咨询服务外资公司有盖洛普(Gallup)、AC尼尔森、RI、IDC IPSOS等;内资公司有华通、中怡康、美兰德、华南、零点、勺海等。专职从业人员有3万人以上。年营业额过千万元的公司有几十家,主要集中在北京、上海和各省会城市。这些研究公司逐渐从调查、访问向研究、服务方向转型,经过多年的积累,已经能够为企业提供研究层面的服务,营业额也迅猛增长。整个行业在过去几年,一直以超过20%的年增速增长。由此测算,未来几年我国市场调查分析人员市场缺口在100万人以上。

目前,社会上从事市场调查和分析的人员多是从其他行业转行而来,多数不够专业。大量的市场调查和分析人才属于通用的人才或仅从事消费品市场调查的操作性人才。那些既能够进行市场调查策划、组织实施,又能够进行市场分析的专业化人才真是重金难求。

1.1.3 认识市场调查工作

1. 市场调查工作的职位

市场调查人员的职位名称和所属部门在不同企业中各有差异,但工作内容大致相仿。在外资企业,市场部分为渠道部、品牌部、推广部,其职位通常为市场代表、市场主任、渠道代表、渠道主任、渠道经理、市场部经理;在内资企业,市场部分为品牌管理科、促销市调科、策划执行科。

从职业岗位来讲,市场专员是最常见的一个职位,其主要职责是执行公司市场计划,具体包括收集和分析市场信息、动态,协助制订和完成新产品推广计划,完成各类围绕活跃品牌、提升品牌和发展品牌的推广活动等。市场专员积累了一定工作经验和具备一定能力后,可以向市场部经理、市场总监、品牌总监或到与市场相关的其他部门继续发展。

市场调查员是另一个常见职位,一般通过调查、统计分析等方法获得全面、准确的市场信息和分析结论,为企业管理决策提供强有力的支持。

另外,从国家职业资格认证角度看,我国有市场调查分析师认证。

任务资讯 1-3

市场调查职业工作的特征

市场调查职业工作是企业或市场调查专业机构组织的专门用于收集、记录和分析与企业市场营销有关的市场信息资料的活动。一般来说,市场调查职业工作有以下三个明显特征:

1. 调查目的明确

市场调查是一项由企业或受企业委托的市场调查代理公司有组织、有计划和有步骤进行的有关企业商业情报的职业工作,其目的性非常明确。每次进行市场调查,一开始总要预定调查的范围和通过调查应该达到的目标。没有明确调查范围和目标的市场调查是非常盲目的商业行动,除了给企业造成不必要的人力与物力的浪费之外,对企业的营销活动是没有任何意义的,自然也就算不上真正的"市场调查"。

2. 过程注重实践

市场调查职业工作不能纸上谈兵,更不能通过闭门造车获取相关市场信息。在调查活动中,参加调查的工作人员必须深入实践才能收集到具体而全面的调查资料,同时,不仅要承担收集资料的责任,更重要的是必须综合分析所收集到的各种资料,从中得出富有行动意义的结论,以便为企业管理部门提供决策依据。所有这一系列的市场调查工作的目的都是为了指导企业营销实践,以便更好地组织产品营销工作。在整个市场调查工作中,调查人员要经常考虑企业实际工作中可能发生的问题,思想意识更是时刻不能脱离实践。

3. 结论支持决策

市场调查一般以某种产品的营销活动为中心开展具体工作,整个活动的策划、实施过程以及结论都直接指向产品的营销业务,这一特点也是市场调查有别于其他一些社会调查活动的一个特点。例如,普查标准时点为 2010 年 11 月 1 日零时的全国第六次人口普查不是专门针对企业营销活动设计，所以不能叫做市场调查。同样的一项人口抽样调查活动，如果是某企业针对其营销业务开展的，如消费者调查，则可称之为市场调查。可见，一项调查活动的结论与企业的营销活动有直接的关系。

2. 市场调查工作的过程要素

（1）市场调查工作对象。企业市场调查的工作对象一般为消费者、零售商、批发商。零售商和批发商是经销产品的商家，消费者一般为使用该产品的消费群体。

（2）市场调查工具。在市场调查工作中，常用到的工具有在线调研软件、在线问卷设计工具、表格、问卷、访问提纲、公司资料、摄录像器材、数据分析软件工具等。

（3）市场调查方法。在市场调查中，常先从二手资料中获得一些背景知识，然后通过组织目标消费群访谈（定性调查）来探索更多的问题，最后也许会因客户或营销问题的具体要求而进一步做大范围的调查（定量调查）。常用的方法有询问法、观察法、实验法等。

（4）市场调查工作的组织。企业开展市场调查工作，一般有两种组织形式：一是委托专业市场调查公司来做；二是企业自己来做，企业可以设立市场研究部门，负责此项工作。

（5）市场调查的主体流程。市场调查工作的主体流程包括收集市场信息、整理分析信息和提出调查报告，如图 1－2 所示。基本过程包括：明确调查目标、设计调查方案、制订调查工作计划、组织实地调查、调查资料的整理和分析、撰写调查报告。

图 1－2　市场调查主体流程

（6）专业工作要求。调查人员应具备相应的职业道德，自始至终均应保持客观的态度去寻求反映市场真实状态的准确信息，去正视事实，接受调查的结果。不允许带有任何个人主观的意愿或偏见，也不应受任何人或管理部门的影响或压力去从事调研活动。

任 务 回 顾

任 务 指 标	表 现 要 求	已 达 要 求	未 达 要 求
（陈述性）知识	掌握重要概念、特征和意义		
（实践）技能	能进行职业操作活动		
认识整体职业任务	能概述并认识整体职业任务		
认识职业任务的地位	能认识职业任务的上下衔接关系		
其他			

1.2 市场调查项目的洽商

任务描述：和其他社会中介机构一样，市场调查公司必须通过与目标企业接洽，获取市场调查业务，在此基础上，编写市场调查建议书并提交给企业，在企业的配合下，正式开展市场调查与预测活动。

通常情况下,企业的市场调查业务一般可以采用两种方式进行:其一,委托社会上专业的市场调查公司来做;其二,委托企业内部自己的市场研究部门来做。一般情况下,企业可以通过内设的市场研究部门完成工作。但是,从市场调查工作流程的完整性与专业性来讲,社会上的专业市场调查公司显然要优于企业内部的市场研究部门,同时,专业市场调查公司是以第三方的视角去研究市场,得出的结论更加客观。本书的工作任务侧重于以社会上的专业市场调查公司为例来进行展示。

许多市场调查公司员工经常会说这样一句话:谁手上有客户,谁的业务就做得好!事实上,专业市场调查公司之间也存在竞争,它们经常需要通过与企业商谈、接洽,以便承接调查业务。调查报告提交给企业后,还需继续做好项目的跟进,以便了解调查报告的应用情况,为客户做后续的服务工作。

重要概念 1-2

市场调查机构

市场调查机构是受企业委托,专门从事市场调查的单位或组织。我国市场调查机构有以下一些类型:各级政府统计组织建立的调查机构;新闻单位、大学和研究机关的调查机构;专业性市场调查机构,它又大致分为综合性的市场调查公司、咨询公司和其他的调查公司。

1.2.1 与企业初步接洽

目前,社会上有许多专业性的市场调查公司,它们之间也存在着竞争关系。为了拓展业务,这些公司也需要向社会上的各种类型的企业承揽业务。

市场调查公司向企业承揽市场调查业务一般要经过初步接洽这一环节。市场调查人员一般采取两种方式:第一种方式是通过电话或函电等方式与自己的目标客户企业联系;第二种方式是登门拜访。

1. 运用电信方式联系企业

如果您所在的市场调查公司成立较早,经营时间较长,一般都会有一些相对固定的企业客户。调查公司往往会根据自己掌握的信息和对后续调查事宜跟进的结果,定期或不定期地向这些企业提供市场咨询服务。如果是新设立或固定客户较少的市场调查公司,则需要进一步拓展业务。首选的方式就是通过电话或传真等方式,向一些目标客户企业推介自己。

市场调查公司公关部门通常会通过工商注册登记或行业协会资料,获取一些目标企业的联系方式,通过电话或电子邮件的方式向客户企业推介自己。一个比较完整的公司简介一般包括以下内容:公司名称、经营范围、经营方式、经营历史、地址、电话、传真、网址、电子邮箱等。市场调查公司工作人员在向潜在客户企业推介自己的公司时应尽量做到不遗漏。

通过电信方式建立业务关系是双方从陌生到熟悉、再走向彼此信任的阶段。只有双方彼此信任,才有可能达成共识,从而真正地建立长期的业务关系。信任的基础是了解,因此,市场调查公司应认真介绍自己、展示自身的优势,让客户企业尽可能地了解自己、在企业心目中树立良好的形象。

2. 登门拜访企业主管

经过初步的电信联系后，调查公司工作人员可以与目标客户企业的管理人员预约会见时间，以便登门拜访。在会见企业管理人员时，调查公司工作人员应该携带尽可能多的书面材料以供其参考。这些书面材料包括：调查公司简介、人员简介、项目运作规程、收费标准、公司的客户名单等。有时还需要提供一些调查文件的范本，如调查公司内部制订的调查计划书、调查问卷、执行手册、访员工作记录、抽样图、抽样记录表、编码原则、调查报告等；有的还需要提供一些市场调查公司研究人员在市场调查中的研究心得，作为自己公司水平的一种佐证材料，以进一步打动潜在客户企业。

在登门拜访潜在客户企业时，如果企业管理人员能够先简要说明一下想要委托的项目，那么市场调查公司应该准备更有针对性的回应。例如，企业想要做的是关于顾客满意度的调查，那么市场调查公司可以在提交的材料中重点介绍这方面的内容和经验。如果企业只是想了解一下调查公司，那么向企业提供的材料则可以相对简单一些。

采取这两种方法与潜在客户企业联系，最终目的都是相同的，就是通过联系，与企业达成市场调查业务的初步意向。

任务资讯 1－4

市场调查专业机构

市场调查专业机构主要包括以下几种类型：

1. 专门从事市场调查的公司

这类公司是市场调查专业机构最重要的组成部分。目前，随着市场调查行业的不断发展，专业市场调查公司的分工越来越细，定位越来越准确，专业优势也越来越强。

2. 以从事企业经营指导业务为主，兼办市场调查业务的经营顾问公司

这类公司的主要任务是为了更好地指导企业的经营实践，因此，它们的市场调查任务一般委托其他市场调查公司来承担，自己则根据调查结论为企业经营实践提供决策建议。在一些特殊情况下，它们也自行承担市场调查任务。

3. 广告公司的调查机构

一般来讲，许多广告公司内部并不设立市场调查机构。但作为许多大型的广告公司来说，要为客户提供更为有效的服务，必须对客户的营销环境和市场状况进行全面的研究，所以，广告公司内部设立专门的市场调查机构必不可少，其只是主要开展与广告相关的调查工作。

4. 咨询公司

咨询公司一般由资深的专家、学者和有丰富实践经验的人员组成，为企业提供指导性建议，即起到充当顾问的作用。与专业市场调查公司相比，咨询公司层次相对较高，人员的组成主要以咨询顾问人员为主，不像调查公司以调查为主。咨询公司主要为企业提供决策咨询，主要以自身的经验和能力来进行定性调查。

5. 政府机构设立的调查部门

政府机构设立的调查部门是指国家、省、市级的统计部门、审计和工商行政管理部门等所设的调查机构。各专业管理机构和委员会所属的调查部门等也都可以归属为专业的市场调查主体。随着政府机构的功能转换，信息服务的功能越来越重要，政府机构下设的

调查部门的地位也越加显著。

从某种意义上说，大专院校、研究部门以及学术团体等也可以认为是市场调查的专业机构。

目前，在我国市场调查市场上有三类公司：外资调查公司、有政府背景的国有调查公司和民营的专业调查公司。这些公司尽管从规模、人员素质、专业技能和市场影响等方面和发达国家的市场调查公司有差距，但是已经显示出良好的发展势头。

改革开放至今，经过30多年的发展，我国市场调查业已经从单一数据采集业务发展到提供中高端的研究甚至营销咨询服务；从最初集中在北京、上海、广州三地，发展到具有一定数量的遍布全国各地不同规模的市场调查与咨询服务公司；从各行其是，发展到全行业统一与国际接轨，执行ESOMAR全球性的服务与质量准则；从以纸质问卷为主的面访方式，发展到使用CATI/CAPI/e－survey/people meter等先进仪器和技术的快速准确的调查手段。

（资料来源：赵轶．市场调查与预测．北京：清华大学出版社，2007．）

1.2.2 获取项目背景信息

在与目标客户企业的电信交流以及面谈中，市场调查人员通常会了解到企业的调查需求。如企业面临哪些亟待解决的市场问题？哪些问题已经明确？哪些问题尚未知悉其出现的深层原因？在此基础上，市场调查公司工作人员可以初步了解目标企业提供的信息，再根据自己公司的调查力量，如行业特征、专业特长等，以决定是否有能力承接这一项目。

1．获取营销问题的背景信息

与目标企业达成业务的初步意向之后，市场调查公司首先必须弄清客户遇到的问题是什么，这是一个市场调查项目成功的基础。作为市场调查公司的客户，有些企业对市场调查不了解，或者不愿意提供详细的资料，或者认为市场调查公司水平不高，没有能力定义客户的问题。为此，市场调查人员应及时收集目标企业的相关信息。这些信息主要包括以下内容：

（1）市场营销问题的背景材料。

（2）目标企业进行调查的动机。

（3）解决企业问题所需信息的类型，即解释需要什么样的数据。

（4）依据调查的结果可能要做的决策、选择或行动，即调查结果的作用。

（5）在考虑潜在风险或费用的基础上，估计所收集信息的价值。

（6）估计项目完成的时间要求及可能提供经费的一般水平。

有些企业会对市场调查公司提供资料的要求有顾虑，觉得调查公司要求了解的东西太多。此外，还有商业机密保护的考虑。在这种情况下，市场调查人员应该事先申明自己的保密义务，如果客户觉得有必要，可以在向调查人员提供资料之前与之签订保密协议。

重要概念 1－3

市场调查问题

市场调查问题又称市场调查课题、市场调查题目或市场研究项目，是指市场调查应该研究什么样的问题、收集什么样的主题信息，以及达到什么样的目的。市场调查课题的确定关系到调查的针对性、可行性和有效性。

2．接受客户企业的委托

市场调查公司在初步掌握了相关问题信息后，不应贸然与目标企业直接签订调查业务合同，而应该在充分分析问题的难易度以及自身所具备的技术力量基础上，再决定是否与企业签订调查业务意向。

在现实业务活动中，目标企业可能会同时接待几家市场调查公司的业务接洽，作为调查公司应该做到行业自律，不竞相压价；也不能因为考虑经济效益，就置行业规范、道德于不顾，曲意迎合企业的要求。

当然，作为企业来讲，通过与调查公司的初步联系，也不会轻易把调查项目交给哪一家调查公司。还会在比较各个市场调查公司针对调查项目提交的“项目建议书”基础上，结合对市场调查各个方面的考察，以及市场调查公司的报价，最终确定由哪一家公司来承担市场调查业务。

例 1－1 日本卡西欧公司自公司成立起便一直以产品的新和优而闻名世界，其新、优主要得益于市场调查。卡西欧公司的市场调查主要采用销售调查卡，该卡只有明信片一般大小，但考虑周密，设计细致，调查内容包括购买者个人信息、使用者信息、购买方法、消费者知道该产品的途径、选取产品的原因、使用后的感受等。通过这些考虑细致、周到的问题，可以收集到许多详细的信息，为企业提高产品质量、改进经营策略、开拓新的市场提供了可靠依据。

本例说明，一项市场调查活动可能涉及多个方面、多个因素，要取得预想效果，必须将困难考虑全面。

1.2.3 编写市场调查建议书

在与企业达成市场调查的初步意向之后，市场调查公司还应该编写出一份详细而又具有较强说服力的“调查计划书”或“项目建议书”，以争取获得目标企业的认可。

重要概念 1－4

市场调查项目建议书

市场调查项目建议书又称市场调查计划书，是在调查问题初步确定之后，市场调查项目小组对市场调查过程所有阶段工作的大致安排。主要包括概要、背景、问题、调查方法、调查设计、资料收集与分析、报告的提交形式、费用预算等。

1．提出项目建议书

在市场问题初步确定后，委托企业会要求市场调查公司根据具体调查项目的要求，提交一份“调查计划书”(research proposal)或“项目建议书”(project proposal),以便获得企业的认可。市场调查公司所提交的计划书的内容一般应该包括下列事项:

(1) 该项目的调查目的。

(2) 采用的调查研究方法。

(3) 完成项目需要的时间。

(4) 需要支付的各项费用。

当市场调查公司提交了建议书后,客户企业就会集中对比,从中选出一家最适合的市场调查公司,并与之再行会晤商议,签订市场调查委托合同等。所以,市场调查人员一定要重视市场调查项目建议书的编写工作。

2. 签订项目合同

市场调查公司向目标企业提交了项目建议书之后,企业会对市场调查公司做进一步的综合了解,最终决定由哪一家公司来承接调查项目,并签订业务合同,正式开始调查活动。

(1) 等待企业评估。企业对调查公司的综合评估体现在这样几个方面:① 市场调查公司的声誉。声誉好的调查公司起码在以下几方面能让客户放心:第一,能按时间要求完成调查项目;第二,高质量完成调查项目;第三,具有一定的职业道德。所以,声誉还是一项选择市场调查公司的重要标准。② 市场调查公司的规模。公司规模是一个比较大的标准,它可以细分为人员数量、办公室面积和档次、专业设施、分支机构数量等方面。一个市场调查公司的规模能部分地反映它能做什么,能做到什么程度。比如,一个只有一两个人的公司不可能做到专业分工,没有专业分工的公司专业化程度自然较低。③ 人员素质。这里说的人员素质指的是一些基本的素质,如受教育程度、责任心等。除受教育程度外,其他的指标都很难量化,并且仁者见仁,智者见智,每人对个人素质的判断指标都不一样。④ 经验。经验一方面指一个市场调查公司的成立时间的长短,另一方面也应包括该公司主要人员的从业经验。从事市场调查的时间越长,对该行业的发展状况就越了解,对业内种种管理与运作模式的优缺点就看得越清楚。成立时间越长的公司,其管理制度就越趋于成熟,各种规范越完善。这一点各个行业的情况都是相同的。⑤ 报价。市场调查公司的报价自然是客户在做选择时的一项重要考虑因素。每个公司有自己的报价体系和方法。各个调查公司的报价只有在调查方法、质量、地域等都相同时才具有可比性。

(2) 签订业务合同。企业对市场调查公司综合考察比较结束之后,最终会确定由哪一家市场调查公司来承接调查项目。在正式开始调查之前,双方会签订一份业务合同,以明确双方的权利与义务。合同主要内容包括:调查的范围与方法、付款条件、预算、人员配备、调查期限、临时性报告、最终报告的特定要求等。

任务资讯 1-5

市场调查的原则

1. 客观性原则

市场营销活动的目的、实施的科学性都决定了市场调查活动必须遵循客观性原则。所以要求市场调查人员在进行调查时,尊重事实,不允许带有任何个人主观的意愿或偏见,也不应受制于任何人或管理部门。只有客观地反映市场的真实状态，才能得出准确信息，市场调查的作用才能真正得到发挥，也才能使整个调查行业健康发展。

2. 时效性原则

市场的开放性和动态性决定了市场信息的变化性。人们常说，市场是瞬息万变的，市场机会稍纵即逝。在现代企业经营活动中，时间就是机遇，也意味着效率和金钱。丧失机遇，会导致整个经营策略和活动的失败；抓住机遇，则为成功铺平道路。市场调查的时效性就表现为应及时捕捉和抓住市场上任何有用的情报、信息，及时分析、及时反馈，为企业在经营过程中适时地制订、调整策略创造条件。

3. 系统性原则

在激烈的市场竞争中，市场的影响因素日渐增多，有宏观因素的影响，有微观因素的影响，各因素之间相互作用，相互影响，所以，在市场调查中切忌“头痛医头，脚痛医脚”。如果只是单纯地了解某一事物，而不去考察这一事物如何对企业产生作用和为什么会产生这样的作用，就不能把握这一事物的本质，也就难以对影响经营的关键因素做出准确的结论。所以，应全面搜集与企业生产和经营有关的信息资料，系统地进行分析、研究，才能使市场调查活动收到良好的效果。

4. 经济性原则

市场调查工作需要大量的人员去搜集资料、情报和信息，在经过调查人员的筛选、整理、分析后才能得出调查结论，供企业决策之用。它是一项费时、费力、费财的活动。即使在调查内容不变的情况下，如果采用的调查方式不同，费用支出也就不同。同样，在费用支出相同的情况下，不同的调查方案产生的效果也是不同的。因此，由于各企业的财力情况不同，在进行市场调查的时候，需要根据自己的实力确定调查费用的支出，并制订相应的调查方案，尽量做到以较小的投入换来较好的调查效果。

（资料来源：赵铁. 市场调查与预测. 北京：清华大学出版社，2007.）

任务回顾

任务指标	表现要求	已达要求	未达要求
（陈述性）知识	掌握重要概念、特征和意义		
（实践）技能	能进行职业操作活动		
认识整体职业任务	能概述并认识整体职业任务		
认识职业任务的地位	能认识职业任务的上下衔接关系		
其他			

1.3 市场调查人员的组成

任务描述：与企业签订业务合同之后，市场调查公司应该立即着手组建该项目的领导组。为了业务顺利进行，领导组应该吸纳委托企业相关人员参与。

在正式开始市场调查之前，市场调查公司项目管理人员应着手考虑建立完成本项目的队伍。一般情况下，应由调查公司与客户企业共同派出人员，组建市场调查项目领导组，在此基础上，再招聘项目所需的其他人员。这样，在调查过程中，有企业人员的配合，调查活动才能顺利进行。

1.3.1 组建项目领导组

结合市场调查项目的需要，市场调查公司内部应该由特定专业领域的人员组成项目领导组。不同的市场调查机构，其组织结构的形式可能不同，但是在接受客户企业委托，开始组织实施各个阶段的调查工作时，为了保证项目顺利实施，需要在公司内部先建立项目领导小组，主要负责管理、控制项目的实施，并及时向委托方反馈市场调查进程和调查工作的有关信息。

1. 市场调查业务部人员组成项目领导组

市场调查公司内部都会设置调查部，有的还设立了多个调查部，如调查一部、调查二部等。根据专业特点，这些部门的设置往往会有所侧重，如有的部门由于具备冶金行业的人才背景，可能擅长冶金行业市场调查；有的具备纺织行业的人才，可能具备纺织行业市场调查的特长。这些部门的主要职责就是执行市场数据资料的收集工作。一般情况下，根据职责分工，专业调查公司会指派市场调查业务部人员组成项目领导组。

2. 多个部门业务人员组成项目领导组

如果受托项目规模较大，涉及多个方面的工作，这时就需要调查公司内部的研究开发部、调查部、统计部、资料室等多个部门指派相关人员，一起组成市场调查项目领导组，以保证调查工作的顺利实施。

1.3.2 招聘调查人员

市场调查公司的人员一般分为专职和兼职两种；公司的研究人员、技术人员等应是专职人员；而访问员、复核员、编码员、行业专家等一般是兼职人员；实地督导有些是专职的，有些则是兼职的。根据项目需要，在建立了项目领导组后，还需招聘一些调查人员。

1. 确定人员需求

一个专业市场调查公司一般不可能拥有太多的专职访问人员，而兼职的访问员队伍又不太稳定。因此，调查公司常要进行招聘访问员的工作。一般情况下，即使是一些非常著名的专业市场调查公司，在承揽到大规模的市场调查项目之后，也需要临时招聘大量的市场访问人员。

如果是大型的调查项目，调查项目组会提出所缺岗位人员的信息（一般是市场访问人员），包括人数、层次、岗位要求等，并正式向自己公司的人力资源部提出招聘申请。人力资源部则会同调查项目组，根据项目的要求，共同识别并认定这些岗位是否确实需要招聘员工。

根据调查项目的要求，进一步确定需要招聘人员的任职资格和素质要求，并将招聘员工的申请与意向申报上一级主管批准。例如，由分管人力资源部的副总经理批准。在上一级主管批准招聘员工后，人力资源部要拟订具体的人员招聘计划并大致确定招聘的途径、时间、方法和预算等。

任务资讯 1-6

招聘调查人员应该注意的因素

挑选调查人员应考虑以下因素：

（1）访问对象的人口特征（性别、年龄、文化程度、职业等）和社会经济特征，要尽量选择能与之相匹配的调查人员。

（2）调查人员完成访问工作的有效性和可靠性。

（3）是否能够按照访问指南的要求去进行调查，并有持之以恒的决心。

（4）善于交流。调查人员的工作是与被访者进行交流，因此，能干的调查人员应该既能向他人作有效的询问，又能细心地倾听、正确地领会和理解他人的回应。虽然一般都希望调查人员是比较合群、善于交际、性格外向、愿意并喜欢与他人接触的，但是调查人员不能过于活跃。

（5）调查人员的信念和个人道德是避免作弊的最重要因素，欲成为调查人员的申请者应该具有诚实和勤奋的品质。比如，到申请者以往的雇主那儿去了解情况，包括申请者旷工的记录等。最好获取一些个人的参考资料，以及其他任何能表示其个人责任感和社会责任感的有关信息。

2. 发布招聘信息

市场调查人员（主要指访问员）的招聘信息常通过一些传统媒体、网络和校园信息专栏来发布。

（1）传统媒体。这是最为常见的一条途径。刊登广告的优点是信息量大、覆盖面广，对调查公司来说可以有较大的人员选择余地。刊登广告的费用比较高，筛选的工作量比较大。刊登广告必须仔细地斟酌广告语，把招聘的条件界定清楚，避免许多不符合条件的人员蜂拥而来，给公司的筛选工作造成不必要的麻烦。

（2）网上招聘。有的公司也常通过一些求职网站来发布招聘信息。

（3）校园招聘。这是专门针对应届毕业生的招聘。公司可以通过有关部门直接去学校招聘。这种招聘方式的优点是费用较低，选择面也较广，尤其是对于批量地招收年轻技术人员来说，更是一种十分有效的方法。但学生缺乏工作经验，往往期望较高、不现实，工作中流失率很高。

3. 测试、录用

（1）基本测试。测试市场调查人员，可以采取书面的形式，也可以采取面试形式。

在测试过程中，主要考虑调查人员应具备的条件包括以下几点：① 责任感。责任感在市场调查中显得尤其重要。缺乏责任感的人，即使工作能力很强，专业水平很高，也很难把事情做好。② 普通话。普通话一般人都听得懂，所以在一般情况下，应尽量选择普通话标准的人作为市场调查人员。但也要具体情况具体分析，我国地方方言很多，许多地方平时习惯使用当地的方言，如果访问员能够使用方言跟受访者交谈，就比较容易得到受访者的认同，降低受访者的心理防御，提高访问的成功率。

（2）素质测试。市场调查活动是一项科学、细致的工作，作为一名优秀的调查人员，必须具有相应的知识和技能。素质测试主要包括：① 政治素质。熟悉国家现行有关的方针、政策、法规。具有强烈的社会责任感和事业心。② 道德修养。具有较高的职业道德修养，表现在调查工作中，就是能够实事求是、公正无私，绝不能满足于完成任务而敷衍塞责，也不能迫于压力屈从或迎合委托单位和委托单位决策层的意志。③ 敬业精神。要热爱市场调查工作，在调查工作中要认真、细致，要具有敏锐的观察力，不放过任何有价值的资料数据，也不错拿一些虚假的资料。凭自身业务素质，断定有些资料存在有疑点，能够不怕辛苦，反复核实，做到万无一失。④ 谦虚谨慎、平易近人。调查人员最主要的工作是与人打交道。谦逊平和、时刻为对方着想的调查人员，往往容易得到被调查对象的配合，从而能够获得真实的信息；而那些脾气暴躁、盛气凌人、处处只想到自己的调查人员，容易遭到拒答或得到不真实的信息。⑤ 业务素质要求。业务素质的高低是衡量市场调查员的首要条件之一。市场调查工作不仅需要一定的理论基础，还需要具备较强的实际经验，主要包括市场调查的一些基础知识、访问业务能力、身体素质等。

（3）录用。经测试，由人力资源管理部门通知合格者，并签订聘用协议。聘用期间的管理与薪酬按照国家有关法律及劳动部门的行政法规执行。

任务资讯 1－7

市场调查的职业要求

市场调查和分析人才依托自己的市场学知识，通过自己掌握的调查工具和手段，对所关注的行业进行调查，并依据调查的结果进行分析。整个工作过程涵盖了统计学、经济学、心理学等多方面的知识。从个人能力来看，主要集中在以下几个方面：

1. 市场调查知识

所谓市场调查知识是指掌握调查工具，熟悉调查程序，熟稔调查手段等。如现在很多人在网络上或者是大街上都有可能接触到各种各样的调查问卷，一份调查问卷设计质量的高低会直接影响到调查结果的好坏。

因此，市场调查分析师在技术上要求掌握调查问卷的设计方法，在把握调查问卷的内容上要求熟知问题设计的方式和语言组织的窍门等。此外，从事市场调查工作不仅是在办公室里设计问卷，更多的情况下要接触社会各界的信息，如何利用办公软件等搜集相关信息，去粗取精、去伪存真都是技巧。最后，再好的调查也要表现为报告供他人参看，掌握快速、简明的调查报告写作方式也是必要的。

2. 市场营销知识

市场调查分析是营销工作的起点，最终目的是为了使营销效果更加明显。因此，市场调查和分析人才需要具备深厚的市场营销知识。这些知识包括商品学、消费心理学、企业可能采用的营销技巧等。只有这样才能使调查从开始到结束都有的放矢。

3. 管理学知识

营销不仅是企业营销部门的工作，同时还和整个企业管理层息息相关，市场调查分析也应该关注企业管理方面。企业所有的人事变动、财务运行、企业发展战略等透露的信息都是市场调查分析从业者要关注的焦点，而这一切都以企业管理为基础。一个市场调查分析从业者只有透析了企业管理的精髓，才可能了解自己企业和竞争对手的运转状况、运转方式及原因，并客观分析。

4. 行业知识

市场调查分析是针对行业进行的，隔行如隔山，即使是经验丰富、资历深厚的调查分析人才也不可能把所有的行业"通吃"。作为调查分析师，通常情况下只关注一个行业。

所谓了解行业，就是知道本行业产业链运行的方式，国家曾经通过了哪些政策对该行业产生重大影响，业内哪些企业目前是竞争对手，哪些有可能成为潜在的竞争对手等。了解行业即所谓的"知己"——知道自己公司运行机制产生的原因；"知彼"——知道业内已经和可能产生的动态，以及自己在业内所处的地位和环境。

1.3.3 寻求企业协助

签订了业务合同后，市场调查公司和委托企业二者的关系是"对等交换"的关系，应该彼此信赖和配合。双方应该共同规定有关调查项目的具体工作方案，从而使委托企业也能清楚地了解在工作过程中，它将要向市场调查公司提供哪些必要的帮助。

1. 收集详细资料

合同签订意味着调查公司同意接受企业委托的调查项目，这就意味着它也愿意与委托企业协同工作。这时，作为委托企业也就应该预计到，为了拟订行之有效的市场调查方案，调查公司必定会查询有关本公司业务发展的详细情况，甚至可能要求填交问卷，查询关于本公司近期产品销售业绩、生产能力、分销计划等方面的具体情况。

例 1－2 麦当劳在中国开到哪里就"火"到哪里，令中国餐饮界人士又是羡慕，又是嫉妒，可有谁看到了它前期艰苦、细致的市场调研工作呢？麦当劳进驻中国前，连续 5 年做跟踪调查，了解中国消费者的经济收入情况和消费习惯；提前 4 年分别在中国的东北和北京郊区试种马铃薯；与此同时，根据中国人的身高形体特征确定并制作好最佳尺寸的柜台、桌椅样品，还不远万里从香港空运麦当劳快餐成品到北京，进行口味试验和分析；开第一家分店时，在北京选了 5 个地点进行反复比较、论证。最后麦当劳在中国正式开业，一炮打响。

本例说明，尽可能地详细收集所需资料是市场调查成功的第一步。

2. 建立沟通联系机制

一般情况下，委托企业很难经常与承接市场调查的公司见面商谈调查进展情况。调查公司应考虑与委托企业建立一种沟通联系机制，使双方能够及时互通信息。调查公司可以采用按时向委托企业提交书面报告的方式，而不必采用多次直接聚会的方式进行互通信息。这样做，无论是对委托企业，还是对市场调查公司来说，都是同等重要的。

就以实地调查为例，市场调查公司将最后设计定稿的调查问卷提交委托人进行复审，这无疑是一种保持相互接触的方式，而且也是十分重要的。通过这种相互接触，使双方有可能及时发现还有哪些是需要填补的空缺的资料，并找出双方一致认为是行之有效的解决办法。随着调查工作的逐步深入，市场调查公司经常会感到有必要适当修正原定的调查范围，使之符合客观情况变化的需要。所以，通过某种适当方式保持双方经常性的接触，及时互通信息，是不可缺少的。

任务资讯 1-8

市场调查的分类

1. 按调查对象的范围大小可分为全面调查和抽样调查

全面调查是指对调查对象全体或对涉及市场问题的对象进行逐一的、普遍的、全面的调查。其优点是全面、精确。它适用于取得调查对象全面、系统的总量资料，比如我国的人口普查。然而，其缺点也十分明显，全面调查费时、费力、费资金，所以适合在被调查对象数量少，企业人、财、物力都比较雄厚时采用。

抽样调查是指从目标总体中选取一定数量的样本作为调查对象进行调查。其特点是以较少的时间、费用，获得一定的调查结果，用以推测市场总体情况。抽样调查的样本少，调查者人数要求就少，实效性就得以提高，并且可以通过对调查者进行很好的培训，以提高调查的准确率。同时，抽样调查也是一种重要的调查方法，我们将在后文中介绍。

2. 按调查性质不同可分为探索性调查、描述性调查、因果关系调查、预测性调查

探索性调查又称试探性调查或非正式调查，是当调查的问题或范围不明确时所采用的一种方法。主要是用来发现问题，寻找机会，解决“可以做什么”的问题。一般采用文献资料的搜集、小组座谈会或专家座谈会等调查方法。例如，某企业发现最近一段时间某产品销售量下降，当具体原因不明时，企业只能采用探索性调查，在小范围内找一些专家、业务人员、用户、内行人员等以座谈会的形式进行初步询问调查，或参考以往类似的调查资料，发现问题所在，为进一步的调查做准备。

描述性调查是指进行事实资料的收集、整理，把市场的客观情况如实地加以描述和反映。描述性调查通常会描述被调查者的人口统计学特征、习惯偏好和行为方式等。描述性调查一般用来解决诸如“是什么”的问题，它比探索性调查更深入、更细致。

因果关系调查是指为了了解市场各个因素之间的相互关联，进一步分析何为因何为果的一种调查类型。其目的是要获取有关起因和结果之间联系的证据，用来解决诸如“为什么”的问题，即分析影响目标问题的各个因素之间的相互关系，并确定哪几个因素起主导作用。

预测性调查是指对未来市场的需求变化做出估计，属于市场预测的范围。所以，常用一些预测模型来进行定量分析。

调查性质不同，所采用的调查方法也不同，将所收集的资料进行分析也会有所侧重。比如，探索性调查侧重定性研究，而预测性调查侧重于定量研究。

3. 按调查时间不同可以分为连续性调查和一次性调查

连续性调查是指对所确定的调查内容接连不断地进行调查，以掌握其动态发展的状况。比如，定期统计报表就是我国定期取得统计资料的重要方式。它有国家统一规定的表格和要求，一般由上而下统一布置，然后由下而上提供统计资料。

一次性调查是指针对企业当前所面临的问题，组织专项调查，以尽快找到解决问题的方法的一种调查方式。企业的很多专项调查都属于一次性调查，如新产品命名调查、顾客满意度调查、市场营销组合调查、广告效果调查、竞争对手调查等。

4. 按搜集资料的方法不同可分为桌面调查和实地调查

桌面调查是指对已公开发布的资料、信息加以收集、整理和分析的一种调查类型。主要方法有第二手资料调查法、文案调查法等。其优点是简单、快速、节省经费；缺点是缺乏时效性，即不一定适合当前的情况。

实地调查又称第一手资料调查，是指调查员直接向被访问者收集第一手资料，再加以整理和分析，写出调查报告。实地调查法包括观察法、访问法和实验法等。实地调查法所花费的人力、时间和费用较桌面调查法要大得多。

（资料来源：赵铁．市场调查与预测．北京：清华大学出版社，2007．）

任 务 回 顾

任务指标	表现要求	已达要求	未达要求
（陈述性）知识	掌握重要概念、特征和意义等		
（实践）技能	能进行职业操作活动		
认识整体职业任务	能概述并认识整体职业任务		
认识职业任务的地位	能认识职业任务的上下衔接关系		
其他			

⊙ 任务1小结

根据市场调查与预测业务活动顺序，本任务是市场调查与预测工作的第一大任务。对于市场调查公司来讲，在市场调查市场上，也会根据自己的特点，进行市场细分，确定自己的目标企业。通过与企业进行洽商，获得委托企业的授权，签订调查业务合同之后，市场调查公司项目组将进入业务准备阶段。

市场调查工作的准备应该有一个科学的操作过程。首先，作为初学者，我们应该对市场调查、市场调查职业有所了解。其次，作为市场调查公司员工，我们应该通过与企业管理层进行洽商，初步达成业务活动意向，通过认真编写项目建议书，进一步从另一角度去争取目标企业的认同，直至签订业务合同。最后，合同签订后，我们应该立即组建市场调查项目工作组，招聘调查人员。为了方便业务的进行，一定要吸纳委托企业的相关人员参与到项目领导组中来。这样，一个较为清晰的市场调查准备工作就能很好地完成。本任务围绕市场调查工作准备活动必要的程序，设计了各环节操作的专门知识，设置了**重要概念**、**任务资讯**等栏目，体现了对一些重要理论知识的重组。

本任务进程以**任务描述**开始，以**学生自我总结**结束，希望读者在完成每个**子任务**之后，能够及时进行**任务回顾**，做好自我的过程性评价，在完成所有子任务后，进行自我工作评价。

本任务能力目标：完成本任务后，读者应该能够熟练完成市场调查项目准备的各项工作。

完成本任务将为**任务2 市场调查目标的确定**奠定基础。

◈ 重要概念与技能

◇**重要概念**

市场调查　市场调查机构　市场调查问题　市场调查项目建议书

◇**重要技能**

市场调查　业务洽商　编写市场调查项目建议书

◈ 课堂讨论

1. 市场调查工作的挑战性。
2. 市场调查职业的成长性。
3. 市场调查机构的职业道德。
4. 为什么说社会上专业市场调查公司的调查活动更客观？
5. 你怎样理解市场调查活动？

◈ 课后自测

◇**选择题**

1. 市场调查工作过程要素包括(　　)。

A. 工作对象　　B. 工作方法

C. 工作组织形式　　D. 专业工作要求

E. 工作的工具

2. 在与企业洽商业务时，可以通过(　　)途径或方式达到目的。

A. 电话联系　　B. 上门拜访

C. 熟人介绍　　D. 调查公司认真介绍自己、展示自身的优势

3. 企业进行市场调查，可以是(　　)。

A. 内部市场研究部门组织进行　　B. 委托专业市场调查公司

C. 政府部门无偿组织　　D. 大学调查机构无偿组织

4. 在编写项目建议书时，应考虑(　　)因素。

A. 问题背景　　B. 调查设计

C. 调查方法　　D. 资料的收集与分析

E. 报告的提交形式

5. 在进行市场调查人员招聘时，应进行(　　)测试。

A. 政治素质　　B. 道德素质

C. 敬业精神　　D. 身体素质

6. 在业务实践中，寻求企业协助的目的是(　　)。

A. 获取更多资料

B. 方便调查工作

C. 方便企业决策者对市场调查情况的把握

D. 弥补自身技术力量不足

◇判断题

1. 与企业决策者洽商，有利于调查人员尽快获取业务合同。（ ）

2. 在编写项目建议书时，为了保证获取业务合同，我们可以采取较低报价的策略，同时也可以省略调查过程中的某些环节。（ ）

3. 一般情况下，项目建议书还可以成为调查人员实际工作中的指导。（ ）

4. 在调查工作准备阶段，经洽商，企业不同意签订调查合同，此时，调查人员可以泄露企业的一些财务资料。（ ）

5. 在业务活动开始后，项目建议书可能被修改多次。（ ）

◇简答题

1. 市场调查包括哪些内容？

2. 项目建议书包括哪些内容？

3. 市场调查公司与委托企业建立沟通联系机制有什么意义？

4. 市场调查的作用有哪些？

5. 你所了解的市场调查机构有哪些？

◈ 案例分析

日本汽车巨头的市场调查

1957 年，丰田汽车开始出口美国。最初几天的热烈反应掩盖了日本人对美国市场的不适应：这些丰田车在日本狭窄多弯的马路上跑起来，性能表现优越，可是在美国的高速公路上，时速超过 80 km/h 发动机就开始震动，功率急剧下降；车内设计不符合美国人生活习惯等。

3 年后，丰田公司被迫决定暂停向美国出口轿车。

时隔不久，一位衣冠楚楚的日本人来到纽约，以学英语为名，住进了一个普通的美国家庭。他除了学习以外，每天都在做笔记，美国人居家生活的种种细节，包括吃什么食物、看什么电视节目等，全在记录之列。

3 个月后，日本人走了。没过多久，丰田公司就推出了针对当今美国家庭需求而设计的价廉物美的旅行车。该车在每一个细节上都考虑了美国人的需要，例如，美国男士（特别是年轻人）喜爱喝玻璃瓶装饮料而非纸盒装的饮料，日本设计师就专门在车内设计了能冷藏并能安全放置玻璃瓶的柜子。

直到该车在美国市场推出时，丰田公司才在报上刊登了他们对美国家庭的调查报告，并向那户人家致歉，同时表示感谢。正是通过这样细致的调研工作，丰田公司很快掌握了美国汽车市场的情况，5 年后，丰田终于制造出适应美国需求的轿车——可乐娜。由于动力强劲、坚固耐用、造型新颖，而且价格低廉，因此获得了巨大的成功。当年丰田汽车在美国销售就达 3 000 辆之多。此后，丰田汽车在美国的市场份额进一步扩大，至 1975 年，丰田成为美国最大的汽车进口商。1980 年，丰田汽车在美国的销售量达到 58 000 多辆，占美国进口汽车总额的 25%。

市场调查与预测在企业营销管理中的重要性由此可见。无独有偶，日本花王公司花费

15亿日元开发“顾客回声系统”，每年可倾听7万条“消费者心声”信息反馈，包括疑问、抱怨、建议等，然后根据这些意见和建议进行产品品质改进；同时，每天处理250件消费者咨询，提供最迅速的、正确的商品与生活信息给顾客，使顾客得到最大的满意度。

EVG电动车公司总裁艾柯卡说，你可以用是否懂得聆听来区分平庸的公司和杰出的公司。这说的也是市场调查在现代企业营销管理中的重要作用。

阅读以上材料，回答问题：

1. 你怎样理解市场调查对于企业决策的意义？

2. 这个案例给了我们什么样的职业信息？

⊙ 模拟演练

某电子产品生产厂家市场研究部门委托某高职院校2010级市场营销专业一班同学分组完成一项名为“大学生购买电子书的意向”的调查。根据自己对电子书校园消费情况的了解，编写一份大致的调查建议书。

[**演练目标**]编写调查建议书。

[**演练组织**]学生分组，模拟调查人员，从不同角度去思考、确定编写素材。

[**演练提示**]结合任务内容，进行编写模拟。

[**成果评价**]各组展示，教师讲评。

⊙ 学生自我总结

通过完成任务1 市场调查项目的准备，我能够做如下总结：

一、任务概述

本任务的主要内容有：

二、任务定位

本任务在职业活动中的地位：

三、完成任务过程分析

本任务的完成过程是：

四、工作过程要素分析

在本任务的完成过程中： 1. 工作过程要素有： 2. 操作要领有： 3. 这么做的原因有：

五、成果检验

本任务的工作成果： 1. 完成本任务的意义有： 2. 体会的经验有： 3. 自悟的经验有： 4. 形成的策略有：

任务2

市场调查目标的确定

▷ 任务目标

▷ 知识目标

1. 了解市场调查目标的意义；
2. 掌握市场营销问题背景范围；
3. 掌握二手资料的含义及范围；
4. 了解市场调查假设。

▷ 技能目标

1. 能组织专家访谈；
2. 会初步分析二手资料；
3. 能够建立市场调查假设；
4. 能整体把握调查目标的确定工作。

▷ 任务分解

▷ 情境导入

2.1 企业调查意图的分析

2.2 营销问题背景的分析

2.3 市场调查目标的最终确定

▷ 任务2小结

▷ 重要概念与技能

▷ 课堂讨论

▷ 课后自测

▷ 案例分析

▷ 模拟演练

▷ 学生自我总结

◈ 任务分解

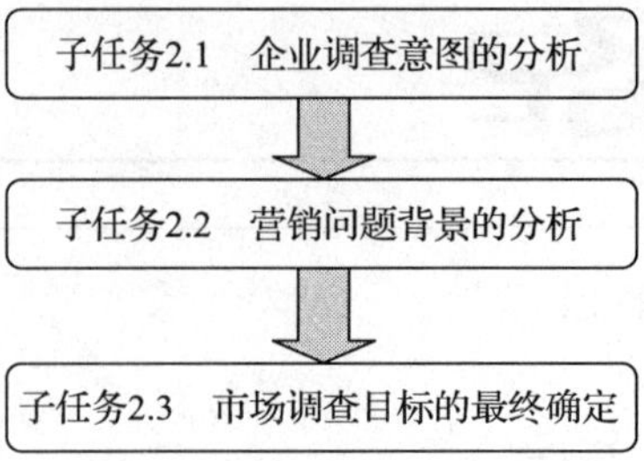

◈ 情境导入

尊敬的读者：当您完成了市场调查项目的准备任务，市场调查活动即将正式开始。作为市场调查项目领导组的一员，您将和同事们面临一个新的任务：市场调查目标的确定。在上一个任务中，客户企业将市场调查业务委托给您的公司的同时，也会说明他们对市场调查目标的看法；您和同事也会试着初步将市场调查目标揭示出来。但事实上，我们在未做更详细的工作之前，和客户企业一样，对于本次市场调查的目标是什么这一问题的回答也是仅凭经验、感觉来发表意见的。为了使调查活动能够顺利进行，调查的结论能够真正支持客户企业的营销决策，我们应该通过一些必要的工作环节，进一步清晰地界定市场调查目标。

您已经踏入市场调查与预测职业工作的领域，如果您希望从中获得成功的喜悦，那么，请尝试完成本任务：**市场调查目标的确定**。

市场调查与预测职业活动的第 2 步：**市场调查目标的确定**。根据市场调查与预测活动本身的工作逻辑，我们将市场调查与预测活动中的这一项工作设置为第二大学习性任务。为了方便您掌握市场调查与预测活动的职业技能，我们又将本任务分为三个子任务，这三个子任务分别是：

企业调查意图的分析；

营销问题背景的分析；

市场调查目标的最终确定。

您可以按照任务引领，对照学习目标，依次完成各项子任务，直至完成本任务，从而获取确定市场调查目标的职业活动能力。

2.1　企业调查意图的分析

> 任务描述：对于经营中遇到的问题，客户企业管理人员更为熟悉。为此，市场调查人员在开展业务之前，应该详细了解企业管理人员的调查意图，以便能够更为清晰地为界定市场调查目标做准备。

在日趋激烈的市场竞争中，企业常会面临这样或那样的问题，如该进入什么样的市场，生产什么样的产品；经过千辛万苦开发出来的产品得不到市场的认可，销售局面迟迟不能打开；由于企业缺乏知名度，产品在国际市场上竞争能力弱；产品研发部门刚刚立项准备新的开发计划，突然传来市场上已有同类产品的消息，等等。遇到这些令人烦恼的问题，企业很自然就会问“怎么办?”、“如何做?”等问题。此时，市场调查就成为企业走出困境的最佳选择。一个企业需要进行市场调查，往往是因为感觉日常营销活动中出现了问题，或者是感觉已有的营销策略需要改进。

重要概念 2－1

企业调查意图

企业调查意图是企业管理人员根据经验，通过对企业经营管理活动中出现的问题进行判断并提出自己的看法，在此基础上可以确定市场调查的重点或范围。

通过市场调查，有目的地收集、分析市场资料，从而做出更好的选择，以减少决策的失误，进而走出经营困境。因此，企业委托市场调查公司开展调查业务，首要的问题是科学确定调查研究的目标。“良好的开端是成功的一半”，同样，如果对一个企业经营遇到的问题能够做出恰当的定义，问题就已经解决了一半。任何一个市场问题都存在许许多多影响因素，如果对该问题不能做出清晰的定义，收集信息的成本可能会超过调查提出的结果价值。

例 2－1 截至 2011 年 4 月，某 SUV 生产厂家发现其 A 产品销售量已连续下降达 6 个月之久，管理人员想知道销售量下降的真正原因究竟是什么？是广告支出减少？或是消费者偏好转变？还是代理商推销不力？市场调查人员应先分析有关资料，然后找出研究问题并进一步做出假设、提出研究目标。假如调查人员认为上述问题的产生是消费者偏好转变的话，再进一步分析、提出若干假设，如消费者认为该公司产品设计落伍，竞争产品品牌的广告设计较佳等。

在企业里，往往是相关管理人员最先发现经营问题，同时，也会对这些问题加以判断并试图解决。这些管理人员的意图或判断对市场调查人员进一步准确确定调查目标具有很高的参考价值。为此，市场调查人员必须首先通过与企业管理人员交流，获悉并确认企业市场调查意图。

2.1.1 了解企业管理层的意图

市场调查公司工作人员要确认企业市场调查的意图，首先就要了解客户企业管理层对所遇到的经营管理问题的看法和判断。为此，应安排项目管理人员与客户企业管理人员进行充分交流，以便能够从决策者角度判断企业究竟面临着什么样的问题，从中获得有利于市场调查人员确定调查目标的信息。

了解企业管理层意图可以采取以下步骤：

1. 对问题进行初步分析

在与企业管理层沟通之前，市场调查人员就应该对一些问题进行讨论与分析，这可以为和决策者接触及发现问题的深层次原因奠定基础。在访问企业管理层时，我们可以将准备好的问题提出来，与决策者进行讨论。

市场调查人员初步分析的问题可以包括以下内容：

（1）导致企业必须采取行动、改变决策的事件是什么？或者经营问题的变化过程是怎样的？例如，企业某产品销售在短期内突然出现市场份额的急剧下降，迫使企业开始改变销售策略。

（2）针对这些问题，分析最可能的影响因素，以及管理层可以选择的不同措施。这些措施包括近期措施和长远措施。例如，产品市场份额短期大幅下降，主要原因是产品陈旧？价格过高？消费者偏好发生转移？还是广告不新颖？

（3）企业管理层最希望的市场情形是怎样的？

（4）企业已经采取了哪些新措施？效果如何？

（5）与这些新措施有关的企业文化是怎样的？

通过对这些问题的初步分析，调查人员可以发现潜在的问题，极大地促进了对调查目标的确定。作为专业调查公司，由（企业）顾客单位中的一个或几个人充当联络员或与调查人员组成一个小组，将更有利于调查人员与决策者的接触。

2. 访问企业管理层

在对企业管理层进行访问时，为了发现企业经营管理问题，调查公司工作人员必须擅长与其接触。在我国，由于市场调查的重要性还不是人所共知，因而一些企业内部的调研部门在本单位的地位较为低下，这导致了在调研的初期阶段接近关键的决策者非常困难。当然，作为被聘请的专业市场调查公司，情况会好一些，但依然要讲究方式方法，选择合适的时机与地点，尽快与企业决策者进行沟通。

访问企业管理层的问题应包括：问题的起因、决策者的目的、决策者的处境、可供选择的解决方案及后果、重新决策所需的信息与成本、理论与技术上的可行性等。

为了保证访问的质量，调查人员可以先准备一个访谈提纲，提前预约时间；根据调查问题可能涉及的范围，预先选定访问对象的层次或数量；时间、地点有序安排，尽量使管理人员之间不互相影响。

3. 访问管理人员应注意的事项

（1）调查公司工作人员应该注意调动管理人员的积极性，使其能够与调查人员相互合作、相互信任，进而能够自由地交换意见，以便从宏观角度发现企业在行业中的地位、竞争者及经营管理中的问题。

（2）调查公司工作人员还应与企业管理人员保持连续的接触，以保证能够整体地理解企业经营管理中的问题。

（3）作为专业调查公司工作人员，与管理层的接触应具有创新性，而不能模式化。这样，可以更接近企业经营管理问题的真相。

2.1.2 访问行业专家

除了自身的原因，一些外在的环境因素也会导致企业经营管理问题的出现。如果说访问企业管理层解决了市场调查人员对企业所遇问题的微观判断，那么，作为专业调查公司的一员，为了确定调查目标，还应该与对企业和产品制造非常熟悉的产业（行业）专家进行沟通与交流。

我们这里所称的专家包括委托单位内部的专家和外部的专家。在进行访谈的时候，我们一定要认真记录，这些专家的知识与经验可以通过个人访谈获得，一般情况下，无须制作正式的调查问卷。

1. 进行专家访谈,先列出访谈提纲

在与专家见面之前,我们应该事先将访谈内容列出一个提纲。但是,在访谈时无须严格按照提前准备的题目顺序和问题进行,可以灵活地对计划进行随机调整,只要达到获得专家知识的目的即可。和专家会面,只是为了获得行业背景资料,从外围大环境界定调查问题,不应该希望马上就找到解决问题的方法。

2. 要善于甄别专家,有选择地吸收其经验

我们在进行专家访谈时,应该实现对专家的(专)行业背景进行调查,做到心中有数。此外,由于业务活动需要,我们可能还应该向委托单位以外的专家求助,这时,操作起来就比较困难,我们必须通过熟人介绍或其他一些公关活动,使其接受访问。

与专家沟通交流的方法更多地适用在为工业企业或产品技术特性而进行的营销调研中,这类专家相对比较容易发现和接近。这种方法也适用于没有其他信息来源的情况,如对一个全新的产品进行调研,专家对现有产品的改造和重新定位可以提供非常有价值的建议。

另外,在选择专家时,市场调查人员通过合适的渠道选择恰当的人选的同时,还应该提前将问题背景资料交给这些专家,并说明会谈要求以及支付的报酬。

2.1.3 分析二手资料

一般情况下,市场调查活动的开始往往需要收集大量二手资料,之后,才进行原始资料的实地收集。尽管二手资料不可能提供特定调查问题的全部答案,但二手资料在很多方面都是有用的。

> **重要概念 2-2**
>
> 二 手 资 料
>
> 二手资料是指一些调查者根据特定调查目的收集、整理过的各种现成资料,所以又称次级资料。例如,我们经常见到的报纸、期刊、经济或统计年鉴、文件、数据库、报(统计)表等。二手资料收集常用文案调查法。文案调查法又称间接调查法,是指围绕一定的调查目的,通过查看、检索、阅读、购买、复制等手段,收集并整理企业内部和外部现有的各种信息、情报资料,对调查内容进行分析与研究的一种调查方法。

市场调查人员分析二手资料可按照如下程序进行操作:

1. 确定资料来源

市场调查人员应该首先围绕大致确定的调查问题,划定所需资料的范围。所划定的资料范围越大,可能涵盖所有资料的来源也越大,资料主题的认定也就越准确。资料范围划定以后,调查人员就可以开始资料收集工作。一般情况下,首先会假设调查目标所需收集的资料都是存在的,尽管可能收集不到直接佐证调查目的的二手资料,但是通过有效的引用、目录或其他工具,就可以划定资料的来源范围。这时,调查人员就可以全神贯注地查找能够协助自己取得所需资料的各种辅助工具,包括书籍、期刊、官方文献资料的目录、索引、新闻报道等,从一般线索到特殊线索。

2. 收集资料

资料的来源渠道逐渐清晰后,调查人员就可以着手资料的收集工作。在收集资料时,根据先易后难的原则,二手资料的收集可以按以下程序进行:

第一，查找内部资料。专业的调查人员从企业内部资料获取信息是应该首先考虑的工作，因为这些资料就在附近，收集成本较小，与此同时，对外部资料的查找也会提供方向性的帮助。内部资料主要包括以下一些：

（1）业务资料。业务资料包括与企业营销业务活动有关的各种资料，如原材料的订货单、进货单、发货单、合同文本、发票、销售记录；半成品、成品的订货单、进货单、发货单、合同、发票、销售记录；业务员访问报告、顾客反馈信息、广告等。通过对这些资料的收集和分析，可以掌握企业所生产和经营的商品的供应和需求变化的情况。

（2）统计资料。统计资料包括企业各部门的各类统计报表，年度、季度计划，企业生产、销售、库存记录等各种数据，各类统计资料的分析报告等。通过对统计资料的分析，可以初步掌握企业经营活动的一些数量特征及大致规律。

（3）财务资料。财务资料一般包括企业各种财务、会计核算和分析资料，主要包括生产成本资料、销售成本资料、各种商品价格、销售利润、税金资料等。通过对财务资料的分析，可以考核企业的经济效益，为企业以后的经营决策提供财务支持的依据。

（4）生产技术资料。生产技术资料主要是生产作业完成情况、工时定额、操作规程、产品检验、质量保障等；产品设计图纸及说明书、技术文件、档案、实验数据、专题文章、会议文件等资料；生产产品的技术、设备配备、新产品的开发与市场潜力等资料。通过对生产技术资料的分析，可以了解企业的一些生产技术水平、产品设计能力、设计技术信息等。

（5）档案资料。档案资料主要包括企业各种文档、文件资料，这些文件一般由企业为了特定的经营目的而制定并归档保存下来。通过档案资料的分析，可以了解企业日常经营活动的一些方案及决策活动的过程。

（6）企业积累的其他资料。包括各种调查报告、经营总结、各种顾客意见和建议记录、竞争对手的综合资料及有关照片、录影带等。通过对这些资料的分析，可以为企业的市场调查提供一定的参照。

第二，查找外部资料。在内部资料的收集过程中，调查人员可能会发现收集工作面临的困境，如资料不完整、利用价值低、涵盖面有限等，这就需要去借助企业外部资料来满足资料收集要求。这时可以去图书馆或一些专业资料室，根据调查的主题和项目，利用图书资料索引收集资料。也可以在互联网上进行资料搜索，通过网络搜索引擎，输入关键字，就会出现所有网上公开的信息，然后从中挑选使用。

外部资料的来源主要有以下：

（1）各级、各类政府主管部门发布的有关资料，包括各级发改委、工商部门、财政税务部门、商务部门、海关、银行等定期或不定期地发布的有关政策法规、市场价格、商品供求等信息。这些信息具有权威性强、涵盖面广的特点，便于对宏观信息进行搜集，是非常重要的市场调查资料。

（2）各种信息中心、咨询机构、行业协会和联合会发布的市场信息和有关行业情报资料。这类信息一般包括行业法规、市场信息、发展趋势、统计数据及资料汇编等。例如，我国一些机械工业协会发布的机器设备报价资料对会计师事务所进行财产评估就具有非常大的参考价值。

（3）国内外新闻媒体，有关的专业书籍、报纸、杂志及各种类型的图书馆等经常能够提供大量的文献资料，从中可以发现大量公开的商业信息，或者提供某些索引来找寻其他资料。这也是非常重要的二手资料来源。

(4) 国内外各种展览会、展销会、发布会、交易会、订货会等和各种专业研讨会、交流会、论坛所发放的会议材料、论文、发言稿等。

(5) 互联网。互联网作为一个全球性的电信网络，使得计算机及其使用者能获得世界范围内的数据、图像、声音和文件等信息。

第三，访问相关部门。在内部资料、外部资料查找过程中，有时候发现有些资料具有较高的时效性、专业性和科学性，甚至有些资料整体保密性较强。这时，调查人员首先应该考虑替代资料，如果替代资料不易获取或者获取成本较高，就需要进一步访问这些资料的来源地，如有关企业协会和统计机关。一般情况下，经过良好的沟通，说明调查目的，遵循保密性原则，就应该可以从这些地方获取可信赖的资料信息。

第四，购买短缺资料。通过以上措施所获得的二手资料如果还不能满足调查的需要，调查人员还可以去一些专门以出售信息资料赢利的市场上购买调查所需的信息，如许多经济年鉴、统计年鉴、地方志、企业名录等面向社会公开发行的资料就属于此类。

任务资讯 2－1

文献资料的收集方法

(1) 参考文献查找法。参考文献查找法是指利用有关论文、著作、报告以及相关的书籍等末尾所列出的参考文献的目录，或文中涉及的文献资料，以此为依据，进行文献资料查找的办法。

(2) 手工检索查找法。手工检索查找法是指运用适当的检索工具进行资料查找的一种方法。这些检索工具有目录(如产品目录、企业目录、行业目录等)、索引、文摘。在实践查寻中，除了检索工具的使用外，还可以按照作者名称、资料名称、资料排序、资料内容等途径进行查询。

(3) 计算机网络检索。计算机网络检索是指利用迅速发展起来的信息传输方式，通过上网查询获取大量的第二手资料的方法。计算机网络检索方便、快速、费用低、信息量大、效率高，可以打破获取信息资料的时空限制，能提供完善、可靠的信息。随着计算机网络的逐渐普及，这种方法已被广泛应用。

(4) 情报互联网检索。情报互联网是指企业自己在某一范围内所设立的情报网络，用来收集市场情报、竞争情报、技术经济情报等。一般情况下，在重点市场上会设立比较固定的情报点，由专人负责或营销人员兼职。如著名的跨国汽车企业在我国的北京、上海和广州这些汽车消费一线城市都设有代表处，这些代表处就兼有情报信息搜寻的职能。

3. 整理信息资料

在二手资料的收集与分析中，由于其种类繁多，整理、分析工作事关二手资料能否充分利用。这个环节的工作应有以下基本要求：围绕调查的目的和内容，根据资料来源，结合适当的收集方法做到去伪存真、去粗取精，从众多资料中将对调查目的有价值的资料选取出来，去除那些不确切、有限制的资料。具体做法是：在事先划定资料清单或分析计划的基础上，运用恰当的统计方法，也可以制成图表以利于对比分析。值得注意的是，对于一些关键资料一定要多方考证，以证明其翔实无误。

2.1.4 组织定性调查

通过与决策者、产业专家座谈，获取的信息以及收集的第二手信息仍不足以清楚地确定市场调查问题。这时，市场调查人员还可以采取定性调研的方法来了解问题实质及相关的潜在原因。这里的定性调查具有一定探索性，主要用来发现问题，寻找机会，解决"可以做什么"的问题。需要指出的是，这一阶段的定性调查只是为发现企业面临的问题是什么，后续的任务安排中，我们还将涉及定性调查的其他用途。

定性调查经常采用的以下调查手段：

1. 小组座谈会

小组座谈会（focus group）是近年来新发展的用来进行定性调查的重要手段。具体做法是选取一组（8～12人）具有代表性的消费者和客户，在一个装有单向镜或录音录像设备的房间里，在主持人的组织下，就某个专题进行讨论，从而获得消费者的消费需求、心理和行为等重要特征，为进一步的定量调查奠定基础。

2. 深度访谈法

深度访谈是一种直接的、一对一的访问形式。在访谈过程中，由掌握高级访谈技巧的调查员对调查对象进行深入的访问，以揭示其对某一问题的潜在动机、态度和情感，最常应用于探测性调查。应用范围包括详细了解复杂行为、敏感话题或对企业高层、专家进行访问。

3. 专家意见法

专家意见法（又称德尔菲法）是采用函询或现场深度访问的方式，反复征求专家意见，经过客观分析和多次征询，逐步使各种不同意见趋于一致。一般要通过几轮征询，才能达到目的。

召集小组座谈会或专家座谈会，让大家畅所欲言，与被访问者语言沟通（询问被调查者对刺激性语言的第一反应）以及深层次会见（面对面地会见以详细了解被调查者的想法）等，可以在很大程度上获取被调查者对与企业问题的认识或想法。有时也可采用其他的探索性调研手段，如对少量被调查者进行实验性调研，尽管在这个阶段进行的调研并不正式，但能提供很有价值的信息。

从定性调查中获得的信息，结合与管理层的交谈，与产（行）业专家会见以及对第二手资料的分析，就能够使调查人员充分了解企业管理层的意图，并初步确定调查问题的范围与方向。

任务资讯 2－2

定 性 调 查

定性调查是根据研究者的认识和经验确定研究对象是否具有某种性质或某一现象变化的过程和变化的原因，是回答"为什么"或"是什么"的问题，通常用来对研究对象获得一个初步的了解，或用来定义问题或寻找处理问题的途径。例如，为什么某些消费者购买甲产品而不购买乙产品？

定性调查的优点：① 成本低。② 能更好地了解消费者内心深处的动机和感觉，更直接地了解到调查对象对各种观念的反应，更多感性的语言描述和讨论。③ 可以提高定量调查的效率，通常可以将其和定量调查结合使用。在先进行定性调查后进行定量调查时，可以获得定量调查所不能知道的、导致消费者选择不同产品的更多影响因素；先进行定量调查再进行定性调查时，可以更深刻地从原因和消费动机方面丰富定量调查的结论。

定性调查的局限性：① 不能像大范围定量调查一样区分各种细微差别。② 并不一定能反映出调查者感兴趣的人群，不一定具有很强的代表性。③ 定性调查的操作比较难。包括现场控制、进度把握、话题选择等。

定性调查是一种探索人们的动机、态度和对事物的性质的看法的研究方法。事物的性质往往可以用好坏、怎么样、如何等来表述。定性调查强调要弄清楚研究对象的主观感受和心理好恶。定性调查是定量调查的重要补充，是获得信息的重要方法。定性调查为进一步的定量研究提出定义和思路，一个设计严密的定量调查方案往往要以定性调查获取的信息作为重要基础。

任务回顾

任务指标	表现要求	已达要求	未达要求
（陈述性）知识	掌握重要概念、特征和意义		
（实践）技能	能进行职业操作活动		
认识整体职业任务	能概述并认识整体职业任务		
认识职业任务的地位	能认识职业任务的上下衔接关系		
其他			

2.2 营销问题背景的分析

任务描述：市场调查人员详细地了解了企业管理人员的调查意图之后，还应该深入了解企业营销问题出现的背景与环境。只有从问题出现的大背景下找出影响其出现的直接因素或间接因素，在进一步分析的基础上，才能使市场调查目标越来越清晰。

市场调查人员分析企业营销问题的背景，是希望将这一问题放在一个大背景或特定环境下，看有哪些因素对其出现起到了推波助澜的作用。为了了解营销调研问题的背景，调查人员应该遵循由近及远的原则，首先了解客户企业本身，其次分析对确定调查问题可能产生影响的各种因素。

这些因素限定了调查问题的环境内容，主要包括有关客户企业和产业的历史资料及前景预测、企业拥有的资源及各种限制、决策者的目标、购买者的行为、法律环境、经济环境，以及公司营销手段和生产技术等。

2.2.1 企业自身条件分析

1. 企业历史资料与未来预测分析

市场调查人员分析企业历史资料和未来预测应从以下一些方面进行，如委托企业的销售情况、市场份额、盈利性、技术水平、员工数、人口统计学特征和发展方式等。企业历史资料及趋势预测能够帮助调查人员理解潜在的营销调研问题,对这些资料的分析应该放在产(行)业和企业的层面上进行。

例 2-2 2010 年,某国产品牌液晶电视销售额逐月下降,而同期整个液晶电视产业的销售量上升。遇到这种情况,市场调查人员就要具体分析这家企业的问题,因为产业销售环境整体向好,唯独其出现销售下滑。

2. 企业资源和限制条件分析

市场调查人员在确定调查问题的范围时,必须要考虑到自己可以利用的委托企业资源(如企业的配合程度和已有的市场调查基础),以及其面临限制的条件(如企业可以支付费用和允许的时间)。

经测算,如果一个大规模的企业调查项目需要调查费用 50 万元人民币,而委托企业的调查预算经费只有 10 万元,市场调查公司将项目建议书提交企业后,显然企业管理者很难批准这个项目。所以,在很多时候,市场调查问题范围都不得不被压缩以适应企业预算的限制。市场调查项目建议书计划对企业的顾客进行调查时,就会将调查范围从全国压缩到几个主要的区域市场。

一般情况下,市场调查计划中只增加少量成本,即企业增加少量调查费用的预算,就可以使调查问题的范围大幅度扩展,这将显著增强调研项目的效用。市场调查人员应该详细向企业管理层说明,争取获得委托单位管理者的批准。同时,如果企业遇到的问题十分严峻,必须尽快做出决策时,对于调查公司来讲,也要求尽快实施调查并提出调查结论,时间的安排也非常重要。

3. 企业目标分析

每个企业都有其目标,目标有总有分、有大有小,企业制订不同决策的目的就在于实现上述目标。管理决策的形成建立在了解企业目标和决策者个人目标的基础上,市场调查项目要取得成功,提出切实可行的调查结论,也必须能够服务于这两种目标。

市场调查人员受托到企业后,常会遇到这样的情形:企业决策者很少能清楚地表述出个人和企业的目标,相反,他们常用笼统、缺乏可操作性的语言来描述这些目标,如"为发展市场经济"、"为消费者服务"、"提高公司形象"等。因此,直接地向决策者提问并不能发现所有的相关目标,调查人员必须有能力找出这些目标。一个经常使用的方法,就是针对一个问题当面告诉决策者各种可行的思路,然后询问决策者愿意采取何种解决思路,如果决策者回答说"不",调查人员就可以进一步探寻依照这种思路无法实现的目标,从而找出问题所在。

2.2.2 企业环境分析

企业环境分析从企业产品的消费者、法律政策环境、经济环境、营销方式及技术手段等方面去分析。

1. 消费者行为分析

消费者行为是市场调查问题环境内容的一个重要组成部分。在大多数的营销决策中,所有的问题都会回到分析消费者对于企业具体营销行为的反应上来,分析潜在消费者行为对于理解市场调查问题非常有帮助。消费者行为分析应考虑以下一些因素:

（1）消费者和非消费者的人数及地域分布。

（2）消费者人口统计和心理特征。

重要概念2－3

消费者人口统计

消费者人口统计是指被调查消费者的一些主要特征。被调查者往往对这部分问题比较敏感，但这些问题与研究目的密切相关，必不可少。如在消费者调查中，消费者的性别、年龄、婚姻状况、家庭的类型、人口数、文化程度、职业、经济情况等，单位的性质、规模、行业、所在地等，具体内容要依据研究者先期的分析设计而定；对于企业消费者来讲，企业名称、企业类型、所有制性质、商品销售额、利润总额、职工人数情况等属于消费者人口统计。通过这些项目，可以对调查资料进行分组、分类，以方便后期的分析。

（3）产品消费习惯以及相关种类产品的消费。

（4）传播媒体对消费行为以及对产品改进的反应。

（5）消费者对价格的敏感性。

（6）零售店主要光顾人群。

（7）消费者的优先选择。

例2－3 华联超市坚持从消费者消费习惯中寻找调查目标。在调查目标的确定中，以下问题常被调查人员问到。如确定距离被调查者最近的超市；确定最常去购物的超市、在此超市购物的频率、支出情况及消费结构；确定次常去购物的超市、在此超市购物的频率、支出情况及消费结构；确定现有超市与产品大类的关系；评估超市属性的重要性和对华联超市及竞争对手的表现等。通过调查，华联超市往往能够及时更新销售策略。

本例说明，每个企业的市场研究人员如果能够随时收集消费者信息，那么，在市场调查活动中就容易锁定目标。

2．企业所处的法制环境分析

企业面临的法制环境包括国家公共政策、法律、政府代理机构等，受影响的重要法律包括专利、商标、特许使用权、交易合同、税收、关税等。法律政策对企业市场营销的每一个组成部分都有影响。此外，还有管理协调各个产业的相关法律。法制政策环境对于界定市场调查问题有重要作用。例如，国家出台的一系列产业政策，对一些行业是鼓励发展的，对另一些行业则是抑制发展的，这种影响往往是通过税收、利率等一些手段来实现。

3．企业所处的经济环境分析

营销调研问题的环境内容的另一个重要组成部分是经济环境，包括购买力、收入总额、可支配收入、价格、储蓄、可利用的信息以及总的经济形势。经济的总体状况（快速增长、慢速增长、衰退和滞胀）会对消费者和企业信用交易以及购买昂贵产品的意愿产生影响，因此，经济环境对于市场营销问题的潜在影响也是巨大的。

4．企业营销方式以及技术手段分析

企业营销方式和技术手段会对营销调研项目的性质和范围产生影响。如开发一项技术产品，如果没有相关的制造技术和推销手段，就根本无法做到。通过对企业原有营销方式及技术手段的了解，我们可以从中找到一部分确定市场调查问题的依据。

一个企业的营销方式以及技术手段会影响它的营销项目和战略实施。从更大范围来说,技术环境的其他组成部分也应被考虑在内。技术的进步,如计算机的持续发展,对营销调研产生了深刻的影响。例如,计算机的收银结算系统,使超级市场经营者能够每天非常容易地观察到消费者对于产品的需求,并能向调查人员随时提供相关的数据。这样,市场调查人员就能随时获得零售的信息,不仅包括公司品牌,也包括其他竞争性的品牌。数据收集的快速性和精确性使调查人员能够轻松应对复杂的问题,如调查人员可以准确采集到改进产品所带来的市场份额的变化,并随时进行研究分析。

在对营销调研问题的环境内容获得充分的了解之后,调查人员就能够识别出哪些是管理决策问题,哪些是营销调研问题。

任务资讯 2－3

管理决策问题和营销调研问题的区别

管理决策问题是问决策者需要做什么,而营销调研问题则是问需要获得什么信息以及如何最经济、快捷地获得。营销调研能为做出好的决策提供必要的信息。

具体来说,管理决策问题是行动导向型的,与之相关的是决策者将可能采取的行动。如应如何找回已丢失的市场份额?是否应对市场进行另外一种细分?是否应开发一种新的产品?是否应增加改进产品的预算?

相反,营销调研问题是信息导向型的。它包括判断需要获得什么信息,以及如何获得最大效益和效率。例如,对于具体产品销售市场份额下降的情况。决策者的问题是如何恢复市场份额,可供选择的行动方案包括改进现有产品、开发新产品、改变营销过程中的其他组成部分,以及分割市场等。假设决策者和营销者都认为问题的根源在于对市场的分割不合适,因此希望营销调研来提供与此相关的信息。这样,营销调研问题就成为发现和评价不同的分割市场依据的问题。

任务回顾

任务指标	表现要求	已达要求	未达要求
(陈述性)知识	掌握重要概念、特征和意义		
(实践)技能	能进行职业操作活动		
认识整体职业任务	能概述并认识整体职业任务		
认识职业任务的地位	能认识职业任务的上下衔接关系		
其他			

2.3 市场调查目标的最终确定

任务描述:市场调查人员在详细了解企业管理人员的调查意图,深入分析企业营销问题出现的背景与环境的基础上,根据自己的工作成果,就可以清晰而恰当地归纳出市场调查的目标是什么。市场调查目标不能过大而笼统,也不能过小而成为决策选项。

任何一项调查活动都应该建立在一定的理论和实用意义之上，市场调查更是如此。就像我们写文章，开篇先要“破题”一样，确立调查目标是首要问题。只有确定了调查目标，才能确定调查的范围、内容和方法，否则就会列入一些无关紧要的调查项目，而漏掉一些重要的调查项目，以致达不到调查的目的。具体来讲，确定调查目标，就是要明确客户为什么要进行调查，即调查的意义；客户想通过调查获得什么信息，即调查的内容；客户利用已获得的信息做什么，即通过调查所获得的信息能否解决客户所面临的问题。

经过前期的工作，我们可以看出，调查目标的确定是一个从抽象到具体、从一般到特殊的过程。调查人员首先应限定调查的范围，找出企业最需要了解和解决的问题；然后分析现有的与调查问题有关的资料，如企业销售记录、市场价格变化等。在此基础上明确本次调查需要重点收集的资料，最后再写出调查目标和问题的说明。

例 2－4 某校园餐厅在最近 3 个月销售额同比下降了 30%，这种下降可能是由于竞争加剧引起，也可能是由于营销策略制订不当所致。如果是后者，则需要说明是哪项策略，具体原因是什么。

通过与企业决策者沟通、与产业专家交流，进行了二手资料分析，了解营销问题背景的一系列工作，实际上是对企业做了一个初步的摸底调查。在此基础上，市场调查人员就可以提出市场调查目标。

有的时候，市场调查人员也可以根据调查项目要求，设立调查假设，或形成某种思路，用假设的形式来陈述市场调查目标。这时的假设是未经实践充分检验的理论，它是调查目标和理论模型之间的中间环节。这种调查一般是试探性的，其目的仅在于加深企业管理层对所遇到问题的理解与认识。

调查人员可以根据所提出的假设确定自己的调查方向，进行有目的、有计划的观察和收集资料，避免调查实践和盲目性和被动性。做出假设的主要原因是为了限定调查的范围，并从将来调查所得出的资料来检验所做的假设是否成立。这样，也可以确定市场调查目标。

例 2－5 美国的一家公司在得知日本市场上买不到番茄酱后，就向日本运进了大量的畅销牌子的番茄酱。最终，这一冒险失败了。该公司很长一段时间也没有弄明白为什么在日本没有能够将番茄酱销售出去。容量大且富裕的日本市场有如此大的吸引力，以至于该公司怕任何迟疑都会使竞争对手领先。其实，只凭感觉贸然决策，必然导致经营问题的出现。慎重确定调查目标和方向，进行一次市场调查，就会清楚地说明番茄酱在日本滞销的原因。事实上，在日本，黄豆酱是最受欢迎的调味品。

本例说明，不经研究，盲目确定调查方向，就会导致经营问题的出现。

2.3.1 直接归纳确定调查目标

市场调查人员在通过与企业管理层沟通、与产业专家交流，进行了二手资料分析，了解了营销问题背景之后，就可以顺利地归纳出市场调查目标。

1. 调查目标不宜过大

在市场调查活动中，确定调查目标时，有的调查研究人员生怕漏掉什么，常将目标定义得太宽，太宽的定义无法为调查的后续工作提供明确的方向。

例 2－6 市场调查目标确定得太宽太大的情形：研究品牌的市场营销战略；改善公司

的竞争地位；改进公司的形象等。这些问题都不够具体，因而无法提出解决问题的途径或方案设计的途径。

2. 调查目标不宜过小

在市场调查活动中，确定调查目标时，有的调查研究人员将目标定义得太窄，这就会使决策者根据调查结果做决策时缺乏对市场情况的全盘把握，甚至导致决策的失败。

例2-7 市场调查目标定得太窄太小的情形：在一项为某消费品公司进行的调研中，管理决策问题是如何对付某竞争对手发动的降价行动。由此，研究人员确定的备选行动路线为：做相应的减价以适应该竞争者的价格；维持原价格但加大广告力度；适当减价，不必与竞争者相适应，但适当增加广告量。

本例中目标定得太具体，以至于成了备选行动，而这些备选的行动可能都没有什么希望。后来将调查目标重新定义为：如何提高市场占有率，增加系列产品的利润。通过定性研究，结果表明：在双盲试验中，消费者并不能区分不同品牌的产品，而且，消费者将价格看做指示产品质量的一个因素。这些发现就导出了另一个有创造性的备选行动路线：调整现有品牌的价格，同时引进两个新品牌，一个品牌的价格与竞争者相适应，另一个品牌将价格降得更低些。

任务资讯2-4

避免“想知道得更多”

调查目标的确定必须避免“想知道得更多”综合症。在进行试探性调查之后，企业管理层还会从他们并不了解的很多领域来谈论调查目标。他们往往会说：“这是我不知道的一些问题。”如汽车公司的经理可能会说：“我想知道目标消费者是不是正在考虑扩大家庭规模?”他们可能在想：当调研结果出来后，如果能了解目标顾客家庭规模的发展趋势就更好了。一旦有了更多的信息，我就能进行决策了。遗憾的是，这种情形通常将导致失望。有趣的调研结果本身并没有错，但它们必须是“可用于行动的”。也就是说，调研结果必须提供制订决策所需的信息。

调研目标的完成并不仅在于增加管理者对问题的了解。除非整个调研是试探性的，否则它应该最终产生某种决策。或许，可以保证调研结果能够导致决策的最好方法是明确调研结果将被如何执行。

（资料来源：[美]小卡尔·麦克丹尼尔．范秀成，等译．当代市场调研．北京：机械工业出版社，2000.）

3. 正确定义调查目标

为了减少定义目标时常犯的错误，可以先将调查目标用比较宽泛的、一般性的术语来陈述，然后，确定具体的研究提纲。比较宽泛的陈述可以为问题提供较开阔的视角，而具体的研究提纲集中了问题的关键方面，从而可以为如何进一步操作提供清楚的指引路线。

任务资讯2-5

市场营销问题的界定

在市场调查活动中，市场调查目标通常会具体化为一些问题。有些问题需要进行广泛的调查，因为通过调查有可能发现有利可图的市场机会或发生巨额损失的可能性。有些问题需要及时关注，有些问题则没有那么紧急。一个比较系统的界定市场营销问题的办法有助于市场调查人员获得相关信息,也可以为组织中所有对结果和建议产生影响的人提供大量的信息。市场营销问题的界定必须考虑到公司的状况及其采取合理行动的能力。对营销决策欠缺考虑可能会导致出现比较严重的问题,有时后果是灾难性的。企业的营销人员需要在各种情况下,首先应该做到精确界定问题。例如,可用目标定位法界定问题:

1. 写出对问题的描述然后询问	问题:对主要产品的销售额或利润有多大的负面影响?
2. 要达到什么目标?	目标:增加销售额和利润
3. 会遇到什么障碍?	主要障碍:市场份额竞争激烈、市场增长停滞、萧条、萎缩
4. 为了解决问题,我们受到的限制	限制:新产品研发资金匮乏
5. 重新界定问题	重新界定:探索新市场、市场细分、多样化、许可经营、合资、整合战略

资料来源:[英]托尼·普罗克特.营销调研精要.吴冠之,等译.北京:机械工业出版社,2004.

2.3.2 建立假设确定调查目标

为加强调查的目的性,调查人员可事先提出假设,即先给出调查的观点,然后寻找材料加以说明。例如,上述例 2-4 中,校园餐厅根据现有的材料,可提出如下假设:一是销售额下降是因为竞争对手增加、顾客分流所致,企业的营销策略无问题;二是销售额下降是因为商品定价太高,周围顾客购买力水平低造成,竞争对手不是主要因素。依据假设进行调查,是探索性调查经常采用的方法,它可以使调查者抓住重点,提高效率,并带着结论去调查。

为使调查的目标更加明确和集中,企业也可以事先组织一次试调查,即依据现有的资料和所做假设进行试验性的访问调查。做法是:调查组织者与一些有经验的调查员一起到某个地区,按判断抽样法选取部分调查对象,与他们进行面对面的交谈,然后参照面谈记录,对调查目标进行修正,并进一步明确调查问题的性质和特征。

任务资讯 2-6

企业管理层与市场调查人员的协作

在这一任务环节,企业一些基层管理人员可能会抱怨市场调查没有价值,市场调查人员可能会对企业的后续决策指手画脚,随意发表意见。如何促进这种协作呢?

要解决这一问题,首先应该明确责任。市场调查人员的责任是开展调查、提供信息;企业管理层的责任是决策。市场调查人员必须认识到,自己的职责是提供可以付诸行动的信息;而对于企业管理人员来讲,则必须弄清楚哪些信息是制订经营策略所需的,哪种形式的信息是对决策最有用的。

从决策目的的角度看,市场调查可以分为三大类:计划性的、选择性的和评估性的。计划性调查的目的是通过市场细分、市场机会分析或顾客态度和产品用途研究来制订营销方案。选择性调查的目的是检测不同的决策方案,如检测新产品概念、广告文本检测、营销检测。评估性调查用来评价营销活动的绩效,如调查消费者广告印象、企业形象记忆、消费者对企业服务质量的态度等。

计划性决策问题通常是由于感觉到市场在不断变化引发的，也可能是新的营销计划要求引入新产品、广告攻势或包装等。或许产品经理考虑到现有的信息对于目前的决策不够或已经过时，要制订可行的营销方案，需要有当前的信息。典型的问题如市场显示出细分的机会吗？如果这样，不同细分市场的总体特征是什么？对企业营销来说，某些细分市场是否比其他细分市场更为有利？各细分市场存在什么样的新产品机会？根据市场细分分析，应该选择什么营销方案？

营销部门的职责是，提出一个能够在公司预算允许的范围内回答上述问题的市场调查计划。

通过计划性调查识别出几种可行的选择方案后，选择性决策问题便随之出现。如果没有一个方案明显地优于其他方案，那么，产品经理通常希望检测几种方案。选择性调查可能在营销过程中的概念形成阶段或其他阶段进行，如开发广告文本、评估各种产品配方或评价整个营销计划。

当需要对营销计划的效率和效果进行评估时，评估性决策问题便出现了。评估性调查与计划性调查紧密相关。因当前绩效的缘故而需要改变计划或推出新的计划时，评估性调查就成为计划性调查的投入。为满足评估性信息的需要，市场调查部门通常会进行跟踪研究。

（资料来源：[美]小卡尔·迈克丹尼尔.当代市场调研.范秀成，等译.北京：机械工业出版社，2000.）

任务回顾

任务指标	表现要求	已达要求	未达要求
（陈述性）知识	掌握重要概念、特征和意义		
（实践）技能	能进行职业操作活动		
认识整体职业任务	能概述并认识整体职业任务		
认识职业任务的地位	能认识职业任务的上下衔接关系		
其他			

◇ 任务2小结

根据市场调查业务活动顺序，市场调查与预测工作的第二大任务是市场调查目标的确定。对于企业来讲，经营活动中出现了营销问题，这是为什么要进行市场调查的最根本原因。也只有通过调查，才能了解到底存在哪些问题。只有确切了解市场营销活动中存在的问题，市场调查的目标才能够明确。也只有调查目标明确，调查工作才会“事半功倍”。方向明确、过程组织有力、资料收集充分、分析论证科学的市场调查活动，才能对企业决策起到科学的参考作用，市场调查的重大作用也才能够体现出来。

确定市场调查目标应该有一个科学的操作过程。首先，应该通过与企业管理层、行业专家进行访谈，初步了解企业面临的问题是什么；其次，可以通过查阅二手资料，进一步从另一角度去认识企业可能面临的问题；最后，可以通过一些座谈会形式，了解管理层以外的人士对营销问题的看法。这样，一个较为清晰的市场调查目标就会呈现在我们面前。本任务围绕市场调查目标确定活动必要的程序，设计了各环节操作的专门知识，设置了**重要概念**、**任务资讯**等栏目，体现了对一些重要理论知识的重组。

本任务进程以**任务描述**开始，以**学生自我总结**结束，希望读者在完成**子任务**之后，能够及时进行自我的**任务回顾**，做好自我的过程评价，在完成所有子任务后，进行自我工作评价。

本任务能力目标：完成本任务后，读者应该能够熟练进行市场调查目标的确定工作。

完成本任务将为**任务3 市场调查方案的制订**奠定良好的基础。

◈ 重要概念与技能

◇重要概念

企业调查意图　二手资料　消费者人口统计

◇重要技能

专家访谈　二手资料分析

◈ 课堂讨论

1. 为什么要明确市场调查目标？
2. 怎样与企业决策层进行交流？
3. 二手资料对营销问题背景的分析有哪些帮助？
4. 调查目标的确定为什么不能太宽？

◈ 课后自测

◇选择题

1. 在确定调查目标时，与决策者沟通交流必须注意(　　)。

A. 决策者应与调查人员相互合作、相互信任

B. 决策者与调研人员应保持持续的接触，而不只是偶尔的接触

C. 双方必须坦诚，不应该有任何隐瞒，必须开诚布公

D. 调研人员与决策者的关系必须友善、密切

2. 收集二手资料的基本要求是(　　)。

A. 围绕营销问题的目的和内容

B. 根据资料来源，结合适当的收集方法做到去粗取精、去伪存真

C. 从众多资料中将对调查目的有价值的资料选取出来

D. 去除那些不确切、有限制的资料

3. 在确定营销问题时，分析消费者行为应考虑的因素是(　　)。

A. 消费者和非消费者的人数及地域分布　　B. 人口统计和心理特征

C. 对价格的敏感性　　D. 零售店主要光顾人群

E. 传播媒体对消费行为以及对产品改进的反应

4. 在业务实践中，确定调查目标时，有的调查人员将目标定得太窄，就会(　　)。

A. 收集资料不充分　　B. 调查结论不科学

C. 决策者缺乏对市场情况的全盘把握　　D. 可能导致决策的失败。

5. 在业务实践中，确定调查目标时，有的调查人员将目标定义得太宽，就会(　　)。

A. 收集资料成本过大　　B. 调查预算增加

C. 调查人员无法把握调查的方向　　D. 可能无法支持具体的决策行动

◇判断题

1. 与企业决策者沟通，有利于调查人员尽快获取企业面临的问题及相关信息，从而也加快了市场调查工作的步伐，也就不用再与企业职工进行沟通交流。(　　)

2. 为了保证收集、分析问题全面，在调查时，应该进行企业营销问题的背景调查，目的是替代正式调查过程中的某些环节。(　　)

3. 一般情况下，企业决策者往往很少能清楚地讲出个人和企业的目标，相反，他们常用缺乏可操作性的语言来描述这些目标。(　　)

4. 在现实生活中，许多消费者认为年龄、收入、受教育程度等都属于个人隐私，不愿意真实回答，所以在调查时可以把这些问题省略，以免影响消费者的情绪。(　　)

5. 依据假设进行调查，是探索性调查经常采用的方法，它可以使调查者抓住重点，提高效率，并带着结论去调查。(　　)

◇简答题

1. 通过与决策层、专家交流，调查公司可以获知哪些信息?

2. 为什么要了解消费者人口统计特征?

3. 市场调查目标定得过宽、过窄有什么弊端?

4. 怎样建立市场调查假设? 其主要目的是什么?

5. 如果市场调查目标不明确，调查活动会怎样?

◇ 案例分析

迷失方向的市场调查

1973 年 6 月，肯德基公司在东方之珠香港首次登陆。香港的新闻媒介几乎全部出马，在同一个时刻，为一个广告展开铺天盖地、声势浩大的宣传。标语、横幅、彩图充斥着香港的大街小巷，伴随着一声声“好味道舔手指”，在美孚新村，第一家肯德基家乡鸡粉墨登场。一年之后，又有 11 家连锁分店陆续开业。

不见炉火旺，但闻鸡飘香。独特的配方、精妙的烹调，使从未品尝过美式快餐的香港人无法抵御家乡鸡的诱惑，竞相走进肯德基快餐店。色泽金黄、香气四溢的炸鸡比起华人的清炖、红焖鸡块，的确非同凡响。除了炸鸡之外，还销售菜丝色拉、马铃薯条、小圆面包，以及可口可乐、冷热红茶等种类繁多的辅助食品和饮料。一经品尝，顾客们立刻被美式快餐迷住了。家乡鸡在香港的前景似乎一片光明。

然而，肯德基的“香港热”并没有持续多久。1974 年 9 月，肯德基公司突然宣布多家餐店停业。到1975年2月,仅存的4家店也被迫停业。首批进入香港的肯德基可以说全军覆没。虽然肯德基公司的董事长一再宣称,暂时停业是由于租金所困,但肯德基败走麦城是定局。

一时间,香港新闻媒体沸沸扬扬,拿出当年宣传推广之势,大肆评判肯德基在香港的成败功过。上至金融业大亨,下至平民百姓,争相发表自己的看法。最后,港人一致认为,导致肯德基关门停业的原因,不但与广告宣传、服务方式有关,而且还与鸡的味道有关。是这些致命因素,没能将港人的心留在肯德基。

在世界各地的成功经验,使肯德基公司对香港的生意十分自信,却忽略了香港人是华人,华人有华人的传统、习俗和消费心理这一关键因素。

为了适应港人的口味,肯德基家乡鸡快餐店采用香港的土鸡品种,沿用美国的喂养方式,用鱼肉饲养,结果破坏了中国鸡特有的口味,令港人大为失望。

"好味道舔手指"这句世界闻名的广告词,很难被注重风雅的香港居民接受。况且当时香港人的收入还不能普遍接受家乡鸡的价格,因而大大抑制了家乡鸡的销售。

在服务方式上,家乡鸡采取了典型的美式服务。在欧美,人们一般只是购买食物带回家再吃。因此,店内通常不设座位。香港则不同,人们一般在购买食物的地方进餐。人们三个一群,五个一伙,买了食品后坐在店内边吃边聊。家乡鸡不设座位的做法,使人没有地方用餐,无疑赶走了一大批回头客。因此,家乡鸡一开始吸引了许多人,但是回头客却不多,以至于无法赢利的肯德基灰溜溜地离开了香港。

1985年,肯德基决定再度进军香港。1985年9月,首家家乡鸡店耗资300万元,在佐敦道开业;1986年年初,第二家家乡鸡店在铜锣湾开业。

这时的香港快餐业已发生了巨大的变化。本地餐饮业占据消费市场的70%,另外一些快餐店占据消费市场的20%。面对强大的竞争对手,肯德基要想重新占据市场并不容易。这次肯德基开拓市场非常谨慎,在公司开业前,营销部门就进行了准确、细致的市场调查。肯德基根据香港的实际情况,及时改变了营销策略——明确了消费对象。

与上一次不同的是,新的家乡鸡店是介于铺着白布的高级餐厅与自助快餐店之间,是一种比较高级的快餐厅。顾客对象主要是年轻一族,属于白领阶层。在食品风格上,家乡鸡店也进行了革新。所有的炸鸡原材料都从美国进口,并严格地按照家乡鸡的创始人贺兰迪斯上校的配方进行烹制。食品是新鲜烹制的,炸鸡若在45分钟内仍未售出便被丢弃,以保证所有鸡件都是新鲜的。除了旧有的鸡件,还增加了杂项、甜品、饮品的花样。

在销售上,肯德基将家乡鸡以较高的价格售出,因为如果家乡鸡价格太低,香港人会把它看成是一种低档快餐食品。而对于杂项食品如薯条、玉米等,则以较低的价格出售,因为家乡鸡店周围有许多快餐店销售同类食品。更何况,降低杂项食品价格,在竞争中就能获得优势。

在广告策划上,家乡鸡用"甘香鲜美好口味"的宣传语,使新的广告词带有浓厚的港味,更容易为香港人接受。

肯德基认为家乡鸡在香港人心中并不陌生,因此广告宣传并不是主攻方向。而调整市场策略,适应港人消费心理,才是最主要的。因此,佐敦道分店开业时,只在店外竖了一块广告牌,宣传范围也只限于店周围的地区。

肯德基的努力没有白费,结果是可喜的。上一次的惨败已渐渐被港人淡忘,越来越多的香港人重新接受了家乡鸡。相当一批高薪阶层成为家乡鸡店的长期主顾，肯德基连锁快餐店在香港红红火火地撒开来，占据肯德基海外连锁店的1/10多。肯德基成为与麦当劳、汉堡王(Burgking)和必胜客薄饼并驾齐驱的香港四大快餐之一。

阅读以上材料，回答问题：

1. 肯德基第一次入驻香港为什么会失败？其中有哪些经验值得总结？

2. 肯德基再次入驻香港时面临的主要问题是什么？它采取了哪些措施？

3. 这个案例给我们确定市场调查目标带来什么启示？

◇ 模拟演练

某制鞋厂生产了一种软底休闲布鞋，在本地很受欢迎。鞋厂根据市场反应给外地一家大型鞋帽商场发货5 000双。时隔不久，商场来电要求退货。厂家很快派人赶赴这一城市，经初步调查得知，该市地处我国南方，经常下雨，穿着布鞋很容易弄脏，因此鞋上市后几乎无人问津。

制鞋厂于是决定召回布鞋，并委托调查公司对该市的鞋类消费市场进行调查。假如你是调查公司的一员，你将如何确定调查目标？调查目标的大致内容有哪些？

[**演练目标**]确定调查目标。

[**演练组织**]学生分组，可以从不同角度去思考、确定调查目标。

[**演练提示**]结合材料，进行消费者调查。

[**成果评价**]各组展示，教师讲评。

◇ 学生自我总结

通过完成任务2 市场调查目标的确定，我能够做如下总结：

一、任务概述

本任务的主要内容有：

二、任务定位

本任务在职业活动中的地位：

三、完成任务过程分析

本任务的完成过程是：

四、工作过程要素分析

在本任务的完成过程中： 1．工作过程要素有： 2．操作要领有： 3．这么做的原因有：

五、成果检验

本任务的工作成果： 1．完成本任务的意义有： 2．体会的经验有： 3．自悟的经验有： 4．形成的策略有：

任务3

市场调查方案的制订

▷ **任务目标**

▷ 知识目标

1. 了解市场调查的性质；
2. 了解市场调查方案的意义；
3. 掌握市场调查方案的结构与内容；
4. 掌握市场调查方案的评价标准。

▷ 技能目标

1. 会编写市场调查方案；
2. 能够整体认识调查方案制订工作；
3. 能够对市场调查方案进行正确评估；
4. 能够修订市场调查方案。

◈ 任务分解

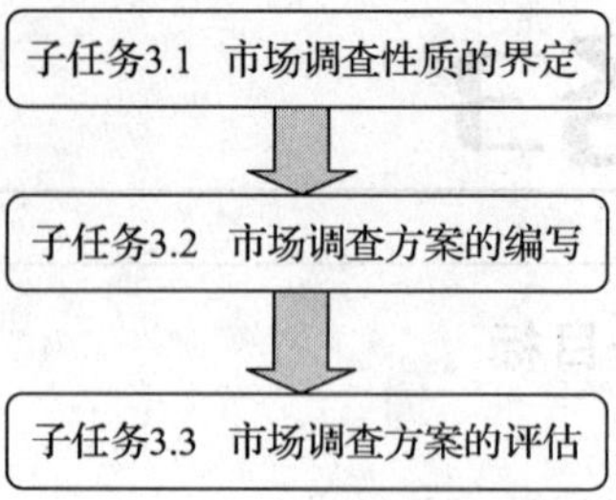

◈ 情境导入

尊敬的读者：当您确定了市场调查的“问题”以后，就应针对这一问题设计调查方案和方法。在市场调查活动中，任何一个正式的市场调查项目都是一项系统工程。为了在调查过程中统一认识、统一内容、统一方法、统一步调，圆满完成调查任务，在具体开展调查工作以前，您应该根据调查研究的目的、调查对象的性质，事先对调查工作的各个阶段进行通盘考虑和安排，制订出合理的工作程序，也就是说要提出相应的调查实施方案。调查工作的成败，在很大程度上取决于所制订的调查方案的科学、系统、可行与否。为了调查任务的顺利完成，希望您能有一个良好的开端，进入一个新的业务操作环节：**市场调查方案的制订**。

市场调查与预测职业活动的第 3 步：**市场调查方案的制订**。我们将市场调查与预测活动这一项工作设置为第三大学习性任务。为了方便您掌握市场调查与预测活动的职业技能，我们又将本任务分为三个子任务，这三个子任务分别是：

市场调查性质的界定；

市场调查方案的编写；

市场调查方案的评估。

您可以按照任务引领，对照学习目标，依次完成各项子任务，直至完成本任务，从而获取制订市场调查方案的职业活动能力。

3.1 市场调查性质的界定

> 任务描述：在制订每一份市场调查方案之前，市场调查人员都应该根据调查目标和所需信息，来判断本次调查的性质，即本次调查属于探索性调查、描述性调查、因果性调查以及预测性调查中的哪一种，以便能够有针对性地编写市场调查方案。

3.1.1 认识市场调查的性质

不同性质的市场调查，其特点、内容、具体的调查方法以及整体安排也不相同。在编写市场调查方案之前，市场调查人员应从专业的角度认识市场调查的性质，以便制订出有针对性的市场调查方案。

1. 不能确定问题性质时,选用探索性调查

探索性调查是为了界定问题的性质以及更好地理解问题的环境而进行的小规模的调查活动,特别有助于把一个大而模糊的问题表达为小而精确的子问题,并识别出需要进一步调查的信息,通常以具体的假设形式出现。

例 3-1 某公司的 A 产品的市场份额在 2010 年出现了下降,公司无法一一查知原因,这时就可用探索性调查来发现问题。是经济衰退的影响?是广告支出的减少?是销售代理效率低?还是消费者的习惯改变了?

重要概念 3-1

探索性调查

探索性调查是指在调查专题的内容与性质不太明确时,为了了解问题的性质,确定调查的方向与范围而进行的搜集初步资料的调查。通过这种调查,可以了解情况,发现问题,从而得到关于调查项目的某些假定或新设想,以供进一步调查研究。

探索性调查适用于以下几种情形:

(1) 为了更明确地表达问题,选用探索性调查。

(2) 为了更熟悉问题,选用探索性调查。

(3) 为了澄清一些概念,选用探索性调查。

在探索性调查实施中,并未启动正式的调查计划和程序,因而其调查方法具有相当的灵活性和多样性。探索性调查很少采用设计调查问卷、大样本以及样本调查计划等调查方法,调查人员在调查过程中对新的调查思路和发现极为敏感。一旦有了新的发现,他们会立即对调查方向做相应的调整,除非发现没有可能性或者确定了另一个调查方向,他们会始终坚持这个新的调查方向。由于这个原因,探索性调查的调查重点经常随着新发现的产生而发生变化。这样,调查人员的创造力和灵敏性就在探索过程中发挥了举足轻重的作用。

调查经验表明,探索性调查经常采用简单易行的方法,如对二手资料的分析、小规模试点调查、专家意见、实验性调查及定性调查等。

2. 对问题有关情形缺乏完整的认识时,选择描述性调查

描述性调查,正如其名,就是描述调查对象的特征,寻求对"谁"、"什么事情"、"什么时候"、"什么地点"这样一些问题的答案。可以描述不同消费者群体在需要、态度、行为等方面的差异。描述的结果,尽管不能对"为什么"给出回答,但也可用做解决营销问题所需的"是什么"的全部信息。

例 3-2 某大型商场了解到该店 73% 的顾客主要是年龄在 18~44 岁的女性,并经常带着家人、朋友一起来购物。这种描述性调查提供了重要的决策信息,使商店重视直接向妇女开展促销活动。

重要概念 3-2

描述性调查

描述性调查是一种常见的项目调查,是指对所面临的不同因素、不同方面现状的调查研究,其资料数据的采集和记录,着重于客观事实的静态描述。大多数市场调查都属于描述性调查。

与探索性调查不同，进行描述性调查的一个假设就是调查人员对调查问题有了充分的了解。实际上，探索性调查和描述性调查的一个关键区别在于描述性调查形成了具体的假设，这些假设指导调查活动按一定的方向进行。这样，调查人员非常清楚需要哪些信息。因此，描述性调查通常都是提前设计和规划好的，它通常建立在大量有代表性的样本的基础上。

大多数涉及描述性调查的市场调查，通常采用下列几种主要的方法：二手资料分析、实地调查、讨论小组、观察资料和其他资料。

3. 需要对问题严格定义时，选择因果性调查

在市场调查中，常需要说明项目中一个因素的改变是否引起另一个因素的改变，目的是识别它们之间的因果关系，以便采取相应的措施。例如，预期价格、包装及广告费用等对销售额会有影响。这项工作要求调查人员对所研究的课题有相当的了解，能够判断一种情况出现了，另一种情况会接着发生，并能说明其原因所在。

例 3-3 某超市最近瓶装水销售额节节攀升，店方希望通过调查找到原因，是因为价格下降、店面装潢、广告、季节变化还是因为消费者行为改变？通过调查，可以找到这里面的因果关系。

重要概念 3-3

因果性调查

因果性调查是指为了查明项目不同要素之间的关系，以及查明导致产生一定现象的原因所进行的调查。通过这种调查，可以清楚外界因素的变化对项目进展的影响程度，以及项目决策变动与反应的灵敏性，具有一定程度的动态性。

描述性调查可以说明某些现象或变量之间存在关联，但要说明某个变量是否引起或决定着其他变量的变化，就用到因果性调查。因果性调查的目的就是寻找足够的证据来验证这一假设。

营销经理在做出决策时，需要找出导致某一结果的真正原因，所以经常需要做出一些假设，这些假设可能不正确，必须通过正式的调查对它进行检验。

与描述性调查相似，因果性调查也需要精心的设计，常用的方法是进行实验。

4. 需要对问题发展进行预测时，选择预测性调查

预测性调查是指为了预测市场供求变化趋势或企业生产经营前景而进行的具有推断性的调查。它所回答的问题是“未来市场前景如何”，其目的在于掌握未来市场的发展趋势，为制订经营管理决策和市场营销决策提供依据。例如，消费者购买意向调查、宏观市场运行态势调查、农村秋后旺季市场走势调查和服装需求趋势调查等，都是带有预测性的市场调查。

3.1.2 市场调查方案的选择

市场调查方案是指在调查实施之前，调查机构及其工作人员依据市场调查的目的和调查对象的实际情况，对调查工作的各个方面和全部过程做出总体安排，以提出具体的调查步骤，制订合理的工作流程。调查工作的各个方面是对调查工作的横向设计，指调查所应涉及的各个具体项目组成；全部过程则是对调查工作纵向方面的设计，它是指调查工作所需经历的各个阶段和环节等。科学、周密的调查方案设计是整个调查工作有秩序、有步骤地顺利进行，减少调查误差，提高调查质量的重要保障。

我们前面已经提到过，探索性调查、描述性调查、因果性调查和预测性调查是调查设计的主要类别，但是千万不能将它们之间的区别绝对化。一项具体的市场调查项目可能会涉及几种调查方案设计以实现多种目标。究竟应选择哪几种调查方案设计取决于调查问题的特征。

1. 对调查问题了解较少，制订探索性调查方案

探索性调查一般不如正式调查严密、详细，一般不制订详细的调查方案，而是尽量节省时间以求迅速发现问题。它主要利用现成的历史资料、业务资料和核算资料，或政府公布的统计数据、长远规划和学术机构的研究报告等现有的二手资料进行研究，或邀请熟悉业务活动的专家、学者和专业人员，对市场有关问题做初步的调查。

探索性调查的目的在于洞察问题和寻找解决方法，常用于调查方案设计的事前阶段。采用小样本观察，不一定强调样本的代表性，数据的分析主要是定性的，调查的结果一般只是试探性的、暂时的，以帮助调查者认识和理解所面对的问题，为进一步的正式的调查开路。

探索性调查在下面几种情况下是比较恰当的：

（1）在调查初期，由于对调查问题及其范围不是很清楚，需要精确界定的时候。

（2）原调查思路失效，需要寻找替代行动方案的时候。

（3）需要设计调查疑问或假设的时候。

2. 用来验证探索性假设，制订描述性调查方案

探索性调查是整个调查设计框架的第一步，在大多数情况下，探索性调查之后会出现描述性调查或因果性调查。例如，根据探索性调查做出的假设，用描述性调查或因果性调查进行统计上的验证。探索性调查的研究结果应当被视为是对进一步调查的尝试或投入。

描述性调查与探索性调查相比，要求有详细的调查方案，要进行实地调查；掌握第一手原始资料和二手资料，尽量将问题的来龙去脉、相关因素描述清楚；要求系统地搜集、记录、整理有关数据和有关情况，为进一步的市场调查提供市场信息。描述性调查具有6个要素（即6个W），即为何调查；向谁调查；从调查对象中获取什么信息；获取调查对象何时的信息；在何地获取调查对象的信息；以什么方式、方法获取信息。调查结果是结论性的、正式的。

3. 揭示深层原因，制订因果性调查方案

因果性市场调查目的在于找出事物变化的原因和现象间的相互关系，找出影响事物变化的关键因素。如价格与销售量、广告与销售量的关系中，哪个因素起主导作用，就需要采用因果性调查。

因果性调查可从一定的因果性问题出发，探求其影响因素和原因，也可先摸清影响事物变化的各种原因，然后综合推断事物变化的结果。通常把表示原因的变量称为自变量，把表示结果的变量称为因变量。在自变量中，有的是企业可以控制的内生变量，如企业的人、财、物等；有的是企业不可控制的外生变量，如反映市场环境的各种变量。

因果性调查既可运用描述性调查资料进行因果关系分析，也可搜集各种变量的现成资料，并运用一定的方法进行综合分析、推理判断，在诸多的联系中揭示市场现象之间的因果关系。

4. 预测市场发展，制订预测性调查方案

预测性调查回答的问题是“未来市场前景如何”，其目的在于掌握未来市场的发展趋势，为制订经营管理决策和市场营销决策提供依据。

预测性调查可以充分利用描述性调查和因果性调查的现成资料，但预测性调查要求搜集的信息要符合预测市场发展趋势的要求，既要有市场的现实信息，更要有市场未来发展变化的信息，如新情况、新问题、新动态、新原因等方面的信息。

任务资讯 3－1

不同性质市场调查方案的设计

探索性调查、描述性调查、因果性调查以及预测性调查这四种类型的调研设计并不是绝对互相独立进行的。有些调查项目需要涉及一种以上调查类型的方案设计。如何将不同类型的方案相结合完全取决于调查问题的性质。市场调查类型的选择和设计的一般原则有如下几点：

（1）如果对调查问题的情况几乎一无所知，那么调查就要从探索性调查开始。例如，要对调查问题做更准确的定义；要确定备选的行动路线；或要制订调查问答或理论假设；或要将关键的变量分类成自变量或因变量等均应采用探索性调查。

（2）在整个调查方案设计的框架中，探索性调查是最初的步骤。在大多数情况下，还应继续进行描述性调查或因果性调查。例如，通过探索性调查得到的假设应当利用描述性调查或因果性调查的方法进行统计检验。

（3）并不是每一个方案设计都要从探索性调查开始。是否要用探索性调查取决于调查问题定义的准确程度，以及调查者对处理问题途径的把握程度。例如，每年都要搞的消费者满意度调查就不再需要由探索性调查开始。

（4）一般探索性调查都是作为起始步骤的，但有时这类研究也需要跟随在描述性调查或因果性调查之后进行。例如，当描述性调查或因果性调查结果让管理决策者很难理解时，利用探索性调查可以提供更深入的认识，从而可以帮助理解调查的结果。

（5）预测性调查是以描述性调查和因果性调查为基础的，是描述性调查或因果性调查的进一步深化和拓展。

任 务 回 顾

任 务 指 标	表 现 要 求	已 达 要 求	未 达 要 求
（陈述性）知识	掌握重要概念、特征和意义		
（实践）技能	能进行职业操作活动		
认识整体职业任务	能概述并认识整体职业任务		
认识职业任务的地位	能认识职业任务的上下衔接关系		
其他			

3.2 市场调查方案的编写

任务描述：在明确了市场调查的性质和功能后，市场调查人员就可以开始制订调查方案。在制订市场调查方案时，调查人员应该做整体构思，确定市场调查方案的内容及编写要求。

3.2.1 确定市场调查方案的内容

市场调查方案又称市场调查计划或市场调查策划报告。有时候，市场调查人员还会根据需要将项目准备阶段粗略的“市场调查建议书”进一步完善、补充，形成一份详细的调查行动计划。这时，市场调查方案也可以被称为“项目建议书”。

市场调查方案有两方面的作用：一是用来提供给调查委托企业检查监督之用；二是用来作为市场调查人员实施调查的纲领和依据。一份市场调查方案如果获得委托企业的认可，则意味着市场调查人员与委托企业之间对项目的看法达成了一致。

不同项目的调查方案格式有所区别，但一般来讲都应该包括以下几部分：前言、调查课题的目的和意义、调查的内容和具体项目、调查的对象和范围、调查的方法、资料分析的方法、调查工作的时间进度安排、经费预算、调查结果的表达形式、附录部分等。

重要概念 3－4

市场调查方案

市场调查方案是根据调查研究的目的和调查对象的性质，在进行实际调查之前，对调查工作总任务的各个方面和各个阶段进行的总体考虑和安排，提出相应的调查实施方案，制订出合理的工作程序，以指导调查实践的顺利进行。

3.2.2 编写市场调查方案

1. 前言的编写

前言是调查方案的开头部分，简明扼要地介绍整个调查课题出台的背景。

例 3－4 ABC 公司是我国保健品市场五巨头之一，2009 年以前很少做广告宣传，但 2010 年公司年度广告投入量达到 800 万元，主要是投在电视广告片、各种方式的售点 POP 广告、印刷品广告及少量的灯箱广告等。为了有针对性地开展 2011 年度的产品宣传推介工作，促进产品品牌形象的传播和产品销售量的进一步提高，以便在激烈竞争的保健品市场中立于不败之地，公司拟进行一次广告效果调查，以供决策层参考。

2. 说明调查课题的目的和意义

这部分内容较前言部分详细，应指出项目的背景，想研究的问题和可能的几种备用决策，指明该项目的调查结果能给企业带来的决策价值、经济效益、社会效益以及在理论上的重大价值。

例 3－5 分析现有的各种广告媒介的宣传效果，了解现行的广告作品的知晓度和顾客认同度，了解重点销售区域华南和华东地区市场的消费特征和消费习惯，为 ABC 口服液 2011 年度的广告作业计划提供客观的事实依据，并据此提供相应的建设性意见。

简单来讲，调查目的就是说明在调查中要解决哪些问题，通过调查要取得什么样的资料，取得这些资料有什么用途等问题。

3. 说明调查的内容和具体项目

调查的主要内容和具体项目是依据所要解决的调查问题和目的所必需的信息资料来确定的。

例 3 - 6 “关于 × × 品牌家电直营店商业选址的调查”内容和项目如表 3 - 1 所示。

表 3 - 1 关于 × × 品牌家电直营店商业选址的调查

类 别	项 目	内 容
消费与购物环境	商业氛围	商业区域范围大小、商业活动等级
	交通条件	是否靠近地铁、公共交通密度、停车是否方便
	银行网点	银行网点数量
	卫生环境	周围公厕卫生情况、地面光洁情况
	周围居民居住情况	居住密度、居住房建筑类型
	休闲与娱乐	娱乐场所和类型
消费群体情况	人流量	不同时段人流量
	年龄	青少年、中年、老年
	性别	男、女
	衣着	低档、中档、高档

调查项目的选择要尽量做到“精”而“准”。具体而言，“准”就是要求调查项目反映的内容要与调查主题有密切的相关性，能反映调查要了解问题的信息；“精”就是调查项目所涉及的资料能满足调查分析的需要，不存在对调查主题没有意义的多余项目。如果盲目增加调查项目，会使与资料统计和处理有关的工作量大大增加，既浪费资源，也影响调查的效果。

归纳起来，在确定调查项目时，要注意以下几个问题：

(1) 确定的调查项目应当既是调查任务所需，又是能够取得答案的。凡是调查目的需要又可以取得的调查项目要充分满足，否则不应列入。

(2) 项目的表达必须明确，要使答案具有确定的表示形式，如数字式、是否式或文字式等。否则，会使被调查者产生不同理解而得出不同的答案，造成汇总时的困难。

(3) 确定调查项目应尽可能做到项目之间相互关联，使取得的资料相互对照，以便了解现象发生变化的原因、条件和后果，便于检查答案的准确性。

(4) 调查项目的含义要明确、肯定，必要时可附以调查项目解释。

4. 说明市场调查对象和调查范围

确定调查对象和调查范围，主要是为了解决向谁调查和由谁来具体提供资料的问题。调查对象就是根据调查目的、任务确定调查的范围以及所要调查的总体，它是由某些性质上相同的许多调查单位所组成的。

例 3-7 本项调查拟在华北、东北两个重点市场开展，调查的范围深入到上述地区的中心城市和有代表性的市县。调查对象将锁定为 60 岁以上的中老年消费群体。

任务资讯 3-2

调查对象的选择

一般情况下，调查对象的选择是根据消费品的种类及其分销渠道来确定的。也就是说，产品由生产者到消费者手中都经过了哪些环节，那么消费品的调查对象也就是哪几种人。

耐用消费品，如彩电、冰箱、空调等，由于其价格昂贵，体积、重量较大，技术复杂等原因，一般分销渠道短，常采取生产者—消费者或生产者—经销商—用户，调查对象的选择主要为消费者。

一般消费品，如自行车等，价格一般在几百元，它的分销渠道要比消费者长，一般采用生产者—经销商—用户或生产者—代理商—经销商—用户，调查对象的选择主要为消费者、经销商。而一些价格低廉、形态较小的日用消费品，由于消费者一般是时用时买，以方便为宜，故它的零售商较多，分销渠道长，调查对象也就增加了零售商这个环节。

需要注意的是，必须严格规定调查对象的含义和范围，以免造成调查登记时由于含义和范围不清而产生错误。例如，城市个体经营户的经营情况调查，必须明确规定个体经营户的性质、行业范围和空间范围。

在确定调查对象和调查单位时，应该注意以下四个问题：

(1) 由于市场现象具有复杂多变的特点，必须以科学的理论为指导，严格规定调查对象的含义，并指出它与其他有关现象的界限，以免造成调查登记时由于界限不清而产生的差错。

(2) 调查单位的确定取决于调查目的和对象，调查目的和对象变化了，调查单位也要随之改变。

(3) 调查单位与填报单位是有区别的，调查单位是调查项目的承担者，而填报单位是调查中填报调查资料的单位。在调查方案设计中，当两者不一致时，应当明确从何处取得资料并防止调查单位重复和遗漏。

(4) 不同的调查方式会产生不同的调查单位。如采取普查方式，调查总体内所包括的全部单位都是调查单位；如采取重点调查方式，只有选定的少数重点单位是调查单位；如果采取典型调查方式，只有选出的有代表性的单位是调查单位；如果采取抽样调查方式，则用各种抽样方法抽出的样本单位是调查单位。

5. 说明调查所采用的方法

调查方法的说明主要是详细说明选择什么方法去收集资料，具体的操作步骤是什么。如采取抽样调查方式，那么必须说明抽样方案的步骤，所取样本的大小和要达到的精度指标。

例 3-8 考虑到此次调查工作涉及面广，因此拟采用多级抽样的方法。即在上述两地区按月销量的大小分层，从市场调查的效果考虑，主要在某口服液的重点销售地区广东、江苏、浙江的重点城市和上海进行。并拟定每个城市抽取的样本数为400人，按年龄层次和性别比例分配名额。年龄层分段：30—40岁，41—50岁，51—60岁，61岁以上；各层比例采用近似的1:1，性别比亦采用1:1。总样本数为4 400人。

调查的实施要求各地的访问员对所有抽中的400个样本实行面对面的街头访问。执行访问的访问员由当地的市场营销专业的大学生担任，ABC市场访查公司付给一定的劳务费用。每个调查地点由两名调查员执行访问，每个城市大约需要20个访问员。访问工作的质量监督控制工作以及资料的统计处理工作均由ABC市场调查公司负责。

在市场调查中如果要采用实验法、观察法或问卷询问式调查时，为使数据、情报在收集、分类、统计、储存时更有效率，调查前要求设计、制订一些格式化的调查表格，如观察表、实验表或调查问卷表等。这些表格在调查方法说明时加以体现，但是，也可以出现在附录中。

例3－9 “关于××品牌专营店商业选址的调查”根据调查内容与调查项目，具体编制观察表，如表3－2所示。

表3－2 “关于××品牌专营店商业选址的调查”观察表

<table>
<tr><th colspan="5">静态观察表</th></tr>
<tr><td rowspan="2">商业氛围</td><td colspan="2">商业区域范围大小</td><td colspan="1">商业价值等级</td><td>商铺租金（每平方米）</td></tr>
<tr><td colspan="2">大□　中□　小□</td><td>1级□　2级□　3级□</td><td>30元以下□　30～40元□</td></tr>
<tr><td rowspan="2">交通条件</td><td>是否靠近地铁</td><td>公共交通密度</td><td>停车条件</td><td>交通堵塞情况</td></tr>
<tr><td>是□　否□</td><td>低□　一般□　高□</td><td>差□　一般□　好□</td><td>非常严重□　严重□　一般□　畅通□</td></tr>
<tr><td>银行网点</td><td colspan="4">银行网点数量：</td></tr>
<tr><td rowspan="2">卫生环境</td><td colspan="2">周围公厕卫生情况</td><td colspan="2">地面卫生情况</td></tr>
<tr><td colspan="2">非常好□　比较好□　一般□
比较差□　非常差□</td><td colspan="2">非常好□　比较好□　一般□
比较差□　非常差□</td></tr>
<tr><td rowspan="2">居民居住</td><td colspan="2">周围居住人口密度</td><td colspan="2" rowspan="2">周围大型楼盘分布情况：</td></tr>
<tr><td colspan="2">非常高□　比较高□　一般□
比较低□　非常低□</td></tr>
<tr><td rowspan="2">休闲娱乐</td><td colspan="2">是否有麦当劳或肯德基？有□　否□</td><td colspan="2">是否有电影院？有□　否□</td></tr>
<tr><td colspan="2">是否有书城或书店？　有□　否□</td><td colspan="2"></td></tr>
</table>

6. 说明资料分析的方法

资料分析的方法主要是明确资料分析的方法和分析结果表达的形式等。采用实地调查方法搜集的原始资料大多是零散的、不系统的，只能反映事物的表象，无法深入研究事物的本质和规律性，这就要求对大量原始资料进行加工汇总，使之系统化、条理化。目前这种资料处理工作一般已由计算机进行，这在设计中也应予以考虑，包括采用何种操作程序以保证必要的运算速度、计算精度及特殊目的。

7. 说明调查时间进度安排

一般情况，调查进度安排如下：

第一周准备（与客户商讨、确认计划建议书，进行二手资料的收集，了解行情，设计问卷）；

第二周试调查（修改、确定问卷）；

第三周具体实施调查；

第四周进行数据处理；

第五周编写报告，结束调查。

通常，在安排各个阶段工作时，还应具体、详细地安排需做哪些事项，由何人负责，并提出注意事项，所以需制作时间进度表。市场调查进度表一般格式如表3－3所示。

表3－3　市场调查进度表

工作与活动内容	时　　间	参与单位和活动小组	主要负责人及成员	备　　注

例3－10　本方案若获批准，调查组将在2012年5月28日前完成调查工作，并提交调查报告。具体时间安排如表3－4所示。

表3－4　调查进度计划表

工作与活动内容	时　　间	参与单位和活动小组	主要负责人及成员	备　　注
总体方案、抽样方案和问卷初步设计	4月1日至4月10日			
预调查及问卷测试	4月11日至4月15日			
问卷修正、印刷	4月16日至4月18日			
访问员挑选与培训	4月19日至4月20日			
调查访问	4月21日至5月18日			
整理并打印报告	5月19日至5月24日			
报告打印提交	5月25日至5月28日			

拟订调查进度计划表主要考虑两个方面的问题：其一，客户的时间要求，信息的时效性；其二，调查的难易程度，在调查过程中可能出现的问题。根据经验，从签订调查协议到交出调查报告的这一段时间中花费时间的工作大致有以下几个方面：问卷设计时间，问卷印刷时间，抽样设计时间，访问员的招聘、培训时间，预调查时间，问卷修正，印刷时间，调查实施时间，资料的编码、录入和统计时间，数据的分析时间，完成调查报告的时间，鉴定、论证、新闻

发布会时间，调查结果的出版时间。

8. 说明经费预算

调查费用根据调查工作的种类、范围不同而不同，当然，即使同一种类，也会因质量要求差异而不同，不能一概而论。但经费预算基本上遵循一定原则，费用项目具体如下：资料收集、复印费；问卷设计、印刷费；实地调查劳务费；数据输入、统计劳务费；计算机数据处理费；报告撰稿费；打印装订费；组织管理费；税收；利润。

根据多年市场调查经验，一般情况下，企业自行组织市场调查的经费预算比例为策划费（20%）、访问费（40%）、统计费（30%）、报告费（10%）。若委托专业市场调查公司进行的调查，则需加上全部经费预算的20%～30%的服务费，作为税款、营业开支及代理公司应得的利润。

市场调查经费预算一般格式如表3－5所示。

表3－5　市场调查经费预算表

调查题目：
调查单位与主要负责人：
调查时间：

经费项目	数量	单价	金额	备注
1. 资料费				
2. 文件费				
3. 差旅费				
4. 统计费				
5. 交际费				
6. 调查费				
7. 劳务费				
8. 杂费				
……				
合计				

调查费用的估算对市场调查效果的影响很大，对市场调查部门或单独的市场调查机构而言，每次调查所估算的费用当然是越高越好，但是费用开支数目要实事求是，不能过高也不能过低。合理的支出是保证调查顺利进行的重要条件，在这个问题上应避免两种情况：一是调查时间的拖延，这样必然造成费用开支的加大；二是缩减必要的调查费用。调查活动必须有一定的费用开支来维持，减少必要的开支只会导致调查的不彻底或无法进行下去。

一个调研项目有时需要6个月或者更长的时间才能完成。有可能由于决策的延迟要冒失去最有利时机的风险。因此，根据费用/效益分析的结果，一是得出设计方案在经费预算上是合算的；二是认为不合算而应当中止调查项目。通常情况下，一般并不中止调查，而是修改设计方案以减少费用，或者改用较小的样本，或者用邮寄调查代替面访调查等。

9．说明市场调查结果的表达

主要包括报告书的形式和份数，报告书的基本内容、报告书中图表量的大小等。如最终报告是书面报告还是口头报告，是否有阶段性报告等。

例 3－11 本次调查的成果形式为书面调查报告。具体内容将包括前言、摘要、研究目的、研究方法、调查结果、结论和建议以及附录 7 个部分。交给客户两份书面材料。

10．附录部分

列出课题负责人及主要参加者的名单，并可扼要介绍一下团队成员的专长和分工情况。指明抽样调查方案的技术说明和细节说明。说明调查问卷设计中有关的技术参数、数据处理方法、所采用的软件等。

虽然市场调查方案书的编写实际上可能只有一两天的时间，然而，为保证整个调查的顺利进行、调查结果的精确，计划建议书仍应周密考虑。它的好坏，直接影响市场调查工作成败。

任务资讯 3－3

撰写市场调查方案应注意的问题

一份完整的调查方案，上述 1－9 部分的内容均应涉及（附录部分可省略），不能有遗漏，否则就可能不完整。调查方案的制订必须建立在对调查课题的背景的深刻认识上，要尽量做到科学性与经济性的结合。调查方案的格式可以灵活，不一定要采用固定格式。编写调查方案的书面报告是非常重要的一项工作，一般来说，调查方案的起草与撰写应由课题（项目）的负责人来完成。在完成调查方案的书面计划或报告（总体设计）后，可以开展第二步的工作，即通过可行性研究对调查方案进行综合的评价。

任务回顾

任务指标	表现要求	已达要求	未达要求
（陈述性）知识	掌握重要概念、特征和意义		
（实践）技能	能进行职业操作活动		
认识整体职业任务	能概述并认识整体职业任务		
认识职业任务的地位	能认识职业任务的上下衔接关系		
其他			

3.3 市场调查方案的评估

任务描述：市场调查人员编写完成市场调查方案初稿后，为了慎重起见，使方案能够切实可行地指导调查的实际工作，还须对方案进一步讨论和修改。在此基础上，使得调查方案更加完善。

市场调查方案编写好以后,项目小组要对方案进一步讨论和修改,方能指导实际调查工作,具体操作如下:

3.3.1 确定调查方案的评价标准

在讨论和修改方案前,我们有必要知道调查方案评价的标准。对于一个调查方案的优劣,可以从三个方面去评价,简要说明如下:

1. 方案设计是否基本上体现了调查的目的和要求

方案设计是否基本上体现了调查的目的和要求,这一条是最基本的。

例 3-12 关于××品牌从直营店商业选址的目的出发,根据方案确定的调查内容、调查范围、调查单位,据此设置的一系列完整的观察指标体系,基本上能体现优秀商业地段应具备的条件。

2. 方案设计是否科学、完整和适用

例 3-13 关于××品牌直营店商业选址对商业氛围、交通条件、银行网点、卫生环境、居民居住、休闲娱乐等各个方面,设置了许多相互联系、相互制约的指标,形成了一套比较完整的指标体系,其特点是全面、系统、适用性强。

3. 方案设计操作性是否强

例 3-14 在口服液广告效果调查方案中,在调查方法中,除考虑到可操作性外,还特别考虑使用市场营销专业的女大学生,一来女大学生形象好,不会对对方产生威胁感,可使访问更容易成功;二来使用学生会使调查成本降低;三来可向大学生提供一个社会实践的机会,因此可以说是双方皆大欢喜的一件事。

3.3.2 调查方案的讨论和修改

确定了市场调查方案优劣的评价标准之后,就可以开始组织对方案进行讨论评价,并着手进行修改。

1. 采用项目小组座谈会的方法

可由项目调查小组的组长主持会议,项目小组人员参加会议,同时可邀请委托方代表参加。主持人在该座谈会前针对本次调查任务的调查方案列一个提纲,即座谈会围绕调查目的、调查内容、调查对象、调查范围、调查方法、调查工具、调查时间进度安排、调查经费预算等展开讨论。评价方案的标准从是否体现目的,是否科学、完整和适用,是否操作性强三个角度考虑。参加座谈会的人员可以公开发表各自的意见或想法,踊跃发表看法,集思广益,相互启迪,相互交流,相互补充,针对某一个问题最好能达成一致的修改意见。

2. 采用经验判断法

经验判断法是指通过组织一些有丰富市场调查经验的人士,对设计出来的市场调查方案进行初步研究和判断,以说明调查方案的合理性和可行性。

该方法的优点是可以节约人力、物力资源,并在较短的时间内做出快速的判断。缺点是,因为我们的认识是很有限的,并且事物的发展变化常有例外,各种主要客观因素都会对判断的准确性产生影响。

3. 采用试点调查法

即通过小范围内选择部分单位进行试点调查,对调查方案进行实地检验,及时总结并且做出修改。具体操作时应注意以下几个问题:

(1) 应选择好适当的调查对象。应尽量选择规模小、具有代表性的试点单位。必要时,还可以采用少数单位先行试点,然后再扩大试点的范围和区域,最后全面铺开。如此这般,循序渐进。

(2) 事先建立一支精干的调查队伍,这是做好调查研究工作的先决条件。团队成员包括有关调查的负责人、调查方案设计者和调查骨干。

(3) 调查方法和调查方式应保持适当的灵活性,不应太死板。事先确定的调查方式可以多准备几种,以便经过对比后,从中选择合适的方式。

(4) 试点调查工作结束后,应及时做好总结工作,认真分析试点调查的结果,找出影响调查的各种主、客观因素并进行分析。检查调查目标的制订是否恰当,调查指标的设置是否正确,是否有哪些项目应该增加,哪些项目应该减少,哪些地方应该修改和补充,及时地提出具体意见,对原方案进行修改和补充,以便制订的调查方案科学合理,能切合实际情况。

试点调查还可以理解成实战前的演习,可以在大规模推广应用之前及时了解调查工作哪些是合理的,哪些是薄弱环节。

任务资讯 3-4

市场调查方案的评估

市场调查方案的评估可以从以下方面进行:

1. 市场调查方案的可行性研究

在对复杂市场现象进行的调查中,所设计的调查方案通常不是唯一的,需要从多个调查方案中选取最优方案。同时,调查方案的设计也不是一次完成的,而要经过必要的可行性研究,对方案进行试点和修改。可行性研究是科学决策的必经阶段,也是科学设计调查方案的重要步骤。对调查方案进行可行性研究的方法有很多,现主要介绍逻辑分析法、经验判断法和试点调查法三种方法。

(1) 逻辑分析法。逻辑分析法是检查所设计的调查方案的部分内容是否符合逻辑和情理。

(2) 经验判断法。即组织一些具有丰富调查经验的人士,对设计出的调查方案加以初步研究和判断,以说明方案的可行性。

(3) 试点调查法。试点是整个调查方案可行性研究中的一个十分重要的步骤,对于大规模市场调查来讲尤为重要。试点的目的是使调查方案更加科学和完善,而不仅是搜集资料。

2. 市场调查方案的评价标准

对于一个调查方案的优劣,可以从不同角度加以评价,简要说明如下:

(1) 方案设计是否体现调查目的和要求。

(2) 方案设计是否科学、完整和适用。

(3) 方案设计能否使调查质量有所提高。

(4) 调查实效检验。

任务回顾

任务指标	表现要求	已达要求	未达要求
(陈述性)知识	掌握重要概念、特征和意义		
(实践)技能	能进行职业操作活动		
认识整体职业任务	能概述并认识整体职业任务		
认识职业任务的地位	能认识职业任务的上下衔接关系		
其他			

◈ 任务3小结

根据市场调查与预测业务活动顺序,本任务主要是完成市场调查方案的编写。市场调查方案是指导我们完成具体调查任务的蓝图,是指导我们开展调查工作的总纲。可以说调查方案设计的科学、系统、可操作与否关系到调查工作的成败。

经过市场调查方案的选择、精心设计及编写之后,一份完整的市场调查方案就出现在我们面前。为了使调查方案能有条不紊地指导调查活动,我们还应该对方案进行一系列的讨论和修改,直到取得多方面的认可。为了能设计出科学、全面、系统、可行的调查方案,我们应该认真地完成每一子任务。只有设计编写出合乎要求的调查方案,才可能真正开展调查工作。本任务围绕市场调查方案编写活动必要的程序,设计了各环节操作的专门知识,设置了**重要概念**、**任务资讯**等栏目,体现了对一些重要理论知识的重组。

本任务进程以**任务描述**开始,以**学生自我总结**结束,希望读者在完成**子任务**之后,能够及时进行自我的**任务回顾**,做好自我的过程性评价,在完成所有子任务后,进行自我工作评价。

本任务能力目标:完成本任务后,读者应该能够明白调查方案的基本内容,并能设计、编写出高水平的调查方案。

完成本任务将为**任务4:市场调查方法的选择**奠定良好的基础。

◈ 重要概念与技能

◇重要概念

探索性调查　描述性调查　因果性调查　市场调查方案

◇重要技能

编写市场调查方案

◈ 课堂讨论

1. 如何理解市场调查企划方案在整个调查活动中的地位与作用?
2. 市场调查企划方案的内容与市场调查步骤有无关系?请说明理由。

3. 市场调查方案中附录部分有什么作用?

4. 市场调查方案评价标准的制订应考虑哪些因素?

⊙ 课后自测

◇选择题

1. 市场调查从功能的角度可以分为(　　)。

A. 探索性调查　　B. 描述性调查

C. 预测性调查　　D. 因果性调查

2. 探索性调查一般发生在(　　)时。

A. 调查问题未明确　　B. 市场调查中期

C. 寻找替代行动方案　　D. 澄清一些概念

3. 描述性市场调查可以解决(　　)的问题。

A. 调查对象是谁　　B. 什么事情

C. 什么时候、什么地点发生　　D. 为什么发生

4. 对于专业调查公司来讲,市场调查预算应该(　　)。

A. 根据调查项目范围、难易,合理预算　　B. 随意编制

C. 应考虑税款和利润　　D. 尽量压缩,以减少实际调查工作量

5. 市场调查方案的评价标准一般有(　　)。

A. 体现调查目标　　B. 科学完整

C. 适用　　D. 具有较高操作性

◇判断题

1. 探索性调查往往发生在已经开始的正式调查中,其方法已经确定,不能变更。(　　)

2. 市场调查企划方案书是规范市场调查整个活动过程的指导书,是市场调查的行动纲领。(　　)

3. 编写完成市场调查方案初稿就表示市场调查工作可以立即开始。(　　)

4. 调查对象是由某些性质上相同的调查单位所组成的。(　　)

5. 盲目地增加调查项目就是调查目标中“想知道得更多”,会使资料统计和处理有关的工作量增加,既浪费资源,也影响调查的效果。(　　)

6. 市场调查方式不同,所必需的费用也不同。(　　)

◇简答题

1. 简述市场调查的功能。

2. 一份完整的市场调查企划方案书的主要内容是什么?

3. 为什么市场调查方案制订得科学是调查活动顺利开展的重要前提,组织实施的严格管理是调查效果的重要保证?

4. 为什么要对市场调查方案进行评估?

◇ 案例分析

某大学电子书市场调查计划书

一、前言

电子书是一种集娱乐性和学习性于一体的小型电器，因其使用方便而在大学校园内广为流行。为扩大某大学电子书产品的市场占有率，评估某大学电子书营销环境，制订相应的营销策略，预先对某大学电子书市场进行调查大有必要。

本次市场调查将以市场环境、消费者、竞争者为中心来进行。

二、调查目的

要求详细了解某大学电子书市场各方面情况，为该产品在某大学的扩展制订科学合理的营销方案提供依据，特撰写此市场调研计划书。

1. 全面摸清企业品牌在消费者中的知名度、渗透率、美誉度和忠诚度。

2. 全面了解本品牌及主要竞争品牌在某大学的销售现状。

3. 全面了解目前主要竞争品牌的价格、广告、促销等营销策略。

4. 了解某大学消费者对电子书电器消费的观点、习惯。

5. 了解某大学在校学生的人口统计资料，预测电子书市场容量及潜力。

三、调查内容

市场调查的内容要根据市场调查的目的来确定。该次调查的主要内容有：

（一）行业市场环境调查

主要的调查内容有：

1. 某大学电子书市场的容量及发展潜力。

2. 该类产品的营销特点及行业竞争状况。

3. 学校教学、生活环境对该行业发展的影响。

4. 当前某大学电子书种类、品牌及销售状况。

5. 某大学该行业各产品的经销网络状态。

（二）消费者调查

主要的调查内容有：

1. 消费者对电子书的购买形态（购买过什么品牌、购买地点、选购标准等）与消费心理（必需品、偏爱、经济、便利、时尚等）。

2. 消费者对电子书各品牌的了解程度（包括功能、特点、价格、包装等）。

3. 消费者对品牌的意识、对本品牌及竞争品牌的观念及品牌忠诚度。

4. 消费者平均月开支及消费比例的统计。

5. 消费者理想的电子书描述。

（三）竞争者调查

主要的调查内容：

1. 主要竞争者的产品与品牌优劣势。

2. 主要竞争者的营销方式与营销策略。

3. 主要竞争者市场概况。

4. 本产品主要竞争者的经销网络状态。

四、调查对象及抽样

因为电子书在高校的普遍性，全体在校学生都是调查对象，但因为家庭经济背景的差异，全校学生月生活支出还是存在较大的差距，导致消费购买习惯的差异性，因此他（她）们在选择电子书的品牌、档次、价格上都会有所不同。为了准确、快速地得出调查结果，此次调查决定采用分层随机抽样法：先按其住宿条件的不同分为两层（住宿条件基本上能反映各学生的家庭经济条件）——公寓学生与普通宿舍学生，然后再进行随机抽样。此外，分布在某大学校内外的各经销商、专卖店也是本次调查的对象，因其规模、档次的差异性，决定采用判断抽样法。

具体情况如下：

消费者（学生）：300 名，其中住公寓的学生占 50%。

经销商：10 家，其中校外 5 家，校内 5 家。

校外：5 家。

大型综合商场：1 家；

中型综合商场：2 家；

专卖店：2 家。

校内：5 家。

综合商场：3 家；

专卖店：2 家。

消费者样本要求：

1. 家庭成员中没有人在电子书生产单位或经销单位工作。
2. 家庭成员中没有人在市场调查公司或广告公司工作。
3. 消费者没有在最近半年中接受过类似产品的市场调查测试。
4. 消费者所学专业不能为市场营销、调查或广告类。

五、调查员的规定、培训

（一）规定

1. 仪表端正、大方。
2. 举止谈吐得体，态度亲切、热情。
3. 具有认真负责、积极的工作精神及职业热情。
4. 访员要具有把握谈话气氛的能力。
5. 访员要经过专门的市场调查培训，专业素质好。

（二）培训

培训必须以实效为导向，本次调查人员的培训决定采用举办培训班、集中讲授的方法，针对本次活动聘请有丰富经验的调查人员面授调查技巧和经验，并对他们进行思想道德方面的教育，使之充分认识到市场调查的重要意义，培养他们强烈的事业心和责任感，端正其工作态度、作风，激发他们对调查工作的积极性。

六、人员安排

根据我们的调查方案，在某大学及市区进行本次调研需要的人员有三种：调查督导、调查人员、复核员。具体配置如下：

调查督导:1 名;

调查人员:20 名(其中 15 名对消费者进行问卷调查、5 名对经销商进行深度访谈);

复核员:1 ~2 名,可由督导兼职,也可另外招聘。

如有必要还将配备辅助督导(1 名),协助进行访谈、收发和检查问卷与礼品。问卷的复核比例为全部问卷数量的 30%,全部采用电话复核方式,复核时间为问卷回收的 24 小时内。

七、市场调查方法及具体实施

1. 对消费者以问卷调查为主。

在完成市场调查问卷的设计与制作以及调查人员的培训等相关工作后,就可以开展具体的问卷调查了。把调查问卷平均分发给各调查人员,统一选择中餐或晚餐后这段时间开始进行调查(因为此时学生们多则呆在宿舍里,便于集中调查,能够给本次调查节约时间和成本)。调查员在进入各宿舍时说明来意,并特别声明在调查结束后将赠送被调查者精美礼物一份以吸引被调查者的积极参与、得到正确有效的调查结果。调查过程中,调查员应耐心等待,切不可催促。记得一定要求其在调查问卷上写明学生姓名、所在班级、寝室、电话号码,以便以后的问卷复核。调查员可以在当时收回问卷,也可以第二天收回(这有利于被调查者充分考虑,得出更真实有效的结果)。

2. 对经销商以深度访谈为主。

由于调查形式的不同,对调查者所提出的要求也有所差异。与经销商进行深度访谈的调查者(访员)相对于实施问卷调查的调查者而言,其专业水平要求更高一些。因为时间较长,调查员对经销商进行深度访谈以前一般要预约好时间并承诺付给一定报酬,访谈前调查员要做好充分的准备、列出调查所要了解的所有问题。调查者在访谈过程中应占据主导地位,把握整个谈话的方向,能够准确筛选谈话内容并快速做好笔记以得到真实有效的调查结果。

3. 通过网上查询或资料查询调查某大学人口统计资料。

调查者查找资料时应注意其权威性及时效性,以尽量减少误差。因为其简易性,该工作可直接由复核员完成。

八、调查程序及时间安排

市场调查大致来说可分为准备、实施和结果处理三个阶段。

1. 准备阶段:它一般分为界定调查问题、设计调查方案、设计调查问卷或调查提纲三个部分。

2. 实施阶段:根据调查要求,采用多种形式,由调查人员广泛地收集与调查活动有关的信息。

3. 结果处理阶段:将收集的信息进行汇总、归纳、整理和分析,并将调查结果以书面的形式——调查报告表述出来。

在客户确认项目后,有计划地安排调研工作的各项日程,用以规范和保证调查工作的顺利实施。按调查的实施程序,可分 7 个小项来对时间进行具体安排:

调查方案、问卷的设计 ……3 个工作日

调查方案、问卷的修改、确认 ……1 个工作日

项目准备阶段(人员培训、安排) ……1 个工作日

实地访问阶段 ……4 个工作日

数据预处理阶段 ……2 个工作日

数据统计分析阶段 ……3 个工作日
调查报告撰写阶段 ……2 个工作日
论证阶段 ……2 个工作日

九、经费预算(单位:元)

1. 策划费	1 500
2. 交通费	500
3. 调查人员培训费	500
4. 公关费	1 000
5. 访谈费	1 000
6. 问卷调查费	1 000
7. 统计费	1 000
8. 报告费	500
总计	7 000

十、附录

参与人员:(略)

项目负责人:(略)

调查方案、问卷的设计:(略)

调查方案、问卷的修改:(略)

调查人员培训:(略)

调查人员:(略)

调查数据处理:(略)

调查数据统计分析:(略)

调查报告撰写:(略)

论证人员:(略)

(资料来源:颜儒魁中国营销咨询网,2005-1-27.)

阅读以上资料,回答问题:

1. 关于某大学电子书市场调查计划书中的调查目的是否清楚?请说明理由。

2. 该方案中调查内容是否围绕调查目的展开?请说明理由。

◇ 模拟演练

结合身边实际,选择超市连锁店,某一品牌的汽车、家电或自己和同学们购买比较多的手机、MP4 作为一个调查目标,设计一份市场调查方案,然后进行相互评价,选出最具可行性的方案。

[演练目标]通过模拟训练,学生能够掌握调查方案编写的基本技能。

[演练组织]要求学生在教师指导下,能够独立完成本次市场调查方案书的制订。

[演练提示]

1. 要求学生根据自己确定的调查课题要求,按照市场调查方案书的编制步骤,在两周之内完成该项操作训练。

2. 要求学生制订的调查方案系统、具体、明确、可操作性强，该方案能够保证接下来的调查活动有条不紊地进行，从而能够提高市场调查工作的效率。

[**成果评价**]教师根据下列标准给予学生评定：① 能够准时完成；② 调查计划制订的正确性；③ 调查计划制订的可行性。

◇ 学生自我总结

通过完成任务3 市场调查方案的制订，我能够做如下总结：

一、任务概述

本任务的工作内容有：

二、任务定位

本任务在职业活动中的地位：

三、完成任务过程分析

本任务的完成过程是：

四、工作过程要素分析

在本任务的完成过程中：

1. 工作过程要素有：
2. 操作要领有：
3. 这么做的原因有：

五、成果检验

本任务的工作成果：

1. 完成本任务的意义有：
2. 体会的经验有：
3. 自悟的经验有：
4. 形成的策略有：

任务4

市场调查方法的选择

▷ **任务目标**

▷ 知识目标

1. 认识二手资料调查法；
2. 认识访问调查法；
3. 认识观察调查法；
4. 认识实验调查法。

▷ 技能目标

1. 能组织二手资料调查；
2. 会进行访问调查；
3. 能够组织观察调查；
4. 能组织实验调查。

◇ 任务分解

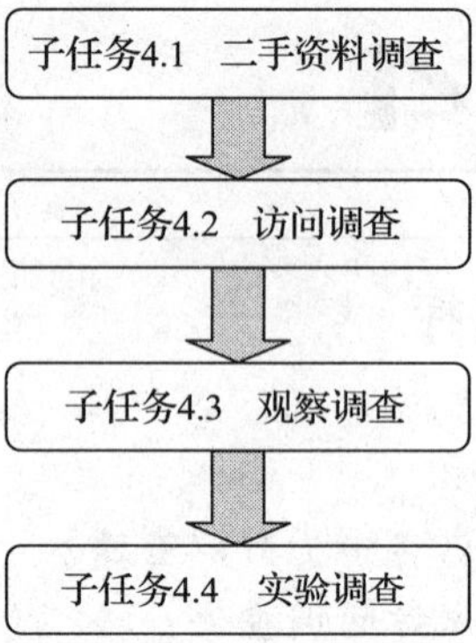

◇ 情境导入

尊敬的读者:当您在编写市场调查方案时,会涉及调查方法的选择与安排;方案设计完成,即将开始调查活动之际,则面临着运用恰当的方法去收集所需的信息,当然也会遇到市场调查方法的选择与运用的问题。通过前述任务的完成,我们知道,根据市场调查项目的性质不同,调查方案的制订也不同,自然用到的方法也会有所不同。任何调查都离不开资料收集,在有些情况下,调查人员通过一些报纸、期刊、经济或统计年鉴等就能得到其所需的调查资料;但在另外一些情况下,除了能得到一些模糊的统计数字以外,其他资料是收集不到的。这时,调查人员就必须通过访问法、观察法、实验法等实地调查去收集原始资料。通过选择多种调查方法,相互补充,恰当运用,就能收集到我们所需的市场信息。

市场调查与预测活动操作的第 4 步:**市场调查方法的选择**。为了方便您掌握市场调查与预测活动的基本技能,我们把这一大任务具体分为四个子任务,这四个子任务分别是:

二手资料调查;

访问调查;

观察调查;

实验调查。

您可以按照任务引领,对照学习目标,依次完成各项子任务,直至完成本任务,从而获取选择市场调查方法的职业活动能力。

4.1 二手资料调查

任务描述:在市场调查活动中,调查人员一般会由易到难,先通过查找一些文献资料,来初步了解调查对象的性质、范围、内容和重点,为正式调查创造条件。在调查过程中,二手资料与原始资料结合,才能更好地研究问题。

4.1.1 二手资料调查法的选择

1. 选择二手资料调查法的缘由

一名企业管理者在闲暇之余，收集各种统计资料，通过分析，也可以为企业经营决策提供信息支持。在市场调查活动开始阶段，市场调查人员通过查找报纸或其他文献资料，可以初步了解调查对象的性质、范围、内容和重点，为正式调查创造条件。许多的调查，原始资料往往需要二手资料的配合，才能更好地研究问题。

> **重要概念 4-1**
>
> 二手资料调查
>
> 二手资料调查是指通过查看、阅读、检索、筛选、剪辑、购买、复制等手段，收集次级资料的一种调查方法。这些资料可能是别人已经收集或整理过的各种现成资料，在书桌案头就可以完成。所以，二手资料调查又称文案调查，或称间接调查。

2. 选择二手资料调查法的依据

二手资料调查法主要运用于以下一些情形：

(1) 用于市场探测性研究。如果调查人员对某项调查需要研究的具体问题不明确，或者是需要找出问题的症结或对调查的方向不明朗，需要初步了解调查对象的性质、范围、内容时，调查前可首选二手资料调查法，为组织正式调查开辟道路，即作为实地调查、观察调查或抽样调查的预备调查。

(2) 需要经常性进行的市场研究。二手资料调查可以较快捷地收集企业内外的各种统计资料、财务资料和业务资料，也可以收集研究问题的背景资料、主体资料和相关资料。利用这些资料可以开展经常性的市场分析与预测，了解市场发展变化的特征、趋势和问题。

(3) 配合原始资料更好地研究问题。如果调查人员想评估实地调查结果的准确性和可靠性，考证各种调查假设、推算所掌握的数据资料、探讨现象发生的各种原因时，可选用二手资料调查。

(4) 为设计调查方案提供帮助。在市场调查方案的设计中，调查者往往需要利用历史的先决信息，了解总体范围、总体分布、总体单位数目、关键指标或主要变量，才能有效地定义总体、设计样本框、确定样本量、确定抽样方式等，以设计出可行的科学的市场调查方案。

(5) 一些特定的调查领域。在以下五类调查中，二手资料调查效果最佳：① 工业产品；② 高级耐用品；③ 对外贸易；④ 作为实地调查的预调查；⑤ 作为企业经常性的市场调查以不断了解市场动态。

在实际市场调查中，一般情况下，先分析二手资料，只有当二手资料用完或不适用时，才考虑实地调查，收集第一手资料。

> **任务资讯 4-1**
>
> 二手资料调查法的优缺点
>
> 1. 二手资料调查法的优点
>
> (1) 迅速、便捷和低成本。二手资料收集法比实地调查法更省时、省力，组织起来也比较容易，某些资料只需简单加工，同时也为实地调查打下基础。

(2) 可以克服时空条件的限制。二手资料收集既可以获得现实资料,还可以获得实地调查所无法取得的历史资料;既能获得本地范围内的资料,还可以借助于报刊、杂志及互联网等,收集其他地区的资料。尤其是在做国际市场调查时,由于地域遥远、市场条件各异,采用二手资料收集非常方便。

(3) 受到各种因素的影响小。二手资料的收集既不会受调查者的主观情感判断的影响,也不会出现在实地调查中,因被调查者的阅历参差不齐、情绪不佳等造成的错误结果。

2. 二手资料调查法的缺点

(1) 加工、审核工作较难。二手资料调查法依据的主要是历史资料、过时资料比较多,需要一定的加工过程。调查者要对其历史背景进行分析,并依据当前的情况进行调整,但许多资料经人多次传抄引证,已经成为第三手、第四手资料,使用时难以考察其时代背景;有的被人故意扭曲事实,其真实性、可靠性则令人怀疑。

(2) 滞后性和残缺性。二手资料收集所获得的资料总会或多或少地落后于现实,特别是印刷文献资料。而且进行二手资料调查往往很难把所需的文献资料找齐全。

(3) 对调查者的专业知识、实践经验和技巧要求较高。二手资料的收集要求调查人员有较广的理论知识、较深的专业知识及技能,否则难以加工出令人满意的资料。

4.1.2 二手资料调查法的运用

1. 确定二手资料资料的来源

(1) 通过企业获取二手资料。

① 市场调查人员如果想掌握企业所生产和经营商品的供应情况,分地区、分用户的需求变化情况,就可以通过查看企业发货单、订货合同、发票、销售记录、原材料订货单、销售记录、业务员访问报告、顾客反馈信息等资料获取。

② 市场调查人员想初步掌握企业不同阶段或季度企业经营活动数量特征即规律性,可以查看企业生产、销售、库存记录,各类统计资料的分析报告等资料,并通过分析统计资料,便可得知。

③ 市场调查人员如果想掌握一定时期企业的经济效益,为企业以后的经营决策提供财务依据,可以通过分析企业的各种财务报表、会计核算和分析资料、成本资料、销售利润、税金资料来获得。

④ 市场调查人员如果想掌握企业产品在市场上的销售状况,可以查看不同时期产品在各个营业场所、分销渠道的销售记录和市场报告,特别是不同产品的销售量、普及率、市场占有率、购买频率、广告促销费用等资料获取。

⑤ 市场调查人员如果想知道顾客对企业产品的反应,可以查看顾客档案、产品退货、服务记录和顾客来电来信等资料。如企业经常通过分析顾客对企业经营、商品质量和售后服务的意见资料,而为企业今后进一步改进提供决策依据。

⑥ 市场调查人员还可以通过分析企业积累的各种调查报告、经验总结、各种建议记录、竞争对手的综合资料及有关照片、录像带等资料,为实地调查提供一定的参照。

(2) 通过互联网获取二手资料。网上二手资料的收集主要通过搜索引擎搜索所需信息的网站，然后访问所想查找信息的网站或网页。如果事先知道载有所需信息的网站名，只要在浏览器的地址栏中输入网站名即可查找到需要的信息。

例 4－1 通过百度搜索"关于2010年中国房地产价格"方面的信息，可以在网页的地址栏中输入"百度"，进入百度页面，再输入关键词"2010"、"中国房地产"、"价格"就会搜索到有关"关于2010年中国房地产价格"方面的许多研究、咨询报告，同时会看到有《2010年中国房地产统计年鉴》、《中国房地产报》等关于房地产业的相关资料，可以继续让我们去详细查询。不过有些资料得通过购买或付费的方式才能看到。

通过网络收集二手资料速度快、信息容量大、足不出户可以收集到世界各地各方面的资料。与传统的二手资料的收集过程相比，通过网络收集二手资料的市场调查过程能够有效地缩短时间、提高调查活动的实效性。目前传统的市场调查中二手资料的收集也越来越多地通过网络来进行。

（3）通过行业协会获取二手资料。一般在前期调查中，市场调查人员经常需要了解一个行业的整体发展状况或行业中处于领先地位企业的经营情况。如想了解行业集中度、行业中企业的市场占有率以及未来的发展趋势或行业中企业产品的质量、价格、性能、产量等资料，我们可以通过查阅行业组织定期或不定期地通过内部刊物发布的各种资料，包括行业法规、市场信息、经验总结、形势综述、统计资料汇编、会员经营状况和发展水平等资料获得。

（4）通过研究机构和调查公司获取二手资料。不少经济、工商业研究所和调查咨询公司经常发表有关市场调查报告和专题评论文章，能提供大量的背景材料。

（5）通过综合性或专业性图书馆获取二手资料。各类综合性或专业性图书馆，尤其是经贸部门的图书馆，大都可以提供有关市场贸易的具体数字和某些市场的基本经济情况等方面的资料。另外，图书馆有着得天独厚的资源可以被我们使用，如文献索引、计算机检索服务、图书馆综合目录、业务精通的图书馆管理员等。

（6）通过各类会议获取二手资料。各种博览会、展销会、交易会、订货会等促销会议以及专业性、学术性经验交流会上所发放的文件和材料，如有关企业的产品目录、商品说明书、价格单、经销商名单、年度报告、财务报表或其他资料。对于调查人员来说，如果想得到有关竞争对手的资料或可能成为竞争对手的资料，各种会议不失为一种很重要的途径。

（7）通过新闻媒体来获取二手资料。一般刊物的出版者以及广播网和电视网每天都会扩散出大量的正规信息资料，这对于调查人员来说，也是重要的资料来源。

2. 二手资料调查的操作程序

（1）确定调查主题及已知信息。清晰地定义调查主题、相关的事实、研究人员的姓名或与主题相联系的组织名称、关键文章及你所熟悉的其他出版物等，将会对查找与主题相关的信息有所帮助。

（2）确定收集资料的方法。

（3）通过一些信息源来开始搜寻。

（4）对已找到的资料进行编辑，并进行评审。

（5）综合与汇集资料。

任务资讯 4－2

二手资料的评价

二手资料评价从以下几个方面进行：

1. 技术要求：收集数据所用的方法

收集数据时的技术要求或所使用的方法，是考察数据有无可能存在偏差的最重要的准则。一系列的技术要求包括抽样方法、样本性质和大小、回收率和回答质量、问卷设计和执行、现场调查实施的程序、数据处理和报告的方法过程等。对这些方面的考查可以提供有关数据的可靠性和有效性方面的信息，也有利于帮助我们确定是否可以将这些数据用于解决手中现有的问题。

2. 误差：数据的准则性

调查者应当确定二手数据用于当前研究的问题是否足够准确。二手数据误差的来源是多方面的，包括方法、研究方案设计、抽样、数据收集、分析，以及项目报告。而且，由于调查者并没有实际参与，所以很难评价数据的准确性。评价的方法之一是寻找多方面来源的类似数据，然后通过标准的统计方法来比较。也可以通过到现场去复查的方法来考核。

3. 时效性：数据的收集时间

二手数据可能不是当前的数据，其发表时间远远迟于收集时间。而且即使是最近期的，但对解决目前问题来说可能仍不够近。民意调查（包括市场调查）一般都需要当前的数据，二手数据如果过时了其价值也就消失了。

4. 目的性：收集数据的目的

数据总是按一定的目标或用途来收集的，因此首先要问的基本问题就是“为什么要收集这些数据？”了解到数据收集的目的，就可以知道在什么情况下这些数据可能相关或有用。按一种具体目标而收集的数据不一定适用于另外一种场合。例如，为了了解各种品牌市场占有率而收集的数据，就不一定适用于为了分析消费者怎样选择品牌的调查问题。

5. 性质或内容：数据的性质或内容

考察数据的性质或内容时，应特别注意关键变量的定义、测量的单位、使用的分类，以及相互关系的研究方法等。如果关键的变量没有定义，或者与调查者的定义不一致，那么数据的利用价值就很有限了。

6. 可靠性：数据可否依赖

数据是否可靠要通过考查专家鉴定、数据来源或调查机构的信誉及名声和是否值得信赖来判断。这可以通过询问曾经利用过该数据来源的机构或人们来检查。对于为了进行促销、为了特殊利益关系或为了进行宣传而出版发表的数据要抱怀疑的态度。同样的，匿名发表的或是企图隐瞒数据收集方法和过程细节的二手数据也是令人怀疑的。还要考查二手数据是直接来自原始的收集机构，还是间接地由再次进行处理后生成的。一般来说，使用来自原始收集机构的二手数据是相对比较完全的。因为这样的数据可能在收集方法等细节方面规定得很详细，而且比再加工的数据是更为准确和完整的。

任务回顾

任务指标	表现要求	已达要求	未达要求
(陈述性)知识	掌握重要概念、特征和意义		
(实践)技能	能进行职业操作活动		
认识整体职业任务	能概述并认识整体职业任务		
认识职业任务的地位	能认识职业任务的上下衔接关系		
其他			

4.2 访问调查

任务描述：在市场调查活动中，通过查找资料进行市场调查的时候，常会遇到市场信息不适合、不完全可信、有明显的纰漏等。这时，市场调查人员应该选择实地调查中的访问法。用这一方法可以收集到鲜活的第一手资料。

在通过查找资料进行市场调查的时候，常会遇市场信息不适合、不完全可信、有明显的纰漏。经过筛选后，剩余的有用信息已经寥寥无几。这该怎么办？

市场调查人员可以选择替代的方法——实地调查中的访问调查法。用此方法可以收集到第一手资料。

重要概念 4－2

访问调查法

访问调查法简称访问法或询问法，是指调查人员以访谈询问的方式，或当面、或通过电话、邮寄问卷等方法，向被调查者收集市场资料的一种方法。通常应该事先设计好询问程序及调查表或问卷，以便有步骤地提问。它是市场调查中最常用的方法之一，主要有入户当面访问、拦截访问、电话访问、邮寄访问等形式。

由于信息要求、预算限制(时间和成本)以及应答者性格特征等多种因素的影响，不能绝对地说，哪一种形式就是最合适的。在实际选用时，应相互配合补充使用，彼此取长补短。调查人员也可将这些方法组合使用并创造出新的方法。

例 4－2 在一个典型的调查项目中，调查人员应向应答者分发产品和需要填写的调查问卷以及回收的信封，电话采访被用来进行追踪。电话访问和邮寄访问这两种方法组合使用的采访收到良好的效果。97%的应答者进行了电话合作，同时，82%的调查问卷也被邮寄回来。

选择邮寄调查的调查区域性广，问卷可以有一定的深度；调查费用低；回答问题准确；被调查者所受影响小。可邮寄调查有问卷回收率低(一般回收率在10%～30%之间)、信息反馈时间长的局限性。所以，在选用邮寄调查时通常用下列方法辅助提高回收率：① 用电话或跟踪提醒；② 注意提前通知或致谢；③ 需要设置一定的物质奖励；④ 附上回信的信封并贴足邮资；⑤ 增加问卷的趣味性；⑥最好由知名度较高且受人尊敬的机构主办，如大学、政府机构等。

4.2.1 入户访问

入户访问是指被访问者在家中单独接受访问。在调查实践中,入户访问曾被认为是最佳的访问方式,这是因为,对于被访问者来讲,可以轻松地在一个自己感到熟悉、舒适、安全的环境里接受访谈;对于访问者来说,面对面的访谈,能够直接得到信息反馈,还可以对复杂问题进行解释,从而加快访问速度、提高数据质量。然而,随着人们生活节奏的加快、观念的更新,在家中面对面的访谈越来越少了,取而代之的是在购物区进行。另外,入户访问也广泛运用于与工业、企业用户进行的访谈,这类访问主要指对商务人员在他们的办公室进行有关工业品或服务的访问,所以也称经理访谈。

1. 入户访问的准备

在进行入户访问之前,市场调查项目管理人员应该首先制作问卷或访问提纲,并对访问人员进行一定的培训。其次,应该根据抽样方案的设计,确定访谈对象。

2. 进行访问

访问人员应该依照预定的访问路线、方向,依次完成访问。同时,应该灵活处理家中无人或者不接受访问的情形。如耐心说服拒访家庭接受访问,如果说服无效,改访最邻近的家庭。

任务资讯 4-3

入户访问的优缺点

1. 入户访问的优点

(1) 信息获取的直接性。进行面对面的访谈时,调查者可以采取一些方法来激发应答者的兴趣。特别是可以使用图片、表格、产品的样本等来增加感性认识。

(2) 调查组织的灵活性。调查者依据调查的问卷或提纲,可以灵活掌握提问的次序并及时调整、补充内容,弥补事先考虑的不周,而且一旦发现被调查者与所需的调查样本不符合时,可以立即终止。

(3) 调查过程的可控制性。整个调查过程有调查人员的监督,调查人员可直接观察被调查者的态度,判别资料的真实可信度。

(4) 调查数据的准确性。由于程序较标准和具体,调查人员还可以充分解释问题,从而提高了数据的准确性。

2. 入户访问的缺点

(1) 时间限制。现代社会生活节奏快,人们来去匆匆,很难有人能够有时间回答完全部规定问题,调查人员不得不费力寻找合格的应答者,这就提高了调查成本。对于大规模、复杂的市场调查更是如此。

(2) 调查者的影响。调查者的素质、人际交往能力、语言表达能力、责任感和道德观等都会影响调查的质量。

(3) 拒访率较高。人们私密意识的加强,导致拒访的现象时有发生。

4.2.2 拦截访问

拦截访问又称街头访问。有两种方式:一种是由访问员在事先选定的若干个地区选取访问对象，征得其同意后，在现场依照问卷进行面访调查；另一种是先确定地点，然后由访问员在事先选定的若干个地区选取访问对象，征得其同意后，引领到确定的地点进行面访调查。作为入户访问的替代方式，拦截访问是一种十分流行的询问调查方法。拦截访问程序如图 4 – 1 所示。

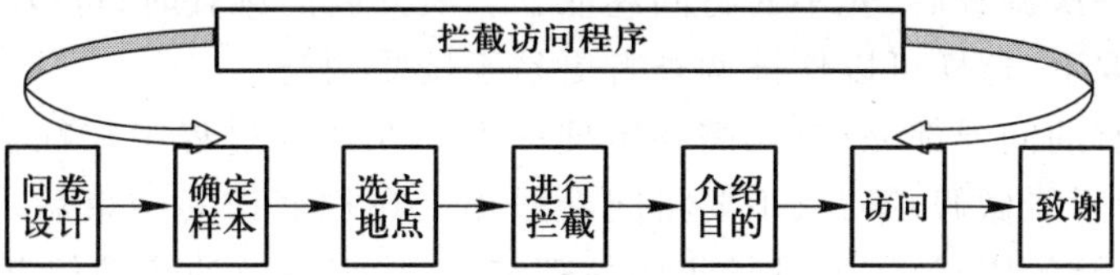

图 4 – 1　拦截访问程序

1. 拦截访问法的操作

(1) 准确寻找被调查对象。用自己的眼睛环顾四周，寻找出可能会接受调查的目标对象。街头人群具体分行走人群和留步人群两种。留步人群比较好处理，找那些单个在一边休息或似乎在等人的对象，径直走上前去询问他们。如果被拒绝，也要很有礼貌地说："对不起，打扰您了。"

对于小组调查来说，当第一位同学被对方拒绝后，第二位同学可以考虑在五分钟以后上前再去询问一次被调查者是否愿意接受调查。如果对方依然拒绝，就不能再有第三次询问。对于行走人群主要观察对方是否是单人行走，步履的缓急，手中是否提有过多的物品，神色是否松弛等。

(2) 上前询问，注意姿态。判断路人可以作为调查对象时，就应积极地上前询问。上前询问的短短几步也是有讲究的，朝调查对象起步应该缓步侧面迎上。整个行走过程，目光应对准被调查者。当决定开口询问时，应在被调查者右前方或左前方一步停下。

(3) 开口询问，积极应对。良好的开始是成功的一半，开口的第一句话很重要。在这句话中，要有准确的称呼、致歉词和目的说明。你可以说："对不起，先生，能打搅您几分钟做一个调查吗？"在开口询问的过程中，良好的心态、笑的魅力、语言表达都要协调地配合在一起。

(4) 随步询问，灵活处理。在应对行走人群时，让对方自动停下脚步是一个不错的切入点，说明对方对你有兴趣。如果对方不愿停下脚步，这就需要我们跟随对方走几步，同时用话语力争引起对方的兴趣。切记不可直截了当地要求对方停下脚步。一般跟随对方走出几米依然无法让对方停步，就应当终止。

(5) 被调查者信息收集须加小心。对于被调查者的信息资料，如姓名、年龄、住址、电话等，有时也需要在拦截访问中得知。甚至有时调查的目的就是要了解被调查者的基本信息，以利于开展营销活动。对这些内容的调查要小心处理，在调查中要尊重他们的权利，不能强求。

(6) 访问完成后的工作。当被调查者回答完所有问题后，应当浏览一遍，不要有所遗漏。准确判断不同文化背景的受访者的回答之真正含义。不同职业、文化背景的人，回答含有不同的价值观念。

例 4 – 3　对"××牌移动电话外形感觉如何？"

对于这一问题，一位教授或商人可能都会回答"很时髦"，但前者的真正意思可能是"虚有其表，不切实际”，而后者的意思则有可能是“样式新潮，适合口味”。

2. 拦截访问的完成

正式完成访问后，市场调查人员还应该做好以下工作：

(1) 向被调查者表示感谢，与其告别。

(2) 当完成一次调查后，先不要将问卷取下。展开新的调查时，可以当着被调查者的面将已用过的问卷取下，这样可以使被调查者更易于接受调查。

(3) 等到所有的问卷都完成后，需要整理一下。在调查过程中往往会有废卷和白卷的情况。第一，切记不能做假；第二，不要将问卷毁损。在拦截访问结束后将所有的问卷交给负责人，这是最原始的资料，需要进行集中整理统计，形成有效的营销信息资料。

任务资讯 4－4

拦截访问法的准备工作

(1) 准备问卷，并对问卷内容全面了解。一般来说，拦截访问往往会使被访问者措手不及，这就需要访问者进行说明，介绍访问的目的和内容。为此，作为访问者必须对问卷内容全面了解，只有熟悉的内容才能清晰、熟练地进行介绍，赢得被访问者的信赖。

(2) 相关知识的准备。视不同的调查内容要有相关知识的积累。当涉及某件商品或服务时，要先通过图书馆和网络来查找相关的资料，有时还需要实地考察一番。比如说要调查一件服装产品的市场反应，就需要了解这件衣服的面料、款式、价格、流通渠道等。对调查的事物有了先期的认识，就能对拦截访问胸有成竹。

(3) 预先观察访问地点。到拦截的访问地点，实地了解一下那里的环境、人流等情况。看哪里是做拦截访问的好地方。便于访问的地点一般是人流较多的购物休息之处。

(4) 检查访问所需的物品。一般访问需要带两支笔，供回答问卷的硬板等。着装也要求整齐些，等待访问的开始。

(5) 了解有关职业规则。值得一提的是，在拦截访问中调查人员应明确受访者的权利与调查人员的义务，要遵守有关职业规则。

尊重受访者的权利有：① 自愿；② 匿名；③ 了解调查人员真实身份、目的、手段；④ 对未成年人调查需经监护人同意。

调查人员要遵守以下的义务：① 不做出有损于市场调查行业声誉或让公众失去信心的举动，不探察他人隐私；② 不能对自己的技能经验与所代表的机构的情况做不切实际的表述，不误导被调查者；③ 不能对其他调查人员做不公正的批评和污蔑；④ 必须对自己掌握的所有研究资料保密；⑤ 在没有充分数据支持下不能有意散布市场调查中所得结论。

任务资讯 4－5

访问调查人员具备的基本素质

(1) 良好的心态。走访调查，尤其是拦截访问一定要调整好自己的情绪，能有一个良好的心态。要认识到做拦截访问是合情合理合法的事，自然不必遮遮掩掩的。大大方方地微笑询问。即便遭到断然拒绝也不要在乎，要想到做拦截访问是我们去麻烦被调查者的。所以，被调查者拒绝调查是正常的，是符合情理的，如果他们愿意配合做调查是我们的荣幸。只有这样考虑问题，才能有一个良好的心态。

有一份好的心态对完成拦截访问是非常重要的，或许连问了十几个人也没有一个人接受访问。这没有关系。在拦截访问中确实有一个配合的概率存在。这个概率是大是小都没有关系。只要不断地询问，总有人会停下脚步来配合你的调查。

(2) 笑的魅力。笑容是在街头调查运用的一件利器。对被调查者展示自己的笑容将能取得对方的信任，拉近双方的距离。许多推销大师都有“笑露八齿”的绝活，我们并不需要在意自己微笑时露出几颗牙齿，我们只求能够自然地微笑。这种笑容不是一种无奈的、尴尬的假笑，而是发自内心的、真诚的、友好的微笑。在拦截访问时，配合良好的心态，由始至终向每一个被调查者展示你的微笑。相信被调查者也会向你投以微笑与你沟通，配合你完成调查任务。

(3) 语言技巧。每个人说话都有其个性的一面。语速有快有慢，声响有轻有亮，音色也有所不同。在进行拦截访问时，有些就成为了不利因素。

在访问中要注意控制自己的语速，过快或过慢都不利于被调查者接受。吐字要清楚，声音要响亮。要学会对音量的控制，在开始介绍自己时声音要稍响亮，调查过程中与被调查者交谈时的声音就可以略轻些。具体情况要视调查环境而定。建议平时多进行些发声训练。

(4) 善于观察。在调查中可以通过观察被调查者的肢体语言，了解他们对调查的态度，帮助我们有的放矢选择好调查对象。

比如，我们可以从路上行人的步速、手势了解对方是否愿意接受我们的调查。在调查过程中，还可以透过被调查者的行为举止来加以引导。当察觉到被调查者对我们的调查持有怀疑态度时，我们此时就应该多做解释，解除其不信任感。敏锐的观察在调查中能帮我们很多忙。

(资料来源：王妙.市场营销学实训.北京：高等教育出版社，2003.)

4.2.3 电话访问

电话访问是指调查者通过电话进行语言交流来从被调查者那里获取信息的一种调查方法。这种方法在西方发达国家应用较为普遍，也最受欢迎，在我国还处于起步阶段。电话调查通常以电话号码簿为基础进行随机抽样，如果抽样恰当、回访程序科学，就可能获得高质量的样本。

1. 电话访问的准备

(1) 访问员要求有较强的语言表达能力和沟通、理解能力，所以在电话访问前期，逐一挑选普通话标准、语音优美、有亲和力、能吃苦耐劳、做事认真的访问员。

(2) 必须明确此次电话访谈的目的，要知道你想通过此次电话访谈得到什么。

(3) 相关知识的准备。视不同的调查内容要有相关知识的积累，特别是调查内容所涉及的行业的相关专业知识。

(4) 在拨打电话之前，应该对达到预期目标的过程进行设计，可以准备一张问题列表，并对可能得到的答案有所准备。最好选用两项选择法进行询问。

(5) 要有足够的被拒绝的心理准备。由于人们快节奏的生活，另外还有电话诈骗等社会问题的出现，使得电话访问频频受阻，这就要求访问人员一定要有信心和恒心，坚持下去，坚信一定能够找到那个向你提供信息的人。若有可能,应提前寄一封信或卡片告知被调查者将要进行电话访问的目的和要求,以及奖励办法等。

(6) 进行试访训练。试访是正式访问的战前演练,是了解访问员对调查背景、访问技巧,以及对问卷内容的掌握程度和熟练程度。做细做足试访工作对电话访问成败起着非常重要的作用。

此外,应该安排1~2名督导进行现场巡视,及时纠正访问员不规范的询问问题方式和记录方式,及时处理访问过程中不可预见的突发问题,保证访问实施正常有序地进行。

安排专人对访问过程的录音进行抽查,掌握访问员的共性问题和个性问题,并针对这些问题对访问员再次培训,确保访问员在统一口径的规范操作程序下收集信息。

2. 电话访问法的操作

(1) 电话访问的开场白。开场白或者问候语是你与客户通上话以后在前30秒钟你所讲的话;或者说是你所讲的第一句话。这可以说是客户对你的第一印象,在电话访问中第一印象是决定这个电话能否进行下去的一个关键因素。

开场白一般包括以下几个部分:

① 问候/自我介绍。

例4-4 "您好,我是××公司的××"

② 表明打电话的目的。

例4-5 "上个星期您提到……,您对我们服务人员的服务态度感到满意吗?"

③ 确认客户时间是否允许。

例4-6 "可能要花您几分钟的时间,现在方便吗?"

如果受访者此时很忙,应尽可能与受访者约定下次访谈的时间。约定时应采用选择性的问题,如使用"您看我们的下次访谈定在明天上午还是下午呢?""是下午两点还是下午三点呢?"

④ 提出问题把被访问人员引入会谈。

例4-7 "那个问题您怎么看?"

"它对您有帮助吗?""帮助在什么地方?"

"您建议我们下一步如何走?"

(2) 电话访问进行中。

① 电话访谈进行中要注意倾听电话中的背景音,例如,有电话铃声、门铃声、有人讲话等,此时应询问受访者是否需要离开处理,这表明你对受访者的尊重。

② 提高你提问和听话的能力。通过提问去引导访谈,在听取受访人回答时正确理解客户的意图,包括话外音。

(3) 打完电话之后,要向被访者致谢。

例4-8 "感谢您用这么长时间帮助我们,您的宝贵意见我们会认真考虑,谢谢,再见。"

任务资讯 4－6

电话访问的特点

1. 电话访问的优点

(1) 效率较高。电话访问省去了花费在路途上的时间，跟入户访问相比，它时间短、速度快。电话访问能及时收集被访问者的答案，跟邮寄访问相比，速度快，因而是效率较高的调查方式。而且与入户访问相比较，还可以访问到不易接触到的对象。

(2) 可以获得更为有效的应答。电话铃响起，一般人都会去接，这就大大降低了拒访的可能；一些比较敏感的问题如教育水平、收入、分期付款等问题，在入户访问和拦截访问的面对面情况下，被访问者会感到有些不自然，回答率较低，而在电话访问中，则能获得较坦诚的回答。

(3) 易于控制实施质量。访问员集中在同一房间中拨打电话，督导可以随时检查访问情况、访问技巧等，也可以随时对问题进行更改。与入户访问和邮寄访问相比较，其访问质量可以大大提高。

(4) 费用较低。电话访问与入户访问相比，入户访问需要的访问人员多，交通费用大，所花的费用很高。电话访问相对来说，费用较低。

2. 电话访问的缺点

(1) 访问成功率受限制。电话号码的编制采用的是随机数的方法，有些号码可能未开通、空号或已经停用。另外，受访对象如果正在忙于其他事务，或误以为是一般推销商的电话，都可能拒绝接受访问。这些原因使得电话访问的成功率较低。

(2) 电话访问的时间受限制。设计的问题不宜过长，电话访问的时间一般应控制在20分钟以内，以免引起被调查者的反感。

(3) 电话普及率不高会影响调查。特别是在边远地区、农村的电话普及率很低，从而影响了样本的代表性。

(4) 对被访问者提示受限制。由于无法提供直观教具，不能对被访问者进行现场启发。

4.2.4 邮寄访问

邮寄访问是指由市场调查人员把事先设计好的调查问卷通过邮寄的方法，寄给已经联系好的被调查者，由被调查者填写完成以后再寄回，调查人员通过对问卷进行整理、分析，获取市场信息的一种调查方式。

任务资讯 4－7

邮寄访问的特点

1. 邮寄访问的优点

(1) 费用较低。邮寄访问不需要专门进行调查人员的招聘、培训、监控以及支付报酬，调查的成本不是很高。

(2) 调查者的影响较小。该方式避免了由于调查人员的干扰而产生的信息失真。

(3) 调查区域广泛。该方式被调查的对象广泛,调查面广。

(4) 应答更确切。被调查者匿名性较强,又可以有充分的时间来考虑,填写较为灵活、自由、方便。

2. 邮寄访问的缺点

(1) 问卷回收率低。就是调查问卷没有被收回或未答完就寄回。

(2) 缺乏对被调查者的控制。被调查者可以在回答任何问题前浏览和思考所有问题,所以对问题呈现的顺序无法控制,造成结果的真实度降低。

(3) 应答者会有选择偏见。这是指那些有别于没有填完问卷就归还问卷的被调查者,他们反馈回来的问卷存在答非所问的情况。因此,通过这种方法获得的样本就不具有普遍意义上的典型性。

邮寄访问存在着回收率低、回收时间长等问题,这一直是困扰市场调查人员的艰巨事务。为了提高邮寄调查的反馈率,从事市场调查的机构和个人做了许多探索,也总结出不少方法,如物质刺激、贴上回程的邮票、电话提醒等。

任务回顾

任务指标	表现要求	已达要求	未达要求
(陈述性)知识	掌握重要概念、特征和意义		
(实践)技能	能进行职业操作活动		
认识整体职业任务	能概述并认识整体职业任务		
认识职业任务的地位	能认识职业任务的上下衔接关系		
其他			

4.3 观察调查

任务描述:在市场调查活动中,调查人员可以在现场通过自己的感观,或利用各种摄录像器材,直接或间接地记录被调查者行为或现场事实,来捕捉一些重要信息,从而完成市场调查资料的收集。

4.3.1 观察法的适用

在市场调查活动中,市场调查人员可以在现场直接观察或利用各种仪器观察被调查者行为或现场事实,来进行市场调查资料的收集,这种方法就叫做观察法,也是实地调查方法之一。观察法主要用于外形观察、店铺观察、流量观察,每种方法的使用如表 4-1 所示。观察法不适宜于用来做大面积的调查,也难以搜集到调查对象的主观意识方面的资料,因而观察法适用于小范围探索或辅助研究,适于用做其他调查方法的辅助方法。

另外,观察法也常用于对竞争对手进行跟踪或暗访观察、新产品试销观察等情况。

表 4-1 几种观察法的主要适用范围

观察类型	主要适用范围
外形观察	是对消费者的动作、穿着、外形进行观察
店铺观察	就是对商场购物环境、商品陈列、服务态度等进行观察，也可以针对某一产品或某个要求到各有关店铺进行观察。类似的观察如果在展览会、展销会、看样订货会上进行既方便又可靠。这种方法在对了解消费者购买行为、购买动机、购买偏好调查时也经常采用
流量观察	在选择店铺地址及研究某一街道的商业价值时经常需采用这种观察法。调查者要观察在该位置上相关的店铺的顾客流量、流速，以便分析设店的价值

例 4-9 为了更合理地定位某一街道、路段的商业价值或提出可行的交通规划方案，常需要调查某一街道的车流量、行人流量及其方向。调查时可由调查人员或用仪器记录该街道在某一时间内所通过的车辆、行人数量及方向，并测定该街道车辆和行人的高峰和平峰的规律，供营销决策参考。

任务资讯 4-8

观察法的优缺点

观察法的优点：可以实地记录市场现象的发生，能够获得直接、具体的生动材料，对市场现象的实际过程和当时的环境气氛都可以了解到，这是其他方法不能比拟的。观察法不要求被调查者具有配合调查的语言表达能力或文字表达能力，因此适用性也比较强。观察法还有资料可靠性高、简便易行、灵活性强等优点。

观察法的缺点：只能观察到人的外部行为，不能说明其内在动机。观察活动受时间和空间的限制，被观察者有时难免受到一定程度的干扰而不完全处于自然状态等。总之，应用观察法，必须扬长避短，尽量减少观察误差。

4.3.2 观察法的操作

1. 观察的准备

(1) 明确观察目的。观察目的是根据调查任务和观察对象的特点而确定的。明确观察目的，即要明确通过观察解决什么问题。然后确定观察的范围、对象、观察的重点，具体计划观察的步骤。

(2) 制订观察计划，特别要明确观察对象与目标。一般说来，观察计划包括观察目的、观察对象、观察重点与范围、通过观察需要获得的资料、观察的途径、观察的时间、次数和位置、选择观察的方法、列出观察的注意事项、观察人员的组织分工、观察资料的记录和整理、观察的应变措施等内容。

(3) 设计观察记录表。为了将观察结果快速、准确地记录下来，并便于随身携带，将观察内容事先制成便于汇总的小卡片。制作卡片时，应先列出所有观察项目，经筛选后保留重要项目，再将项目根据可能出现的各种情况进行合理的编排。

例 4-10 表 4-2 是某商场为观察购买者的行为而制作的顾客流量及购物调查卡片。使用时，在商场的进出口处，由几名调查员配合进行记录，调查卡片每小时使用一张或每半小时使用一张，该时间内出入的顾客及其购买情况可被详细记录下来。

表4－2　顾客流量及购物调查卡片

被观察单位________　　观察时间____年____月____日____时至____时

观察地点________　　观察员________

	入向	出向
人数		
购物金额		

（4）选择观察地点。观察地点的选择既要便于观察，又要注意隐蔽性。

（5）准备观察仪器。市场调查中的观察并不仅限于通过人的视觉，而是指通过人的五种感觉器官的所有感觉。运用不同器官进行观察，所需配备的观察仪器也是不同的，如表4－3所示。

表4－3　感觉和观察工具

感觉	人的器官	在市场调查中的作用	辅助手段
视觉	眼睛	行为观察（广告牌效果检验）	望远镜、显微镜、照相机、电影、电视
听觉	耳朵	谈话观察（顾客的言谈）	助听器、录音机、噪声、测量仪
触觉	手指、手掌	表面检验（纹路、结构、皮肤）	触式测试仪、盲视仪、金相仪
味觉	舌、口腔	品味	化学分析仪、味料专用分析仪
嗅觉	鼻	食品、香料检验	香料分析仪

2. 进入观察现场

进入现场应取得有关人员的同意，或出示证件说明，或通过熟人介绍，或取得观察对象中关键人物的支持而进入。一旦进入现场，观察者要尽快取得被观察者的信任。

3. 实施观察和记录

（1）观察。观察应有计划。观察应有序进行，具体可以采用直接观察法、痕迹观察法和行为观察法进行观察。

直接观察法就是调查人员直接到调查现场进行观察。例如，在柜台前观察消费者的购买行为，记录他们对商品的挑选情况；在橱窗前观察过往客户对橱窗的反应，分析橱窗设计的吸引力；在大街上观察人们的穿着和携带的商品，以分析市场动向用以开发新产品。

在进行直接观察时需要做好以下工作：

① 尽可能不让被观察者觉察到你在记录他（她）的表现。

② 不要先入为主，观察要具有客观性。观察的对象反映的是什么，就记录什么，不要掺杂个人的任何成见或偏见，更不要把个人主观的推测和客观的事实相混淆，这样观察所得到的材料，才会是真实、可靠的。为了增加客观性，可以利用仪器进行观察，或者采取几个人同时观察一个研究对象，同时记录，观察后互相核对记录的方法来提高客观性。

③ 在观察的过程中，需要观察者的思维和注意保持高度的集中，每当一种现象出现时，一定要找出引发这种现象的原因。

④ 冷静处理偶发情况。观察时出现预先没有估计到的特殊情况时，不要慌乱失措，可

如实把发生的情况记录下来，在观察过程和观察结束以后予以适当处理。

痕迹观察法就是在调查现场观察和分析被调查者活动后留下的痕迹。这种方法在各种调查中应用广泛，也应用于市场调查。

例 4－11 从居民的垃圾中分析居民的消费水平；国外有的汽车商派人观察汽车上收音机的指针停留的位置，以便选择受司机欢迎的电台做广告。

在采用痕迹观察法时观察者要有耐心和细心，要严格地要求自己，不产生厌倦的情绪，具有顽强地进行工作的精神。

采用行为记录法进行观察，主要是通过有关仪器，对调查对象进行记录和分析。

例 4－12 美国尼尔逊广告公司，通过电子计算机系统在美国各地 12 500 个家庭中的电视机上装上电子监听器，每 90 秒扫描一次。每户家庭只要收看 3 秒电视节目就会被记录下来，据此选择广告的最佳时间。在我国，有的商家用录像机录下消费者购买行为，以分析消费者的购买动机和购买意向。

（2）记录。做观察记录，应符合准确性、完整性、有序性的要求，为此，必须及时进行记录，不要依赖记忆。观察记录有两种方式，一种是当场记录，一种是事后追记。

现代科学技术为社会调查提供了许多先进的调查手段如录音机、摄像机等。但调查中使用这些技术手段要慎重，使用这些仪器会在一定程度上影响被观察者的行为。

事后追记多在不适合或不可能当场记录时采用，如观察的是敏感问题。

任务资讯 4－9

观察法的分类

按照不同的划分标准，可以把观察法划分为不同的类型。按照是否使用仪器，分为人员观察和仪器观察。

（1）人员观察法。人员观察法即调查人员直接到现场察看以收集有关资料。在人员充足的条件下，调查机构会选择这种方法完成调查信息的搜集工作。由于是通过观察员的感觉器官来收集被观察对象的某些特征的信息，观察员所记录的信息，是经过他们自己的判断标准的“过滤”而提出的认识结果。

（2）仪器观察法。仪器观察法即利用录音机、录像机、照相机、监视器、扫描仪等进行调查。主要包括电气反射实验、透视研究法、瞳孔计测验、机体反应测定、节目分析法、UPC 法、瞬间显露测验、视向测验、记忆鼓测验等。

任务回顾

任务指标	表现要求	已达要求	未达要求
（陈述性）知识	掌握重要概念、特征和意义		
（实践）技能	能进行职业操作活动		
认识整体职业任务	能概述并认识整体职业任务		
认识职业任务的地位	能认识职业任务的上下衔接关系		
其他			

4.4 实验调查

任务描述：在市场调查活动中，市场调查人员可以通过科学实验来进行市场调查资料的收集，这种方法就叫做实验法。这种方法中，市场调查人员通过做对比实验获得信息资料，不是被动的信息收集者，而是主动参与者。

在市场调查活动中，实验法主要应用于产品测试、包装测试、价格测试、广告测试、销售测试等方面。但在应用时要注意，必须明确实验目的，所选择的实验变量或指标对所研究的问题必须能够提供重要信息，必须选择好可控因子及其不同的状态或水平，必须优化实验方案，认真监视实验过程，做好实验数据的记录、处理和综合分析。

重点概念 4-3

实验调查法

实验调查法是指市场调查人员有目的、有意识地改变一个或几个影响因素，来观察市场现象在这些因素影响下的变动情况，以确定市场中各因素的因果关系而使用的信息收集方法。

4.4.1 实验调查法的认识

实验调查法常用于产品试验和销售试验。如果我们想对产品质量、性能、式样、包装等方面的情况做市场调查，了解什么样的产品受市场的欢迎，为企业的各项决策提供参谋，就可以采用产品试验。

例 4-13 在展览会期间，将全部产品在展览大厅内分类陈列，并有计划、有组织地邀请当地各类型的消费者进场参观评议，并在每位消费者对产品做现场评议后，再由其挑选自己较为喜爱的产品，由大会免费“赠送试用”，要求其在试用一段时间（一般 7 天）后，详细填写一份预先印好的调查问卷交到大会有关主管部门。然后，将全部问卷集中，汇总分析，以便从中得出结论。

销售试验将少量产品投放到某些具有代表性的市场上进行试销，从中了解组织大量销售时可能获取的经济效益。销售试验的方法通常有两种：

如果要决定两种可供选择的广告计划或价格水平哪一种更好，就可以采用城镇试销，其实验的方式与商店试验基本相同，不同的是实验市场是选择了两个相互匹配的城市。

如果要比较两套可供选择的市场经营销售方案哪一种更好，就可以采用地区试销。即要求选择两个具有代表性的地理区域作为实验市场。将产品投放到两个地区上进行试销，经过一定时期后，比较试销的结果。

4.4.2 实验调查法的运用

实验调查属于因果关系性质的调查活动。如产品的品质、价格（自变量）等改变后，企业产品销售量、市场份额（因变量）有什么样的变化。

实验调查既是一种实践过程，也是一种认识过程，它将实践与认识统一为调查研究过程。市场实验调查的基本要素有：实验者，即市场实验调查有目的、有意识的活动主体；实验对象，即通过实验调查所要了解认识的市场现象；实验环境，即实验对象所处的市场环境；实验活动，即改变市场现象所处市场环境的实践活动；实验检测，即在实验过程中对实验对象所做的检验和测定。

任务资讯 4－10

实验调查法的特点

实验调查法的特点在于它的实践性、调查对象的动态性、实验调查法的综合性。在实验调查过程中，各种调查研究方法的综合应用，在实验调查法中也表现得很明显。

1. 实验调查法的优点：客观性、主动性、精确性、实用性

（1）实验调查法的结果具有一定的客观性和实用性。它通过实地实验来进行调查，将实验与正常的市场活动结合起来，因此，取得的数据比较客观，具有一定的可信度。

（2）实验调查法具有一定的可控性和主动性。在实验调查中，调查者可以成功地引起市场因素的变化，并通过控制其变化来分析、观察某些市场现象之间的因果关系以及相互影响程度，是研究事物因果关系的最好方法。

（3）实验调查法可提高调查的精确度。在实验调查中，可以针对调查项目的需要，进行合适的实验设计，有效地控制实验环境，并反复进行研究，以提高调查的精确度。

2. 实验调查法的缺点：实验结果不易比较、限制性比较大

（1）市场中的可变因素难以掌握，实验结果不易相互比较。由于市场现象与自然现象相比，随机因素、不可控因素更多，政治、经济、社会、自然等各种因素都会对市场产生作用。在实验过程中，经常会出现随机的、企业不可控的因素和现象，这些因素会在市场上发生作用，并对实验进程产生影响，进而影响到实验效果；调查的时间较长；调查的风险较大，费用也相对较高；实验调查法的应用在实施时需要专业人员操作，难度较大。

（2）有一定的限制性。实验调查法仅限于对现实市场经济变量之间关系的分析，而无法研究过去和未来的情况。

1. 实验调查法的程序

实验调查的一般程序是，以实验假设为起点设计实验方案，选择实验对象和实验环境，确定实验方法，控制实验环境，通过对前检测和后检测的对比，对实验效果做出评价。实验调查的实施程序如图 4－2 所示。

图 4－2　实验调查的实施程序

2. 实验设计及操作

（1）实验前后无控制对比实验。这种实验方法是指通过对实验单位在实验前和实验后的情况进行测量、对比和分析，引入实验因素（自变量和因变量），来了解实验效果的一种方法。

例 4－14　某电子产品生产企业为了扩大销售，计划将手机的拍照像素由 50 万提高到 130 万。但对手机功能的提升会不会大幅度提高销量没有把握，因此决定采用实验单位

前后对比实验的方法进行调查。具体操作步骤如下：

第一，选定实验对象，即将该企业A、B两种规格的手机作为实验单位。

第二，对其实验前一段时间，如一个月内的手机销售额进行统计。

第三，然后再销售提升了功能的手机。

第四，统计相同时间内新功能手机的销售额。

第五，检测试验效果，如表4-4所示。

表4-4　××型号手机销售统计表　（单位：元）

实验单位	实验前销售额（y_1）	实验后销售额（y_2）	前后变化（y_2-y_1）
A	35 600	54 600	+19 000
B	18 900	25 800	+6 900
合计	54 500	80 400	+25 900

实验变量效果为y_2-y_1，通过表4-4数据可以看出手机功能的提升使销售额增加了。经分析在手机销售额上升的过程中，无其他因素影响或影响甚少，可以判定是功能的提升带来了销售量的扩大，因此可以做出提升手机功能的决策。

（2）实验前后有控制对比实验。这种实验方法是指为了消除实验期间一些外来因素的影响（如季节变化、供求关系等），提高实验结果的准确性。在同一时间周期内，随机抽取两组条件相似的单位作为实验单位，一组为实验组，另一组为参照组或对比组，又称控制组。在实验时，要对这两组分别进行实验前测量和实验后测量，一般将实验前实验组的销售量或额设定为x_1，控制组设定为y_1；实验后实验组的销售量或额设定为x_2，控制组设定为y_2。然后进行事前、事后对比，以得出实验结论，为决策提供依据。

$$实验变量效果=(x_2-x_1)-(y_2-y_1)$$

例4-15　某食品销售企业为了扩大市场份额，对其主要产品某品牌的巧克力进行包装调整，但对广告公司提供的包装设计样品没有太大把握，于是公司决定在市区内选择6家市场规模及消费水平非常接近的超市做对比测试。其中A、B、C为实验组，销售改换包装后的巧克力；E、F、G为控制组，继续销售未改包装的巧克力，实验期为一个月。具体销售数据如表4-5所示。

表4-5　××牌巧克力销售统计表　（单位：元）

组　别	实验前一个月的销量	实验后一个月的销量	变　动　量
A、B、C实验组	$x_1=2\ 400$	$x_2=3\ 100$	$x_2-x_1=700$
E、F、G控制组	$y_1=2\ 400$	$y_2=2\ 600$	$y_2-y_1=200$

从表4-5中可以看出，实验组和控制组在实验前的销售额都是2 400元；实验组在实验后销售额为3 100元，控制组为2 600元。实验前后对比，实验组销售额增加了700元，控制组增加了200元。

实验变量效果$=(x_2-x_1)-(y_2-y_1)=700-200=500$元。该企业设计的新型外包装使巧克力销售额增加500元,可以判断,外包装的改变对销售有促进作用,企业可做出改变外包装的决策。

本节任务回顾见下表。

任务回顾

任务指标	表现要求	已达要求	未达要求
(陈述性)知识	掌握重要概念、特征和意义		
(实践)技能	能进行职业操作活动		
认识整体职业任务	能概述并认识整体职业任务		
认识职业任务的地位	能认识职业任务的上下衔接关系		
其他			

◈ 任务4小结

根据市场调查与预测业务活动顺序,本任务主要是市场调查的方法选择——调查方法的使用。进行市场调查,就必须做市场资料的相关收集工作,为了使收集的资料更加准确、充分和实用,就必须选择相应的市场调查方法。可供选择的市场调查方法有二手资料收集法、访问调查、观察调查和实验调查。

几乎所有的调查活动都首先选择二手资料收集法,这种方法快速、简便,更重要的是它能为后面的抽样调查和实地调查给出一个方向。然而,二手资料会常常出现不适合、不完全可信、有明显纰漏等情况。这时,市场调查人员可以选择替代的方法——访问调查,即通过访谈询问的方式收集第一手资料。在调查活动中,如果需要搜集调查对象主观意识方面的信息资料,则需借助观察调查;如果想了解相互关联的市场现象之间的变化,则需借助实验调查。

在实际调查工作中,我们应该根据实际问题结合每种方法的优缺点做出选择。我们应该认真、细致地完成每一个子任务,只有掌握了每种方法的适用范围、操作要领,才可能开展调查工作。

本任务围绕市场调查方法选择活动必要的程序,设计了各环节操作的专门知识,设置了**重要概念**、**任务资讯**等栏目,体现了对一些重要理论知识的重组。

本任务进程以**任务描述**开始,以**学生自我总结**结束,希望读者在完成**子任务**之后,能够及时进行自我的**任务回顾**,完成更所有任务后,进行自我工作评价。

本任务能力目标:完成本任务后,读者应该能够熟练进行市场调查方法的选择和操作

完成本任务将为**任务5 市场调查问卷的制作**奠定良好的基础。

◈ 重要概念与技能

◇重要概念

二手资料调查　访问调查法　实验调查法

◇**重要技能**

二手资料调查　访问调查　观察调查　实验调查

⊙ 课堂讨论

1. 入户访问的特点。
2. 在拦截访问调查中，调查人员应该怎样做，才能更快地取得被访问者的信任？
3. 如何克服入户访问的困难？
4. 观察法的特点。
5. 实验法的适用范围。

⊙ 课后自测

◇**选择题**

1. 当被调查对象合作率很低，或到陌生的地方收集信息遇到沟通障碍时，适合采用的调查方法是(　　)。

A. 文案调查法　　B. 询问调查法

C. 观察调查法　　D. 实验调查法

2. 直接资料与间接资料相比，(　　)。

A. 直接资料可以节省费用　　B. 直接资料可信程度高

C. 间接资料适用性更强　　D. 收集时间长

3. (　　)是一种间接调查。

A. 访问调查法　　B. 问卷调查法

C. 观察调查法　　D. 市场调查法

4. 观察法的局限性表现在(　　)。

A. 可靠性低　　B. 适应性不强

C. 明显受时空限制　　D. 效率低

5. 下列调查方法中能够实现即时反馈的包括(　　)。

A. 邮寄访问调查法　　B. 入户访问法

C. 留置问卷调查法　　D. 网络调查法

◇**判断题**

1. 实验调查法是一种实地调查法。(　　)

2. 电话询问不适宜调查复杂问题。(　　)

3. 拦截访问可以不设计问卷。(　　)

4. 文献调查法不受调查人员和调查对象主观因素的干扰，反映的信息内容较为真实客观。(　　)

5. 邮寄访问不需要专门进行调查人员的招聘、培训，以及支付报酬，调查的成本不是很高。(　　)

◇简答题

1. 访问人员应该具备哪些素质?
2. 简述文案调查资料的来源。
3. 比较入户访问、电话访问、邮寄访问、拦截访问的优缺点。
4. 简述实验法的工作程序。

◈ 案例分析

案例1:咖啡杯的市场调查

美国一家公司准备改进咖啡杯的设计,为此进行了市场实验。首先,他们进行咖啡杯选形调查,他们设计了多种咖啡杯,让500个家庭主妇进行观摩评选,研究主妇们用干手拿杯子时,哪种形状好;用湿手拿杯子时,哪一种不易滑落。调查研究结果,选用四方长腰果形杯子。然后对产品名称、图案等,也同样进行造型调查。接着他们利用各种颜色会使人产生不同感觉的特点,通过调查实验,选择了颜色最合适的咖啡杯。他们的方法是,首先请了30多人,让他们每人各喝4杯相同浓度的咖啡,但是咖啡杯的颜色则分别为咖啡色、青色、黄色和红色4种。试饮的结果,使用咖啡色杯子的人认为“太浓了”的占2/3,使用青色杯子的人都异口同声地说“太淡了”,使用黄色杯子的人都说“不浓,正好”,而使用红色杯子的10人中,竟有9个说“太浓了”。根据这一调查,该公司咖啡店里的杯子以后一律改用红色。该店借助于颜色,既可以节约咖啡原料,又能使绝大多数顾客感到满意。结果这种咖啡杯投入市场后,与市场上其他公司的产品开展激烈竞争,以销售量比对方多两倍的优势取得了胜利。

阅读以上材料,回答问题:

1. 本案例中应用的是什么调查方法?这种方法有什么优缺点?
2. 这个调查结果可信吗?
3. 如果让你设计调查方案,你有什么好建议?

案例2:观察的效力

美国《读者文摘》曾经报道,恩维罗塞尔市场调查公司有个叫帕科·昂得希尔的人,他是著名的商业密探。在进行调查时,他一般会坐在商店的对面,静静地观察来来往往的行人,与此同时,他的同事也正在商店里进行着调查工作,他们负责跟踪在商品架前徘徊的顾客,主要调查目的是要找出商店生意好坏的原因,了解顾客走出商店以后如何行动,以及为什么许多顾客在对商品进行长时间挑选后还是失望地离开。通过他们的详细调查工作,使许多商店在日常经营过程中做出了多项实际的改进措施。

有一家音像商店由于地处学校附近,大量青少年经常光顾,但销售不好。通过恩维罗塞尔市场调查公司调查,才发现这家商店把磁带放置过高,身材矮的孩子们往往拿不到,从而影响了销售。昂得希尔指出应把商品降低18英寸放置,结果销售量大大增加。

还有家叫伍尔沃思的商店发现其商店后半部分的销售额远远低于其他部分,昂得希尔通过观察,揭开了这个谜:在销售高峰期,在现金收款机前顾客排着长长的队伍,一直延伸到商店的另一端,妨碍了顾客从商店的前面走到后面,针对这一情况,商店专门安排了结账区,结果使商店后半部分的销售额迅速增长。

阅读以上材料，回答问题：

1. 一般音像商店的磁带应该怎样摆放，才能尽可能地“暴露”在各年龄段的消费者面前？

2. 为了减缓人们排长队结账而产生的无聊情绪，商店可以怎样做？

案例3：澳大利亚某出版公司的网络问路

澳大利亚某出版公司计划向亚洲推出一本畅销书，但是不能确定用哪一种语言、在哪一个国家推出。后来决定在一家著名的网站做一下市场调查。方法是请人将这本书的精彩章节和片断翻译成多种亚洲语言，然后刊载在网络上，看一看究竟用哪一种语言翻译的摘要内容最受欢迎。过了一段时间，他们发现，网络用户访问最多的网页使用中文的简化汉字和朝鲜文字翻译的摘要内容。于是他们跟踪一些留有电子邮件地址的网友，请他们谈谈对这部书的摘要的反馈意见，结果大受称赞。于是该出版公司决定在中国和韩国推出这本书。书出版后，受到了读者普遍欢迎，获得了可观的经济效益。

阅读以上材料，回答问题：这里采用了什么调查方法？

⊙ 模拟演练

教师设定调查问题，学生根据调查目标，进行二手资料调查。

[**演练目标**]学会运用二手资料调查方法

[**演练组织**]可以采取分组的办法，3～5人一组。

[**演练要求**]要求学生在调查前选好调查主题、明确调查的主要目标、主要内容和主要调查对象，并且设计相应的调查程序。

[**成果评价**]教师根据下面标准给予学生综合评价：参加程度、完成调查任务量、完成的有效性。

⊙ 学生自我总结

通过完成任务4 市场调查方法的选择，我能够做如下总结：

一、任务概述

本任务的主要内容有：

二、任务定位

本任务在职业活动中的地位：

三、完成任务过程分析

本任务的完成过程是：

四、工作过程要素分析

在本任务的完成过程中：

1. 工作过程要素有：
2. 操作要领有：
3. 这么做的原因有：

五、成果检验

本任务的工作成果：

1. 完成本任务的意义有：
2. 体会的经验有：
3. 自悟的经验有：
4. 形成的策略有：

任务5

市场调查问卷的制作

▷ **任务目标**

▷ 知识目标

1. 了解市场调查问卷的作用；
2. 掌握问卷问题的类型；
3. 掌握问卷问题的编排顺序；
4. 了解量表。

▷ 技能目标

1. 能设计问题与答案；
2. 会对问题进行编排；
3. 能够设计简单量表应答问题；
4. 能整体把握调查问卷设计工作。

▷ **任务分解**

▷ **情境导入**

5.1 问题与答案的设计

5.2 问题编排顺序的设计

5.3 问卷的修订与印制

▷ **任务5小结**

▷ **重要概念与技能**

▷ **课堂讨论**

▷ **课后自测**

▷ **案例分析**

▷ **模拟演练**

▷ **学生自我总结**

◈ 任务分解

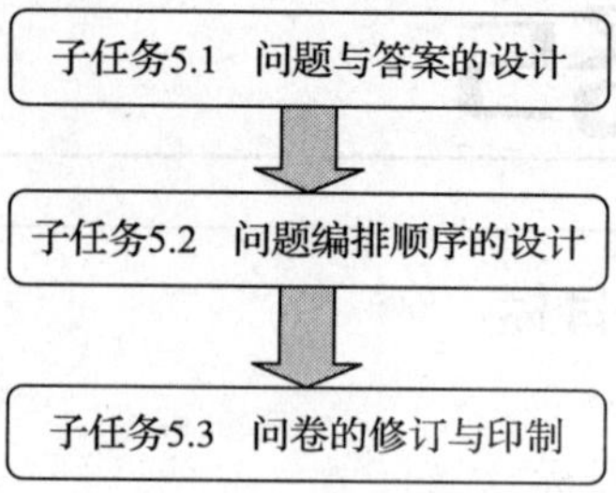

◈ 情境导入

尊敬的读者：当您制订好市场调查企划、选择了适当调查方法之后，即将开始市场调查的资料收集工作。这时，您会感觉庞杂的数据资料需要有一个适当的“框”来装，这个“框”是什么呢？就是数据资料的附着物或载体。市场调查问卷就是收集市场信息、进行数据分析处理的基本思路和重要载体。在数据资料收集过程中，问卷起着核心作用，也是影响数据质量的主要因素，即使说调查问卷决定调查的一切都不过分。问卷设计是一种通过经验而获得的技巧，既有许多科学原理在里面，更多的是一种实践经验的积累。您从事的市场调查与预测活动已经有了一个好的开始！接下来，您将进入一个新的业务操作环节：**市场调查问卷的制作**。

市场调查与预测活动操作的第5步：**市场调查问卷的制作**。为了方便您掌握市场调查与预测活动的基本技能，学会市场调查问卷设计与编排的专业技巧，我们根据实际业务活动顺序，把这一大任务又分为三个子任务，这三个子任务分别是：

问题与答案的设计；

问题编排顺序的设计；

问卷的修订与印制。

您可以按照任务引领，对照学习目标，依次完成各项子任务，直至完成本任务，从而获取制作市场调查问卷的职业活动能力。

5.1　问题与答案的设计

> 任务描述：市场调查问卷由许多问题与答案组成，制作市场调查问卷的首要工作是先有问题，市场调查人员必须根据调查目标要求先设计出相应的问题，再根据信息需求，设计出相应的答案。

通过市场调查方法的选择，我们将数据资料收集方法确定下来，下面即将面临的工作就是开始进行市场调查问卷的设计过程。

重要概念 5-1

问　卷

问卷是指调查者事先根据调查的目的和要求所设计的，由一系列问题、说明以及备选答案组成的调查项目表格，所以又称调查表。问卷调查是调查者依据心理学原理，将精心设计的各种问题全部以询问的形式在问卷中列出来，许多问题还给出了多种可能的答案，供被调查者选择。这种方式有助于被调查者及时、准确地获取调查的内容，领会调查意图，从而能提高调查的系统性和准确性。

在设计问卷之前，市场调查人员应该有一个总体的构思，根据调查目标所需信息要求来进行问卷的设计。首先，应确立调查目标所需信息的大致方向与范围；其次，将调查目标进一步细化为一些项目；第三，根据这些项目所需信息要求设计问题。经过反复讨论修改之后，形成一份市场调查问卷。这样，问卷问题从设计之初就在一个整体的框架统领之下，调查完毕后，回收的问卷信息在整理时，也可以比较顺利地按照原有框架进行编码分组。

问卷设计首先要做的工作就是根据调查目标确定在问卷中使用什么样的问题类型，然后是问题答案的设计。

5.1.1　设计问题

设计问卷问题一定要在分析调查目标要求，确定信息来源与范围的基础上进行，调查问卷设计首先的工作是问题的设计。调查问卷中的问题设计一般根据信息需求有以下一些做法：

1. 设计直接性问题和间接性问题

（1）直接性问题。直接性问题是指通过直接的提问立即就能够得到答案的问题，主要询问的内容是调查对象的基本情况和态度。比如，“您的工作单位”、“您的性别”、“您在平时学习中利用最多的教学媒体是什么？”、“您现在使用的电脑是什么品牌？”等。直接性问题一般都能得到明确的答案，这类问题也很容易做统计分析。它适用于一些事实性问题和可以公开的意见性问题。

设计直接性问题要注意，这些问题可以是一些已经存在的事实或被调查者的一些不很敏感的基本情况。一般来讲，被调查者在应答时不会感觉到难堪、困窘，大都会愿意当面回答这些问题。

例 5-1　直接性问题设计：你的籍贯是哪个省份？

（2）间接性问题。间接性问题指的是被调查者的一些敏感、尴尬、有威胁或有损自我形象的问题。间接提问就是不直接询问调查对象的态度和想法，而是让他回答“其他人的态度和想法是怎么样”的一种提问方式。那些有可能使调查对象产生顾虑，可能不敢或不愿真实表达意见的问题，不能采用直接提问的方式，要采用间接提问的方式。

间接性问题的设计要注意，一般不宜直接提问，而必须采用间接或迂回的询问方式发问，才可能得到答案。这些问题通常是指那些被调查者思想上有顾虑而不愿意或不真实回答的问题。

例 5－2 间接性问题设计：不能直接问“你每月的收入是多少？”

如家庭人均收入、消费支出、婚姻状况、政治信仰等方面的内容，如果不加思考直接询问，可能会引起被调查者的反感，导致调查过程出现不愉快而中断。

2. 设计开放式问题和封闭式问题

（1）开放式问题。开放式问题是指调查者对所提出的问题不列出具体的答案，被调查者可以自由地运用自己的语言来回答和解释有关想法的问题。

例 5－3 开放式问题设计：你认为目前我国高职院校毕业生就业难的主要原因有哪些？

设计开放式问题的优点：比较灵活，能调动被调查者的积极性，使其充分、自由地表达意见和发表想法；对于调查者来说，能收集到原来没有想到，或者容易忽视的资料。同时，由于应答者以自己的角度来回答问题，调查者可以从中得到启发，使文案创作更贴近消费者。这种提问方式特别适合于那些答案复杂、数量较多或者各种可能答案尚属未知的情形。

当然，开放式问题也有缺点：被调查者的答案可能各不相同，标准化程度较低，资料的整理和加工比较困难，同时还可能会因为回答者表达问题的能力差异而产生调查偏差。开放式问卷要求回答者自由发表意见，有详细回答和简略回答的区别，这种方式主要应用于深度调查和直接访问。由于开放性问卷没有备选答案，难做定量统计分析和计算机处理，在样本较多的调查中不宜采用这种设计。

（2）封闭式问题。封闭式问题是指事先将问题的各种可能答案列出，由被调查者根据自己的意愿选择回答。

例 5－4 封闭式问题设计：你购买该款 MP4 的主要原因是什么？

A. 价格便宜　　B. 可以作为 U 盘用　　C. 整机性能良好
D. 售后服务好　　E. 外观造型别致　　F. 性价比高。

封闭式问题的主要优点：封闭式问卷调查方便、快捷，答案比较规范；标准化程度高，回答问题较方便；可以避免无关问题，回答率较高；可节省调查时间，从利于数据统计处理的角度出发，问卷调查多采用此种设计方式。

封闭式问题的主要缺点：被调查者的答案可能不是自己想准确表达的意见和看法；给出的选项可能对被调查者产生诱导；被调查者可能猜测答案或随便乱答，使答案难以反映自己的真实情况。例如，某体育类大众媒体在调查对我国著名跨栏运动员刘翔参加 2008 年北京奥运会比赛的看法时，设计的问题是“你认为刘翔能否获得 2008 年北京奥运会金牌？”备选答案为 A 能；B 不能；C 不知道。很显然，无论统计结果如何，都无法反映大家对该队员评价和态度的具体想法，所以说这种方式是有局限性的。

3. 设计动机性问题和意见性问题

（1）动机性问题。动机性问题是指为了了解被调查者的一些具体行为的原因和理由而设计的问题。

例 5－5 动机性问题设计：你为什么购买某一品牌的运动鞋？

动机性问题所获得的调查资料对于企业制订市场营销策略非常有用，但是收集难度很大。调查者可以将多种询问方式结合使用，尽最大可能将调查者的动机揭示出来。

（2）意见性问题。意见性问题主要是为了了解被调查者对某些事物的看法或想法。

例 5-6 意见性问题设计:你对学校宿舍管理服务有什么意见?

意见性问题在营销调查中也经常遇到,它是很多调查者准备收集的关键性资料,因为意见常影响动机,而动机决定着购买者的行为。

在实际市场调查中,几种类型的问题常是结合使用的。在同一份问卷中,既会有开放式问题,也会有封闭式问题;甚至同一个问题,也可能隶属于多种类型。调查者可根据具体情况选择不同的提问方式和询问技术。

4. 设计量表应答式问题

在问卷中设计量表应答式问题主要是为了对应答者回答的强度进行测量,同时,许多量表式应答可以转换为数字,这些数字可以直接用于编码。另外,量表应答式问题的回答还可以用更高级的统计分析工具进行分析。

例 5-7 量表应答式问题设计:既然您已经试用了该产品,您认为将购买它吗?(选一个)

□肯定购买　　□可能购买　　□也许会购买

□可能不会购买　　□肯定不会购买

量表应答式问题也有缺点,如应答者可能出现误解。问题有时对应答者的记忆与回答能力要求过高。

重要概念 5-2

量　表

在市场调查工作中,经常需要对被调查者的态度、意见或感觉等心理活动进行测定和判别,这些工作需要借助各种数量方法进行度量。量表就是对定性资料进行量化的一种度量工具,即通过一些事先确定的用语、记号和数目,来测量被调查者的态度、意见或感觉等心理活动的程度。它可以对被调查者回答的强度进行测量和区分,而且将被调查者的回答转化为数值以后,可以进行编码计算,便于进行深入的统计分析。

5. 设计二项选择和多项选择问题

(1) 二项选择问题。二项选择法又称是否法或真伪法,它的回答项目非此即彼,简单明了。

例 5-8 二项选择问题设计:您是否购买过笔记本电脑?

□是　　□否

这类问题的答案通常是互斥的,调查结果统计得到"是"与"否"的比例,由于回答项"是"与"否"之间没有任何必然的联系,因此得到的只是一种定性分析,说明不同回答所占比例,比例大的部分影响力和重要性比较大。

(2) 多项选择问题。多项选择问题是指有些问题为了使被调查者完全表达要求、意愿,还需采用多项选择法,根据多项选择答案的统计结果,得到各项要案重要性的差异。

例 5-9 多项选择问题设计:您买电动自行车是因为:

A. 家里经济条件允许　　B. 自己骑着玩、个人娱乐　　C. 送给朋友

D. 上下学骑,代步工具　　E. 气派,赶时髦　　F. 周围同学或熟人有用的

G. 其他(具体写出)

5.1.2 决定问题的用词

不管设计什么样的问题，采用什么样的询问技术，最终都会归结到问题的措辞上。从语言文字表述来讲，问题的用词又有以下要求：

1. 清晰、简明扼要

例 5-10 设计问句语言表述过于专业：某会计师事务所为了提高服务质量，扩大知名度，就本所人员在企业的执业情况派调研人员在客户处进行了调研。问题：请问您对本所人员的外勤业务是否满意？

□满意　　□不满意　　□不清楚

分析提示：会计师事务所将专业人员在客户处进行的执业活动统称为外勤。有些企业员工可能对会计师事务所的外勤、内勤之分并不十分了解，即使给出答案也没有什么实际意义，调查结果显然会出现误差。所以，在决定问题措辞时，应避免使用过于专业的一些术语。

2. 意思明确

例 5-11 语言使用含混：某大学在军训结束后对新生进行了一次入学调研，在设计好的问卷中有这样一个问题：你对我们学校印象如何？

□好　　□不好　　□不了解

分析提示：这样的问题提法过于笼统，意思不很明确，使刚入学的新生不好回答。因为对于新生来讲，学校的第一印象可能来自宿舍条件、就餐环境、社团生活、校园环境等各方面。

3. 避免诱导性或否定式问题

例 5-12 诱导性问题：目前，大多数学生认为，在招聘中应届毕业生因缺乏实际工作经验会遭到歧视，你认为呢？

□是　　□不是　　□不清楚

分析提示：这是一个诱导性问题，问题中已经包含了建议答案或推荐被调查者在该问题应该采取的立场。

例 5-13 否定式问题：你并不认为在行人和机动车发生交通事故时应增加机动车一方的责任吧？

□是　　□不是　　□不清楚

分析提示：这是一个否定式问题，这种否定句提问对被调查者的回答有诱导作用。

4. 不用要求评价或假设性的问题

例 5-14 评价性问题：你每月在文化娱乐方面的消费是多少？

分析提示：这是一个要求总结或评价的问题，作为消费者一般很难在短时间内精确地统计出自己每月文化娱乐方面的消费。

例 5-15 假设性问题： 你毕业后是否会马上选择出国继续深造？

分析提示：作为在校生来讲，这是一个假设性的问题。被调查者可能因假设不成立说不，也可能会选择留在国内工作或继续深造而说不。

任务资讯 5 -1

设计问句应遵循的原则

1. 准确性原则

准确性原则指问卷中的问题和答案要与调查的目标和内容相互吻合,不能离题太远;同时,调查的问题和答案要含义清楚、明确,不能似是而非。如果问句偏离了调查的目标和内容,会降低所收集资料的价值,增加数据处理的难度,会使调查结果产生较大的偏差。

2. 完备性原则

完备性原则指设计的问句应包含所有可能的备选答案,不能有遗漏,这在多项选择和排序法中非常重要。为了防止出现答案不全的情况,通常会在答案的最后一栏列出"其他(请说明)"选项,以穷尽所有的答案。但需要注意,"其他"所包含的不应是普遍性的情况,如果选择的人过多,则说明问卷的设计有问题,应对答案选项进行修改。

3. 互斥性原则

互斥性原则指问句中所列出的答案应互不相容,不能有交叉和重复。这种错误在调查职业、籍贯等问题时经常遇到,如答案设计中有商业人员和售货员、知识分子和教师,这会导致被调查者做出重复的选择,不利于后期资料的统计处理,也会影响调查的效果。因此,在对备选答案进行分类时,调查者切记按同一口径和标准分类,要使答案互斥和无重复。

4. 精简性原则

精简性原则指问卷中所设计的问题和答案要尽量少而精,不能拖得太长。问卷设计过长不仅会增加调查的成本,而且会引起较多的拒绝访问,降低问卷的回收率。同时,问题和答案过长,有时会使被调查者感到厌烦而胡乱做答,增加问卷的差错率。所以,问卷和问句的长度只要能保证收集到重要的资料就可以了,内容不要面面俱到。一份调查问卷的完成时间最好控制在 30 分钟以内。

5.1.3 设计问题的答案

在问卷调查实践中,无论哪种问题类型,都要进行答案设计,尤其是封闭性问题,必须进行全面、系统、详尽的设计,才可以将调查内容准确地传输给被调查者,取得对方的充分合作,使其不带偏见地去回答有关问题。一般较常用的答案设计可以这样操作:

1. 设计二项选择答案

设计二项选择答案时,要求被调查者针对所提出的问题只能从两个答案中选择一项,且这两种答案必须是对立的。

例 5 -16 二项选择答案:你已经考取计算机等级证书了吗?

A. 是　　　　　　B. 否

提示:这样的答案设计态度明朗,利于选择,可以得到明确的回答,能迫使倾向不定者偏向一方,能够在较短的时间内得到答案,统计处理方便;缺点是,不能反映意见的差别程度,调查不够深入,由于取消了中立意见,结果有时不准确。

2. 设计多项选择答案

设计多项选择答案时，要求被调查者针对所提出的问题在两个以上的答案中进行选择。

例 5－17 多项选择答案：你在毕业后选择就业时考虑的主要因素是什么？（应注明选项数量）

A. 工资福利□　　B. 经济发达城市□　　C. 有利于自身今后发展□

D. 专业对口□　　E. 才能得以施展□　　F. 积累社会经验□

提示：多项选择法的优点是可以缓和二项选择法强制选择的缺点，应用范围广，能较好地反映被调查者的多种意见及其程度差异，由于限定了答案范围，统计比较方便。缺点是，回答的问题没有顺序，且答案太多，不便归类，对问卷设计者的要求较高。

3. 设计顺序答案

在设计多项选择答案时，设计人员可以在设计好答案的同时，将应答提示也提供给被调查者，要求被调查者按照自己认为的重要程度进行顺序排序，以此来收集有关市场信息。顺序法包括有限顺序和无限顺序两种。

例 5－18 有限顺序答案：请按重要程度排列出你在购买文具用品时考虑的前三位的影响因素。（　　）

A. 价格　　B. 品牌　　C. 包装

D. 使用方便　　E. 商场促销　　F. 同学推荐

G. 其他

例 5－19 无限顺序答案：请按重要程度排列出你在购买文具用品时考虑的下列的全部影响因素。（　　）

A. 价格　　B. 品牌　　C. 包装

D. 使用方便　　E. 商场促销　　F. 同学推荐

G. 其他

提示：这样的答案设计不仅能够使收集到的信息反映出被调查者的想法、动机、态度、行为等多个方面的因素，还能比较出各因素的先后顺序，既便于回答，又便于分析。但是在实践应用中应注意，被选答案不宜过多，以免造成排序分散，加大整理分析难度；调查内容必须要求对备选答案进行排序时再使用。

4. 设计比较答案

在一些市场调查活动中，需要获取被调查者对同类产品的态度，答案中往往会设计具有可比性的事物，以供被调查者进行比对，并做出选择。

例 5－20 比较答案：请比较下列每一组不同品牌的彩色电视机，那一种你更喜欢使用？（每一组中只选一个）

A. 长虹　海信　　B. 创维　海信　　C. TCL　海信

D. 长虹　创维　　E. TCL　创维　　F. TCL　长虹

分析提示：这种方法采用了一一对比方式，具有一定的强制性，使被调查者易于表达自己的态度。但在实际应用时应注意，比较项目不宜过多，否则会影响被调查者回答的客观性，也不利于统计分析。

任务资讯 5－2

问卷调查的优点

运用问卷调查方式，有利于定量统计分析，提高调查信度。在问卷调查中将主题分解为若干个具体问题，绝大多数问题又提出了备选答案，这种标准化方式有利于将调查内容进行数据统计。问卷调查能将调查对象的基本状况、态度、行为等转化为统计数字，这有利于科学地划分公众类型，对各种公共关系现象的各因素进行相关分析、回归分析，提高调查的客观精度。

1. 使调查活动简单易行，能够将人为因素造成的计量误差减少到最低

问卷提供了标准化和统一化的数据收集程序。它使问题的用语和提问的程序标准化。每一位访问员问完全相同的问题，每一名应答者看到或听到相同的文字和问题。只要被调查者有一定的文化水平和语言表达能力，就能完成问卷。由于此种方法简洁易行，因此问卷调查的适用面非常广泛。

如果不用问卷，而是由访问员和应答者进行口头交流，随感而问，那么，应答者的回答可能受到访问员语调、语速和用词的影响，而不同访问员的提问方式也会不同，导致的结果是所收集的资料精度下降，这会严重影响调查报告的质量。

2. 便于对调查资料进行统计分析，提高了调查结论的科学性

问卷调查的结果统计可以用计算机将每一个被选择的答案进行汇总、归类，大大地方便了数据资料的整理和分析。通过提问和回答的方式，问卷将消费者实际的购买行为体现出来，同时也揭示出了消费者的态度、观点、看法等定性的认识，并将其转化为定量的研究，这样就使得调查人员既了解了调查对象的基本状况，同时，对于跟调查对象有关的各种现象也可以进行相关分析。如果不用问卷，对不同应答者进行比较的有效基础就不存在了，从统计分析的角度看，收集到一大堆混乱的数据也难以处理。所以说，问卷在这里是一种作用非常大的控制工具，它使得数据资料的收集、整理和分析工作变得有章可循。

3. 大大节约了调查时间，提高了作业效率

经过调查人员的工作，许多项目被设计成由被调查者以备选答案的形式回答的问题，调查人员对调查问卷只需稍做解释，说明意图，被调查者就可以答卷。而且一般不需要被调查者再对各种问题做文字方面的解答，只需对所选择的答案做上记号或标识即可。因此，可以节省大量时间，使调查者能在较短的时间内获取更多有用的信息，而且不需要访问人员做大量记录，因此在加快调查进度的同时，调查的内容就更全面、更准确，更能反映出被调查者的意愿。

任 务 回 顾

任务指标	表现要求	已达要求	未达要求
（陈述性）知识	掌握重要概念、特征和意义		
（实践）技能	能进行职业操作活动		
认识整体职业任务	能概述并认识整体职业任务		
认识职业任务的地位	能认识职业任务的上下衔接关系		
其他			

5.2 问题编排顺序的设计

> 任务描述：经过认真研讨，调查人员完成了问题与答案的设计工作，最终要运用科学的方法将它们编排在一起，成为一份完整的市场调查问卷。而在实践中，这些问题的编排需要遵循一定的原则。

5.2.1 确定问题编排原则

市场调查人员将问卷的问题与答案设计好之后，并不是将其随意地编排在一起就成为一份完整的问卷，而应该依据一定的心理学原理和难易顺序对问题进行排列。从问卷的整体结构来讲，问卷中每一部分的位置都具有一定的逻辑性。

5.2.2 问题编排

1. 过滤性问题放卷首，用来识别合格应答者

企业的一些新产品有自己的目标顾客群，市场调查问卷也是一样，只有合格的应答者回答的问卷，才可能对数据收集有帮助。怎样才能识别出合格应答者呢？通常在问卷较前位置设计一些过滤性的问题。

例 5－21 以下是一份关于寻找用手动剃须刀、一周至少刮三次脸的 15 岁以上男性的过滤性问卷。

你好，我是 AA 调研公司的访问员。我们正在对男性进行一次调查，想问您几个问题。

1. 您或您的家庭成员在广告公司、市场调研公司或制造销售修面产品的生产厂家工作吗？

(结束并记录在联系记录单中) 是(　　)

(继续至问题 2) 否(　　)

2. 您多大年龄？您是……(读选项)

(结束并记录在联系记录单上) 15 岁以下(　　)

(继续问题 3) 15～25 岁(　　)

(继续问题 3) 25 岁以上(　　)

3. 您上次修面用的是电动剃须刀还是手动剃须刀？

(结束并记录在联系记录单上) 电动剃须刀(　　)

(继续问题 4) 手动剃须刀(　　)

4. 在过去一周里您刮几次脸？

(如果少于三次，结束并记录在联系记录单上)

(如果多于三次，继续……)

分析：问卷的过滤部分又称甄别部分，主要是先对被调查者进行过滤，筛选掉不合格调查对象，然后有针对性地对特定的被调查者进行调查。通过甄别，一方面可以筛选掉与调查事项有直接关系的人，已达到避嫌的目的；另一方面，确定那些合格的调查对象，通过对其调查，使调查研究更具有代表性。

甄别部分一般包括两个方面：一是看被调查者及家人的工作性质。比如被调查者或其家人如果在广告公司、市场调查公司、咨询公司、媒体或与调查目标相关的行业，一般不属于被调查对象。二是看是否与被调查项目所要求的标准相符。如在上面提问中，如果被调查者年龄为15岁以下，就不属于调查对象。

2. 引发兴趣问题排次位，以便顺利开始访谈

在介绍性引导语和经过滤性问题发现合格的被调查者后，起初提出的问题应当简单，容易回答，令人感兴趣，这样能提高应答者的积极性，有利于他们把问卷答完。如果一开始就用一个收入或年龄问题作为问题发问，应答者会感到具有威胁性，不愿意透露这些个人信息并且立即会处于防卫状态，直接导致对完成问卷失去兴趣。所以，起始问题应易于回答，不需许多事先的考虑。

任务资讯5-3

问卷的结构

从结构来讲，问卷主要包括三个主要部分：介绍部分、问卷主体部分和基础数据部分。介绍部分的主要作用是为了使调查活动获得被调查者的认同，被调查者的资格得到确认，调查活动得以有效展开。因而除了必须具有说服力外，还要提一些识别合格应答者的问题，又称过滤性问题。问卷主体部分包括了各种问题，这些问题中蕴含着大量用以解决市场营销中存在问题的信息，问题的具体内容应与被调查对象所具备的知识背景相一致，主要目的是为了提高调查结论的有效度。基础数据主要指被调查者的重要信息。主要作用是为了了解被调查者的人口统计特征以及有关生活方式和心理测量方面的问题，以方便后期分析。

3. 正式提问开始，先排一般性问题

"热身"问题之后，问卷应当按一种逻辑形式进行。接着开始编排一般性问题，使人们开始考虑有关概念、公司或产品类型，然后再问具体的问题。

例5-22 有关洗发水的一份问卷是这样开始的，"在过去的6个星期里，你曾经购买过洗发水、护发素和定型剂吗？"促使人们开始考虑有关洗发水的问题；然后，再问有关洗发水的购买频率，在过去3个月里所购的品牌，对所购品牌的满意程度，再购买的意向，理想洗发水的特点，应答者头发的特点；最后是年龄、性别等人口统计方面的问题。

以上例子中的问题的编排是有逻辑性的，促使消费者跟着问卷考虑洗发水并以个人资料结束。逻辑清晰的问题编排，再加上适当的访问技巧，应答者对提问就不会有太多反感，双方的融洽关系也能很快建立起来。最终应答者也会认识到，这肯定是对信息的合理要求，不是为了推销产品，由此而建立起信任，并且愿意提供个人信息。

4. 需要思考的问题放在问卷中间

调查开始，应答者对调查的兴趣与理解是含糊、浅显的，一些能够培养应答者兴趣的问题为访问过程提供帮助。特别是当调查人员转到量表应答式问题时，应答者往往会受到鼓励去理解回答的类别与选择，以便从中找到合适的答案。另外，经历较长时间的答题后，一些相关问题需应答者来回忆，这时，应答者已建立起来的回答兴趣，以及与访问员形成的融洽关系，就成了这部分访问回答的重要保证。

5. 在关键点插入提示

有时候,由于访谈时间长或应答者有急事的原因,回答问题的兴趣会出现下降,优秀的访问人员能及时发现并努力重新培养起应答者的兴趣。当然,这样的情形在问卷设计时就应该考虑到。在设计与编排问卷的时候,在问卷的关键点插入一些简短、鼓励的话语,通常是吸引应答者保持兴趣或重新培养应答者兴趣的重要手段,如“下面没几个问题了!”、“下面会更容易些!”。另一方面,作为下一部分内容的介绍,可以插入“既然您已帮我们提出了以上的意见,想再多问一些问题”这样的语句,为后面的提问做好铺垫。

6. 把敏感性问题、威胁性问题和人口统计问题放在最后

正如前面所提到的,当调研目标要求应答者回答一些感到为难的问题时,可以把这些问题放在问卷最后。这样做可以保证大多数问题在应答者出现防卫心理或中断应答之前得到回答。并且,此时应答者与访问者之间已经建立了融洽的关系,增加了获得回答的可能性。把敏感性问题放在结尾的理由是应答模式已经重复了许多次,访问人员问一个问题,应答者答一个,此时问及尴尬性问题,应答者会条件反射地做出回答。

任务资讯 5-4

问卷中问题编排的一般原则

心理学研究表明,问题排列的前、后顺序有可能影响被调查者的情绪。同样的题目,安排得合理、恰当,有利于有效地获得资料。编排不妥当,可能会影响被调查者做答,影响问卷的回收效率,甚至影响调查的结果。在设计问卷时,应站在被调查者的角度,顺应被调查者的思维习惯,使问题容易回答。下面是问题编排的一般原则。

1. 问卷中问题的排序应注意逻辑性

问题的编排应该注意尽量符合人们的思维习惯,这样才可能使调查有一个良好的开端。如果未加仔细考虑,问题排序杂乱无章,让人思维空间变幻过快,心理上会产生明显的反差,这就会影响被调查者回答问题的意愿,不利于其对问题的回答。所以,一般当面访问时,开头应该采用简单的开放式问题,先造成一个轻松、和谐的谈话氛围,使后面的调查能够顺利进行。采用书面调查时,开头应是容易回答的、具有趣味性的一般性问题,需要思考的核心调查内容放在中间部分,专门或特殊的问题放在最后。

2. 问卷中问题的排序应该先易后难

一般性问题的最先出现可以使人们开始考虑有关概念、公司或产品类型,然后再问具体问题。即将容易回答的问题放在前面,难以回答的题目放在后面,问卷的前几道题容易做答能够减少应答者的反感情绪,提高其积极性,有利于建立起一种融洽关系。如果一开始就让他们感到费力,容易使他们对完成问卷失去兴趣。

一般对公开的事实或状态的描述简单一些,因此放在问卷的较前面位置,而对问题的看法、意见等需要动脑筋思考的问题,应放在问卷稍后一点的位置。

从时间的角度来考虑,最近发生的事情容易回想,便于做答,因此放在问卷前面一点的位置。过去发生的事情,由于记忆容易受到干扰,不容易回想,因此放在问卷较后一点的位置。例如,可先问“您现在使用的是什么牌子的牙膏?”然后再问“在使用这种牌子的牙膏之前您使用过什么品牌?”

3. 一些特殊问题置于问卷的最后

许多特殊问题如收入、婚姻状况、政治信仰等一般放在问卷的后面，因为这类问题非常容易遭到被调查者的拒答，从而影响回答的连续性。如果将这类问题放在后面，即使这些问题被拒答，其他的前面问题的回答资料仍有分析的价值。并且，此时应答者与访问者之间已经建立了融洽的关系，被调查者的警惕性降低，有助于提高回答率，从而增加了获得回答的可能性。

复杂的开放性问题一般需要较长时间来回答，通常情况下，一般的被调查者是不愿意花太多的时间来完成一份问卷的。如果将复杂的开放性问题放在问卷前面的位置，会使被调查者觉得回答问卷需要很长时间，从而拒绝接受调查。所以，复杂开放性问题一般放在后面，即使不做答，也不至于影响了其他问题的回答价值。

任务回顾

任务指标	表现要求	已达要求	未达要求
(陈述性)知识	掌握重要概念、特征和意义		
(实践)技能	能进行职业操作活动		
认识整体职业任务	能概述并认识整体职业任务		
认识职业任务的地位	能认识职业任务的上下衔接关系		
其他			

5.3 问卷的修订与印制

任务描述：一份经科学组织与编排的市场调查问卷初稿完成之后，还应该对问卷进行一系列的讨论与修正，在此基础上，调查人员还应该注意排版、印刷的质量，最后才能成为正式运用的问卷。

一份问卷草稿组织编排好之后，问卷设计人员应与其他调查人员应做一些综合性研讨，以便修正问卷中不妥当的地方。一般情况下，这一步是必不可少的。

5.3.1 修订问卷

问卷修订包括以下工作：

1. 检查问卷中的问题是否必要

问卷设计人员必须保证有足够数量和类型的问题包含在问卷中，以满足管理者决策的信息需求。每个具体的调查目标都应该有相应的提问，不能遗漏。而且，每个问题必须服从一定的目的。要么它是过滤性的，要么是培养兴趣的，要么是过渡用的，要么直接地或清楚地与所陈述的特定调研目标有关。如果问题不能达成上述目的中的一个，就应当删去。

2. 看问卷是否太长

研究者应该利用志愿人员充当应答者以判断回答的时间。尽管没有严格规定，但完成问卷花费的时间尽量取5次最短时间的平均数。

在拦截或电话调查中使用的问卷如果访问长度超过20分钟，应当考虑删减。如果有比较有吸引力的刺激物，问卷可稍微长一些。入户访问如果长度超过45分钟，也应当提供给应答者比较有吸引力的刺激物。一般的刺激物有电影票、钢笔、铅笔盒、现金或支票。使用刺激物实际上经常可以降低调查成本，因为回答率会增加。

3. 邮寄和自填式问卷的外观要求美观

由应答者自行填写的问卷外观是决定回答率的一个重要因素。邮寄和自填式问卷是由被访者自己填写的，问卷的外观是影响被访者是否填写的一个重要因素。问卷看上去尽可能规范，应当用高质量的纸印刷，长度超过4页的应装订成册。

任务资讯5-5

调查问卷的类型

1. 自填式问卷和代填式问卷

自填式问卷是指向被调查者发放，并由被调查者自己填写答案的问卷。这种问卷适合于在面谈调查、邮寄调查、网络调查及媒体发放的问卷调查时使用。代填式问卷是指向被调查者进行询问，由调查人员根据被调查者的回答代为填写答案的问卷。这种问卷适合于在面谈调查、座谈会调查和电话调查中采用。

2. 结构式问卷和开放式问卷

结构式问卷又称封闭式问卷，是指问卷中不仅设计了各种问题，还事先设计出一系列各种可能的答案，让被调查者按要求从中进行选择。这种问卷适合于规模较大的调查。开放式问卷又称无结构式问卷，是指问卷中只设计了询问的问题，不设置固定的答案，被调查者可以自由地用自己的语言来回答和解释有关想法。

3. 传统问卷与网络问卷

传统问卷是指目前在一些传统方式（如面访调查、邮寄调查、电话及媒体刊载问卷）进行的调查中仍在大量使用的纸质问卷；网络问卷是指随着电子计算机和互联网技术的发展而出现的，网上调查所用的无纸化问卷。

4. 问卷版面安排应该规范

问卷四周应留有足够的空白，行与列间不应太紧凑，以便访问人员或应答者选择适当的行或列。如果把许多东西挤到同一页上，问卷就会看上去繁杂、难度大。拥挤的问卷也会对人们参与调研的意愿产生不利的影响。

开放式问题应给回答者留下足够的空间，否则，得不到多少信息。一般来讲，一个开放式问题应留有3~5行。调研人员要根据问题需要回答的详细程度来决定留下多少空间。

另外，还要考虑问卷的着色编码、字体。如果调查项目以访问特定群体的应答者为基础，则需要对问卷进行着色编码。例如，一球拍制造商将一种球拍样品（用一种新合金制成）分发给300个至少每周进行两次球类运动的人。抽样包括3组，每组100人，即羽毛球运动员、网球运动员和乒乓球运动员。尽管调查的目的在于球拍样式，问题却因运动项目不同而有所变化，为了避免访问员混淆，可以将网球问卷设计成绿色，羽毛球问卷设计成蓝色，乒乓球问卷设计成白色。

为了清晰表明哪部分是问题、哪部分是说明，应该用有区别的字体，以提醒访问员和应答者在访谈时注意。

5. 进行问卷的预测试与修正

设计人员将问卷草稿设计完成后，应散发给一些相关管理部门，如调查公司的一些部门经理，他们在审核过程中可能会增加一些新的信息，促进问卷更加完美。问卷获得管理层的最终认可后，还必须进行预先测试。在没有进行预先测试前，不应当进行正式的询问调查。此外，预先测试不是一名调研员向另一名调研人员实施调查，而是让最终将进行实地调查的、最优秀的访问人员对调研的目标应答者实施调查。通过访问寻找问卷中存在的错误解释、不连贯的地方或不正确的跳跃模式，为封闭式问题寻找额外的选项以及应答者的一般反应。预先测试也应当以最终访问的相同形式进行。如果访问是入户调查，预先测试也应当采取入户的方式。

对于测试取得的数据，研究人员应当考虑编码和制表。数据应当制成表格的形式，并尽可能进行一些常规的统计分析，这样研究人员对研究将产生的结果以及是否能回答调研目标有一个大概了解。测试完成后，任何需要改变的地方应当进行切实修改。在进行实地调研前应当再一次获得各方的认可。

任务资讯 5－6

调查问卷的复核

问卷的语句设计要围绕主题，词语要确切，避免使用比较笼统的、含糊不清的词语和句子。看似精彩实际脱离主题的问题对调查没有意义。如果问题过于笼统，被调查者就会因各自理解不同而使答案五花八门。例如，“你对某大学的印象如何?”有人可能从学术角度回答，有人可能从校园建筑角度回答，也有的人可能从专业设置等其他角度回答。有些问卷设计的概念容易引起歧义。比如，“文化程度”既可以理解为最后学历，也可以理解为当前的实际文化知识水平。尽量避免使用不确切的形容词做限定，例如，“你是否经常购买新书?”被调查者不知是指一个学期还是一个学年，应该这样问：“你上学期共买了几本新书?”

问卷设计要避免使用诱导性的词语，以免影响被调查者的真实看法和认识。所谓诱导性是指在问卷提问中包含着引导答题倾向的明显暗示，例如，“你认为代表现代教育发展新趋势的远程教育是否在我省当前的高校扩招中发挥着重要作用?”其后果很可能是被调查者顺从问卷的暗示结论，因为他按照引导词就可以得出逻辑结果。诱导性问题的要害是让调查对象产生顺应反应，特别是对一些敏感性问题的调查，由于引导性的提示，被调查者不敢表达自己的真实看法，使调查失去意义。

问卷的几个答案相互间不能包容或交叉，必须是相互排斥的。比如，“教师”和“副教授”这两个概念就不像男、女的概念那样泾渭分明，而出现了交叉。采用同层次分类和标准统一是使两个答案互斥的重要方法，例如，“教授、副教授、讲师、助教”是按职称的同一标准划分；“运动员、教师、公务员、工人、农民”是按职业的同一标准划分。再如，“你认为最适合采用多媒体教学手段的内容是什么?”这样的问题在进行答案设计时，可以将“内容”限定在一定的层次上,譬如是课程的层次,可供选择的答案设计就列出数学课、语文课、物理课、化学课、地理课等。

问卷中的答案设计应包含所有回答内容,能够穷尽各式各样的所有项目。就是说,应将调查对象可能回答的所有答案都设计在问卷中,否则有些人将无法选择符合自己观点的答案。比如,在“某单位科技人员学历情况的调查”中,若只设计了大专、本科、研究生三个答案,如有高中学历的人就无法填答。有的人就把“研究生”只理解为硕士,其实,研究生在我国分两个层次,即硕士研究生和博士研究生,只设计研究生一栏,显然没有区别了其中的两个层次,是不合适的。有的问题比较复杂,所列答案难以穷尽。例如,“您到×××药店购药的最主要原因是什么? A 价格相对便宜;B 营业员服务热情;C 药店的药品质量有保证;D 在家附近购买比较方便。”从设计的四个答案看,调查者显然是想从中进行比较,但是,如果消费者是因这四项之外的购药原因怎么办呢? 为了防止出现列举不全的现象,可在四个答案之外再设一项“E 其他”,以此来囊括所有未尽原因。

在对定距、定比问题的答案设计中,也存在类似情况。比如,“你的月收入是多少?”列出的备选答案是“A 500 元;B 800 元;C 1 000 元;D 1 300 元;E 1 500 元;F 2 000 元”,答案已分成 6 档,仍不能涵盖所有的内容,挣 400 元、2 500 元和 3 000 元的大有人在。另外,问卷设计的档次不宜过多、过宽,以免造成问卷容量太大。档次设计要考虑多数人的主体情况,各个档次之间的数字要衔接吻合,避免重叠和中断,对个别情况可采取“A 500 元以下”、“F 3 000 元以上”的答案设计来解决。

最后,还要避免出现断定性的问题。例如,“你每天上网多长时间?”单独提这样一个问题即为断定性问题。先断定了调查对象每天上网,如果调查对象根本没上过网,就无法回答。避免这类情况的办法是,对定类问题进行多级分类列举,先设问“你上网了吗?”答案分成“是”、“否”,对回答“是”的调查对象继续提问“每天上网多少时间?”

5.3.2 印制装订问卷

问卷在印制装订时,调查人员应该将问卷的空间、数字、编码等安排好,并且监督打印、校对,直至装订。

1. 设计制作版面,完成版面的编排

调查人员应该根据调查主题要求和调查对象特点,将问卷设计为不同的版面形式。有的可以生动活泼,有的可以朴素严谨。

2. 印刷装订问卷

有的时候,印刷装订问卷工作会委托给专门的文印公司进行,调查人员应该明确讲解印制和印刷工艺要求,并认真做好校对工作;自行印制问卷的,要有专人负责文字录入、排版、印制、装订成册的一系列工作,以保证在问卷制作环节不出或少出差错。

问卷只有做到印刷精良、美观大方,才能引起被调查者的重视,才能充分实现调查问卷的功能和作用。

任务资讯 5－7

量表的分类

目前市场调查中常用的量表主要有以下几种：① 评比量表。评比量表是比较常用的一种定序量表，调查者在问卷中事先拟定有关问题的答案量表，由回答者自由选择回答。例如，A. 很好　B. 较好　C. 一般　D. 较差　E. 很差。一般情况下，选项不应超过 5 点，否则普通应答者可能会难以做出选择。② 矩阵量表。矩阵量表又称语义差异量表，是用成对的反义形容词测试被调查者对某一事物的态度。在市场调查中，它主要用于市场与产品、个人及集体之间的比较，人们对事物或周围环境的态度的研究。具体做法：在一个矩阵的两端分别填写两个语义相反的术语，中间用数字划分为 7 个等级，由回答者根据自己的感觉在适当位置画上记号。③ 李克特量表。李克特量表是李克特于 1932 年提出的，也是运用非常广泛的量表。它要求被调查者表明对某一表述赞成或否定，回答者将赞成和不赞成分成若干等级，以区别它们的态度。

任务回顾

任务指标	表现要求	已达要求	未达要求
（陈述性）知识	掌握重要概念、特征和意义		
（实践）技能	能进行职业操作活动		
认识整体职业任务	能概述并认识整体职业任务		
认识职业任务的地位	能认识职业任务的上下衔接关系		
其他			

◈ 任务 5 小结

根据市场调查与预测业务活动顺序，本任务主要是市场调查重要载体——调查问卷的设计与制作。问卷在数据收集方面有不可替代的作用，问卷设计工作自然就非常重要，可以说，问卷设计与编排的好坏直接关系到调查结论的客观性与科学性。

多种数据收集方式下都可能用到问卷，通过设计问题与答案，进行科学编排与组织之后，一份完整的市场调查问卷初稿就出现在了我们面前。为了达到调查目标，还应该对问卷进行一系列的试用及修改，直至取得多方面的认可。这样一份问卷才能新鲜出炉，真正用于市场调查实践。了解了市场调查问卷的重要作用，我们应该认真、细致地去完成每一个子任务，也只有掌握了调查问卷的设计与编排，才能开始有目的的数据收集工作。本任务围绕市场调查问卷设计与编排活动必要的程序，设计了各环节操作的专门知识，设置了**重要概念**、**任务资讯**等栏目，体现了对一些重要理论知识的重组。

本任务进程以**任务描述**开始，以**学生自我总结**结束，希望读者在完成**子任务**之后，能够及时进行自我的**任务回顾**，做好自我的过程性评价，在完成所有子任务后，进行自我工作评价。

本任务能力目标：完成本任务后，读者应该能够熟练进行市场调查问卷的制作。

完成本任务将为**任务6 市场调查工作的组织**奠定良好的基础。

◇ 重要概念与技能

◇重要概念

问卷　　量表

◇重要技能

问题编排

◇ 课堂讨论

1. 如何理解问卷在资料收集过程中的作用？
2. 讨论开放式问题和封闭式问题的优、缺点。
3. 在实践调查活动中，哪些因素会影响问卷类型的确定？
4. 基础数据会对问卷的后期分析有哪些影响？
5. 调查问卷在制作环节应考虑哪些因素？

◇ 课后自测

◇选择题

1. 自填式问卷是指向被调查者进行询问，由被调查者自己填写答案的问卷。这种问卷适合于(　　)时使用。

A. 面谈调查　　B. 邮寄调查　　C. 网络调查　　D. 电话调查

2. 问卷中所要调查的问题可分为(　　)。

A. 事实、行为方面的问题　　B. 观点、态度等方面的问题

C. 未来的可能行为　　D. 动机方面的问题

3. 在问卷设计实践中，往往要求设计者注意(　　)方面。

A. 用词必须清楚、简洁　　B. 选择用词应避免对被调查者的诱导

C. 应考虑到被调查者回答问题的能力　　D. 应考虑到被调查者回答问题的意愿

E. 避免所提出的问题跟答案不一致

4. 你认为在今后人民币的升值幅度将：

□ 加快　　□ 趋缓

以上问题属于(　　)。

A. 开放式问题　　B. 多项式选择问题

C. 二项选择问题　　D. 比较式问题

◇判断题

1. 问卷中问题与答案的设计应该生动、新颖，以吸引被调查者的注意，有时为了使其配合调查，可以将问句偏离调查目标与内容。　　(　　)

2. 为了保证收集到重要资料，问卷设计一定要面面俱到。时间控制在至少30分钟以上。（　）

3. 问卷中的一些词汇，如“经常”、“通常”等已经成为人们有较大共识的词语，可以在设计时大量采用。（　）

4. 在现实生活中，许多人认为年龄、收入、受教育程度等都属于个人隐私，不愿意真实回答，所以在设计问卷时可以把这些问题省略，以免影响整个回答的真实性。（　）

5. 对于被调查者不清楚的某些问题，调查人员可以适当加以提示，以引导被调查者完成调查来迅速达到调查目标。（　）

◇简答题

1. 简述问卷的基本结构。

2. 问卷设计的步骤有哪些？

3. 问卷中问题的排序应注意什么？

4. 问卷的外观设计由哪些要求？其主要目的是什么？

5. 为什么对严格按照程序设计好的问卷还要进行检测与修正？可不可以省略？

◈ 案例分析

案例1：北京市中、高档商品房需求调查表

被调查者电话________

调查员姓名__________　调查日期__________

调查开始时间__________调查结束时间____________

问卷审核日期____________

被调查者所在区：□崇文区　□朝阳区　□宣武区　□东城区　□西城区　□海淀区　□丰台区　□石景山区

过滤性问题

请问我能否和您或您家里任何30岁以上的成年人通话吗？

□可以　　　（继续访问）

□不可以　　（停止访问）

请问您的配偶是否购买了有完全产权的中、高档商品房？

□是　　（跳至Q16）；

□不是　（停止访问）

请问您是否在两年内计划购买具有完全产权的中、高档商品房？

□是　　（继续访问）

□不是　（停止访问）

问卷主体

（提请调查员注意：Q1～Q14是对意向购买者的提问，Q15之后是对已购者的提问）

Q1：北京的房地产公司中你听说过的有哪些？（请说出至少三个）

□____________

□____________

□__________

Q2：下面是北京一些较知名的商品房小区名单，请问您听说过的都有哪些？

□今典花园

□万泉新新家园

□嘉慧园

□曙光花园

□冠城园

□现代城

□京华豪园

□其他__________(请注明)

Q3：您是通过何种渠道了解商品房消息的？

□报纸

□杂志

□互联网

□朋友介绍

□电视

□房展会

□广播

□其他__________(请注明)

Q4：目前已推出的商品房对你的购买力来讲

□很高

□有些高

□适中

□有些低

□很低

Q5：您认为商品房价格趋势将会怎样？

□会上升

□变动不大

□会下跌

□说不清楚

Q6：您购房所能承受的总价格是__________万元。

Q7：您希望选择的付款方式为

□一次性付款

□分期付款

□小于5年的银行贷款

□10年的银行贷款

□15年的银行贷款

□15年以上的银行贷款

Q8：您若购房，最希望选择的地段是

□东城区

□西城区

□崇文区

□丰台区

□海淀区

□宣武区

□朝阳区

□石景山

Q9：您心目中预期购买商品房的建筑面积是__________平方米。

Q10：您预期购买商品房的户型是______室______厅________卫。

Q11：您预期购买的商品房楼型是

□多层

□高层

□复式结构

□别墅式

Q12：您购房的目的是为了

□投资

□自用

□为家人购买

□其他____________（请注明）

Q13：您购置商品房所考虑的前三位最重要的因素是

第一因素____________；

第二因素____________；

第三因素____________。

Q14：您在购买商品房时所希望的装修标准是

□毛坯房

□初装修

□厨卫精装

□全部精装

Q15：您购买商品房所期望的是

□期房

□现房

（访问员注意，意愿购房者回答完 Q15 后跳至 D1 个人部分，Q16～Q26 仅对已经购置商品房者提问）

Q16：您目前所在的商品房小区是____________。

Q17：您当时购置商品房所考虑的前三位最重要的因素是

第一位因素________________；

第二位因素________________；

第三位因素________________。

Q18：您购买商品房的价格是________。
Q19：您购置的商品房付款方式为
□一次性付款
□分期付款
□小于5年的银行贷款
□5年的银行贷款
□10年的银行贷款
□15年的银行贷款
□15年以上的银行贷款
Q20：您购买商品房的总建筑面积是________平方米。
Q21：您家的房屋户型是____室____厅_____卫。
Q22：您购买商品房的楼型是
□多层
□高层
□复式
□别墅式
Q23：您购房的目的是为了
□投资
□自用
□为家人购买
□其他
Q24：您在最近的两年内会不会再购买商品房？
□会
□不会
Q25：您对您小区的物业管理满意度
□很满意
□满意
□稍满意
□无所谓
□稍不满意
□不满意
□很不满意
Q26：您所购买的商品房房价相对您的购买力来说
□很高
□有些高
□适中
□有些低
□很低
Q27：您认为商品房今后两年的价格趋势是

□会上升
□变动不大
□会下跌
□说不清楚
个人及家庭背景
D1：您的年龄是____岁。
D2：您的性别是
□男
□女
D3：您的婚姻状况是
□已婚
□未婚
□离婚
□分居
□丧偶
□其他
D4：您的家庭有几口人？
□一人
□二人
□三人
□四人
□四人以上
D5：您的职位是
□董事长
□部门主管
□总经理/副总经理
□市场营销/销售总监
□财务总监/总会计师
□专业人士
□行政经理/人力资源经理
□其他____________（请注明）
D6：您工作单位的地点是
□东城区
□西城区
□崇文区
□丰台区
□海淀区
□宣武区
□朝阳区

□石景山区

D7：您的教育程度是

□研究生及以上

□大学本科

□大学专科

□高中

□中专

□初中

□小学毕业及以下

D8：您的家庭年收入为

□1 万～3 万(含 3 万元)

□3 万～5 万(含 5 万元)

□5 万～7 万(含 7 万元)

□7 万～9 万(含 9 万元)

□9 万～11 万(含 11 万元)

□11 万～13 万(含 13 万元)

□13 万～15 万(含 15 万元)

□15 万～20 万(含 20 万元)

□20 万元以上

□不知道/拒答

D9：您是否有供自己自由支配的汽车？

□是

□否

(资料来源：雷培莉. 市场调查与预测. 北京：经济管理出版社，2004.)

以上是一份对北京市中、高档商品房需求调查的模拟问卷，仔细阅读后回答以下问题：

1. 请你概括这份问卷的调查目标。

2. 这是一份自填式问卷还是访问式问卷？

3. 你认为问卷中对访问员的提醒有必要吗？为什么？

4. 问卷中还有哪些方面的问题设计得不完善？为什么？

5. 结合所学，你认为还有需要补充的问题吗？如有，请补充完整。

案例 2：读者基本情况调查问卷

我们期待您填写的登记卡，您的回答将严格保密并进入读者数据库。届时，您可在邮购图书时得到优惠(不但可免邮寄费，更可享受书价九折优惠)。您对所购书籍有任何意见，请另附纸张一并寄给我们公司，我们将十分感谢！

请在您选中答案的方框内打"√"，或将您的答案填在横线上：

1. 姓名________

2. 性别：□ 男　□女

3. 年龄：________岁

4. 您所在单位的行业：□制造业 □咨询业 □金融业 □服务业 □商业 □机关 □教育

5. 您的职位：□总经理 □营销总监 □部门经理 □职员 □教师 □公职人员 □学生 □其他

6. 您单位的(成)员工数：□100 人以下 □100 ~ 500 人 □500 ~ 1 000 人 □1 000 ~ 5 000 人 □5 000 人以上

7. 您的收入：每月________元人民币

8. 文化程度：□高中 □大专 □本科 □硕士 □博士

9. 通讯地址：____________________

邮政编码：________________

10. E-mail 地址：________________________

11. 您购买的书名：________________________

12. 您是怎样知道这本书：□别人介绍 □在书店看到 □杂志 □网络 □报纸 □培训班购买 □其他

13. 您认为这本书的质量怎么样？□好 □中 □差

14. 请在以下几个方面予以评价：

	很好	好	一般	不太好	差
(1) 理论、专业水平的角度	5	4	3	2	1
(2) 实用、可操作性的角度	5	4	3	2	1
(3) 内容新颖、创新的角度	5	4	3	2	1
(4) 文笔、案例生动的角度	5	4	3	2	1
(5) 印刷、装帧质量的角度	5	4	3	2	1

以上是我们最常见的问卷，仔细阅读后回答以下问题：

1. 问卷中问题的排序有无不当之处？

2. 问卷中一些问题的措辞有无不当的地方？怎样改正？

◇ 模拟演练

自己设计两个开放问题和两个封闭问题来检测所在城市的人们对某一品牌的小排量汽车的态度。

[**演练目标**]问题的设计。

[**演练组织**]学生分组设计不同问题。

[**演练提示**]实地了解汽车销售情况，随机访问消费者。

[**成果评价**]各组展示，教师讲评。

◇ 学生自我总结

通过完成任务5 市场调查问卷的制作，我能够做如下总结：

一、任务概述

本任务的主要内容有：

二、任务定位

本任务在职业活动中的地位：

三、完成任务过程分析

本任务的完成过程是：

四、工作过程要素分析

在本任务的完成过程中： 1. 工作过程要素有： 2. 操作要领有： 3. 这么做的原因有：

五、成果检验

本任务的工作成果： 1. 完成本任务的意义有： 2. 体会的经验有： 3. 自悟的经验有： 4. 形成的策略有：

任务6

市场调查工作的组织

▷ **任务目标**

▷ 知识目标

1. 了解抽样调查的基本概念；
2. 认识抽样的作用；
3. 识记市场调查人员培训的内容；
4. 认识市场调查项目管理工作。

▷技能目标

1. 能组织简单的抽样工作；
2. 会组织调查人员培训；
3. 能管理简单调查项目。

◇ 任务分解

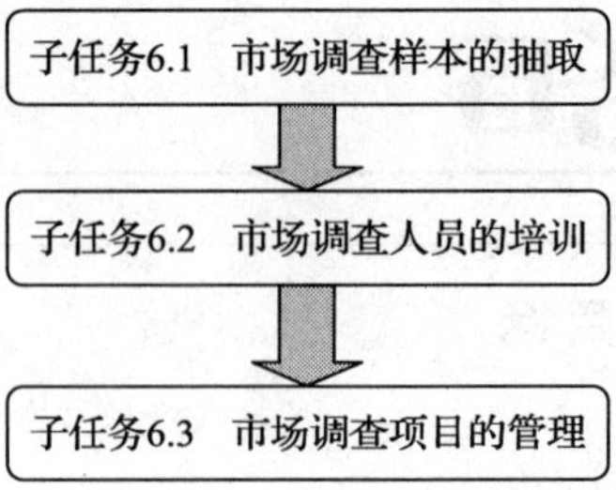

◇ 情境导入

尊敬的读者:您已经制订好市场调查企划、选定了适当的调查方法,制作好调查问卷,即将开始市场调查的资料收集工作。这时,就应该抽取调查样本,培训相关调查人员,开始调查资料的收集工作。如果说,前面的一系列工作是由调查公司经理层面的人来完成的,那么,根据项目大小,收集数据资料这项工作还需要一个工作组来配合完成。通常情况下,市场调查公司不可能自己拥有调查所需的全部工作人员,一些具体的调查活动往往需要临时向社会招聘大量的访问人员,一些大专院校的大学生常常是这一人群的主力。招聘到访问员后,市场调查公司往往会安排一些业务技能方面的培训,以使这些访问人员尽快走上工作岗位。调查项目组中,人员的组成、专业技能、职业道德等因素将决定资料收集工作的成效。接下来,您将进入一个新的业务操作环节:**市场调查工作的组织**。

市场调查与预测活动操作的第 6 步:**市场调查工作的组织**。为了方便您掌握市场调查与预测活动的基本技能,学会组织管理市场调查工作的专业技巧,我们根据实际业务活动顺序,将组织实施市场调查这样一个业务活动过程又分为三个子任务,这三个子任务分别是:

市场调查样本的抽取;

市场调查人员的培训;

市场调查项目的管理。

您可以按照任务引领,对照学习目标,依次完成各项子任务,直至完成本任务,从而获取组织市场调查工作的职业能力。

6.1　市场调查样本的抽取

> 任务描述:在市场调查活动中,由于时间、财力、物力等的限制,不可能进行全面调查,通常采用抽取合适样本的方法,对其进行访问、观察或实验,进而通过对样本的调查结果来推断总体的情况。

6.1.1　认识抽样

如果我们是一家玻璃器皿制造企业,为了检验最新一批产品的质量,我们总会从中选取几只,然后打碎,来进行抗震性试验。需要注意的是,我们只打碎几只,就可以推断出这一批产品的整体质量水平,而不是全部打碎,来进行验证。这就是抽样调查的现实应用。

市场调查人员在运用访问法收集调查资料之前,也需要通过抽取样本来确定被访问对象;同样,在运用观察法、实验法进行调查资料的收集时,也需要通过抽样的方式来选定观察对象或实验对象。因此,在正式开始调查数据资料收集之前,市场调查人员应该根据抽样设计方案,抽取调查样本。

重要概念

抽 样 调 查

抽样调查是一种非全面调查,它是从全部调查研究对象中,抽选一部分单位进行调查,并据此对全部调查研究对象做出估计和推断的一种市场调查设计方法。

1. 选择抽样调查的原因

在理论上,市场调查若能采用普查法,那么结果是最准确的。但普查法一般只能适用于小型母体的市场调查。对于大型母体的调查,从时间、财力、组织上都适宜采用抽样法。因此,市场调查多数采用抽样调查。

2. 选择抽样调查法的情形

(1) 不可能进行全面调查的对象,只能采用抽样调查。如具有破坏性或损耗性的产品质量检验,家用电器的耐用性试验,灯泡的使用寿命测量,汽车轮胎耐磨性试验,新药疗效检验,产品的消费者测试,等等,都需要采用抽样调查。

(2) 不必要进行全面调查的对象,采用抽样调查。如消费者需求潜力测定、广告效果测试、产品市场研究、顾客满意度研究等大都采用抽样市场调查获取所需要的信息。

(3) 可做全面调查的对象,为了节约人力、物力和调查费用等,也可采用抽样调查。如企业员工忠诚度、满意度测评,可以做全面调查,但为了节约人力、物力和调查费用等,也可采用抽样调查。

(4) 对全面调查资料的质量进行检验和修正。由于全面调查涉及面广、工作量大、参加人员多,调查结果难免出差错。抽样调查可以用来检验全面调查的质量,并进行补充和修正,以提高全面调查的准确性。

(5) 对某些总体的假设进行检验,也可以用抽样调查来进行。

6.1.2 样本的抽取

1. 抽样的准备

(1) 明确抽样单位是个体、居民户还是企业。在实际调查中,市场调查人员用到的抽样单位一般是个体、居民户、企业或者是电话号码。一般的态度、观念调查宜以个人为单位进行;电视节目收视率的调查、日用品的消费调查,宜以居民户为单位;以企业为单位调查一般是行业或政府组织,主要是为了了解不同性质企业的生产经营、人力资源、科学技术发展等状况,为把握行业经济形势和未来的发展趋势,或为政府的宏观决策提供依据。

任务资讯 6 - 1

与抽样调查有关的专业术语

(1) 总体。总体是所有调查对象的全体。一个总体是在特定的调查目的或任务条件下的认识客体。例如,要调查太原市有多少家庭拥有计算机,拥有计算机的家庭与没有计算机的家庭有什么区别,那么调查总体就是太原市的所有家庭。

(2) 样本。样本是由总体中抽取的部分个体构成的,是抽样调查实际的调查对象。例如,某市某行业有 30 万名职工,从中抽取 1 000 名来进行生活状况的调查。这 30 万名职工就是总体,1 000 名职工就构成样本。

(3) 分析单位。单个的调查对象就是分析单位。例如,上例的职工生活状况调查,需要对 1 000 名职工分别做生活状况调查,单个的调查对象是个人,那么调查的分析单位就是个人。企业调查分析单位就是企业。

(4) 抽样单位和抽样框。出于方便抽样的考虑,我们将总体划分为若干个互不重叠的部分,每个这样的部分就是抽样单位。这种划分完全是人为的。抽样单位受到抽样方法的影响,抽样方法不同,抽样单位也是不同的。可以以一个分析单位为抽样单位,也可以一个群体为抽样单位。例如,从 30 万名职工中抽 1 000 名,有不同的抽样方法。若从 30 万名中直接抽取 1 000 名,就是以分析单位——个人作为抽样单位。但如果 30 万名职工分布在 3 000 家企业中,平均每个企业大约有 100 名职工,我们就可以从 3 000 家企业中抽取 10 家企业,以 10 家企业中的 1 000 名职工作为样本,这种抽样方法的抽样单位就是企业,而不是个人。抽样框是指所有总体单位的集合,是总体的数据目录或全部总体单位的名单。上例第一种抽样中,抽样框是 30 万名职工;第二种抽样中,抽样框是 3 000 家企业。

如果调查对象是个体,一般采取拦截访问的形式调查;如果调查对象是企业,可以以工商局的企业注册档案作为抽样框;如果调查对象是居民户,往往没有一个完整、准确的居民抽样框供使用,重点以家庭或电话号码为抽样单位,说明抽样调查的详细操作过程。

(2) 描述调查对象。在明确了抽样单位后,我们很有必要把抽样单位中的调查对象根据调查的目的,将其很好地描述出来,或按照一定的特征或属性进行划分,以便缩小抽样单位的范围,便于操作。例如,调查汽车消费者,非常明确的描述为在过去 12 个月中购买了新汽车的消费者;调查啤酒消费者,描述为 18 岁以上、在最近一个月内喝过啤酒的人。在以个体为调查对象的情况中,根据调查的目的经常会以年龄、性别、收入、职业、社会地位等来描述调查对象。

以企业为抽样单位,必须根据调查目的划分调查对象。可以按照企业的所有制情况划分,进一步明确是对股份制企业做调查,还是对国有企业做调查,或者是对民营企业做调查;也可以按照企业的规模进行划分,来明确调查对象。

(3) 建立抽样框。市场调查中,有些调查的抽样框的资料是现成的。例如,企业调查中,以企业为抽样单位,可以以工商局的企业注册档案作为抽样框;电话调查中,以电话号码作为抽样单位,电话号码就是现成的抽样框。但有时没有现成的抽样框可以利用,就须自行建立一个。

市场调查中最常用的是关于居民户的抽样框。本来这种抽样框可以从居委会的户籍管理资料中直接获得。但是,由于流动人口越来越多,户籍资料并不能如实地反映当时当地的真实情况,或者有的居委会不愿意提供这些资料,这就需要进一步完善或重新建构抽样框。

当有现成的户籍管理资料,可以直接在这些资料的基础上,选派人员进一步加以核实,删去已经搬迁或长期不在所属居委会居住的住户,增加长期居住在所属居委会而户口并不在所属居委会的住户名单。这种方法虽然工作量大,但抽样框是比较准确的。

在所选的小区中,如果没有现成的户籍资料,建立抽样框的方法是:以该居委会的住宅分布为基础,标出各区域内住户的详细地址,这些地址表就构成了抽样框,如表 6-1 所示。

表 6-1　××市××街××居委会住户地址表

序　　号	详细地址
1	××小区×座×单元×号
⋮	
51	××院高层宿舍楼×单元×号
⋮	
101	××街××平房院 518 房
⋮	

2. 根据调查的精度要求,确定样本量

影响样本量大小的因素主要有以下几种:

(1) 总体的数目。总体数目越大,样本的数目也应越大。

(2) 抽样误差。抽样误差要求越小,样本数目越多。

(3) 资源条件,如调查经费、时间精度的要求。赋予的资源越充裕,样本数目也可适当地增多。

(4) 所要求的调查结果的把握程度(置信度)。要求越高,样本数目就越大。

3. 进行抽样

理论上抽样的方法很多,主要分为概率抽样和非概率抽样。

概率抽样,具有统计推算的功能,能实际算出样本的代表性程度;而非概率抽样则主要用于母体过于庞大、复杂,对其没有足够的了解的时候。

(1) 概率抽样有分层抽样、系统抽样、分群抽样、简单随机抽样。

① 分层抽样。概率抽样中最常使用分层抽样法。即将目标总体分成若干层,再从各层中随机抽取所需数量的个体单位,综合成一个调查样本。

例 6-1　某县级市共有居民 2 万户,按经济收入高低进行分类,其中高收入居民为 4 000 户,中等收入居民为 12 000 户,低收入居民有 4 000 户。要从中抽取 400 户进行购买力调查,采用等比例分层抽样,如何抽取?

分析:因为购买力是与家庭的收入水平密切相关的,所以以收入水平作为分层变量是合适的。按此变量将总体分为高收入户、中等收入户和低收入户三层。具体的抽样程序如下:

第一步,计算各层在总体中的比例。

高收入户:4 000/20 000 = 20%

中等收入户:12 000/20 000 = 60%

低收入户:4 000/20 000 = 20%

第二步,各层在总体中所占的比例与各层在样本中所占的比例是一样的。因此,计算样本在各层中的具体分布数目。

高收入户:400 × 20% = 80(户)

中等收入户:400 × 60% = 240(户)

低收入户:400 × 20% = 80(户)

第三步,在各层中采取等距抽样方法抽取样本单位。

这种方法的优点:简便易行,分配合理,方便计算,误差较小。

② 系统抽样法。它是一种常见抽样方法,又称等距抽样法,它根据一定的抽样距离从母体中抽取样本,抽样距离是由母体总数除以样本数而得的。

例 6-2 母体若为 10 000 个消费者,抽 200 人作为样本进行调查,则样本区间为 10 000/200 = 50,假定从 01 ~ 50 中随机抽出 07,则样本单位的号码依次为 07,57,107,157……直到抽出 200 个样本为止。

系统抽样方便、简单,省去了一个个抽样的麻烦,适用于大规模调查,还能使样本均匀地分散在调查的总体中,不会集中于某些层次,增加了样本的代表性。

许多国家对每人每户都有详细资料存储在计算机中,调查采用此系统抽样法时,可以根据要求从计算机中等距抽取符合条件的样本,简单易行。

而在我国,只有一些成立时间较长,有一定规模的机构才使用这种方法。

③ 分群抽样法。即将总体分成若干群体,再从这些群体中随机地抽取某一群体作为进行调查的抽样样本,如图 6-1 所示。

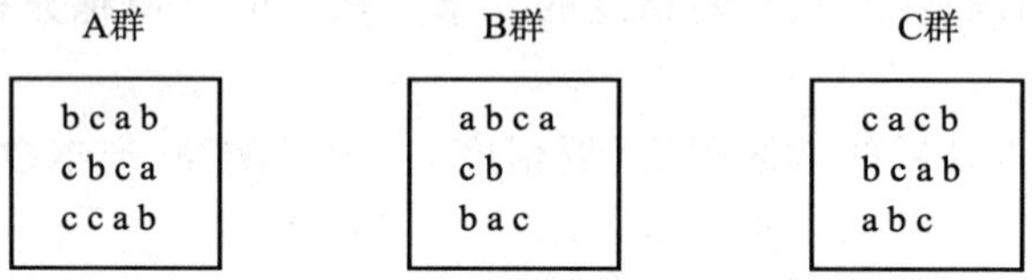

图 6-1 分群抽样后的各群

分群抽样常用于两种情况:

第一,调查人员对总体的组成很不了解。

第二,调查人员为省时省钱而把调查局限于某一地理区域内。例如,对上海市区的家庭进行调查,可把上海市按行政区域分为几个群体,黄埔区、虹口区、卢湾区、静安区、闸北区、浦东新区等,或将各个区进一步按居委会分群,抽取所需样本数进行调查。

例 6-3 北京市某高职院校 2010 级新生有 2 000 名,计划从中抽 160 名进行调查。可将学生宿舍作为抽样单位。假设该校共有学生宿舍 250 个,每个宿舍住 8 名学生。我们可以从 250 个宿舍中随机抽取 20 个,其中男生宿舍 10 个、女生宿舍 10 个,对抽中的每个宿舍的所有学生进行调查,这 20 个宿舍共 160 名学生就是此次抽样的样本。

分群抽样抽选工作比较简单、方便，抽中的单位比较集中。但是，由于样本单位集中在某些群体，而不能均匀分布在总体中，如果群与群之间差异较大，则抽样误差就会增大。

④ 简单随机抽样。如果调查总体中各个个体之间差异程度较小，或者调查总体数量不太多，一般选择简单随机抽样的方法。具体可以使用抽签法和随机数表法。

抽签法的运用。调查总体中个体数目较少的情况下，选用抽签法。具体做法：把抽样框中的每一个抽样单位都编上号码，充分混合后从中随机抽取一部分，这部分号码所对应的个体就组成样本。

随机数表法的运用。随机数表是这样形成的：对 0 ~ 9 这 10 个数字进行重复抽样，记录每一次的结果，进行成千上万次后，就形成了一个庞大的数表，数表中数字的排列是随机的，毫无规律可言，因而又称乱数表，如表 6 – 2 所示 。

表 6 – 2　随机数字表

39657	64545	19906	96461	20263	63162	58249	71493
73712	37090	65967	01211	31563	41919	47837	55133
72204	73384	51674	79719	98400	71766	23050	95180
75172	56917	17952	17858	24334	57748	69818	40929
37487	98874	63520	63430	01316	01027	35077	97153
02890	81694	85538	32995	56270	92443	21785	50982
87181	57007	37794	91238	48139	35596	41924	57151
98837	17015	89093	95924	00064	14120	14365	92547
10085	80704	76621	64868	58761	71486	59531	15221
47905	63731	71821	35041	27551	02492	28046	75344
93053	10307	34180	45235	74133	93522	68952	39235
21891	14799	11209	94518	76519	48486	13799	33755
95189	40697	27378	32871	79579	51391	09618	72521
97083	15573	10658	19259	77316	19546	20449	03264
69268	88613	59717	41732	48387	59329	73373	20405
41471	02503	87639	39517	81838	30449	77458	55051
91941	46362	08617	45169	92794	38979	29189	45123
80065	41847	08528	50840	48403	59422	72657	10886
67727	76399	89858	44606	64710	62166	89372	07001
59402	41375	42297	22319	06947	61008	81301	53914

例 6－4 从 300 人中抽取 10 人。用随机数表法，如何抽取？

分析：总体单位数目为 300，样本单位数目为 10。利用随机数表进行抽样，其程序如下：

第一步：给总体各单位编号，号码的位数要一致，都是三位，不够位的在前加 0，总体各单位编号是 001～300。

第二步：以随机数表（见表 6－2）中第 8 行、第 13 列的数字“0”作为起点，往后取两位数字，构成一个与总体所有单位具有相同位数的号码“093”作为起始号码。

第三步：从起始号码开始，从左到右依次抽取 10 个不重复的位于 001～300 之间的号码，分别是：093，240，006，141，201，254，100，070，216，171。这 10 个号码对应的 10 个人就是抽取的样本。

（2）在简单而不需计算误差精度的市场调查中，常使用非概率抽样。非概率抽样技术也可划分为任意抽样、判断抽样、配额抽样、滚雪球抽样四种。

① 如果为了能及时取得所需调查资料，或想节约时间和费用，可采用任意抽样方法。任意抽样法又称方便抽样方法，即根据调查者的方便与否来抽取样本的一种抽样方法。

例 6－5 调查员可以在大街上询问所遇到的符合条件的人，来获取对某种消费品的信息就属于该种抽样方法。

该方法适用于非正式的探测性调查，或调查前的准备工作。由于抽样结果偏差较大、可信程度低、样本没有足够的代表性，故在正式市场调查时，很少采用任意抽样法。

② 如果调查总体中各调查单位差异较小，调查单位比较少，选取的样本有较大的代表性时可选用判断抽样方法。

判断抽样是根据熟悉有关特征的某个调查人员的判断来抽取样本，即由熟知总体特征的人来判断选择他认为最适合作为某项调查的样本成员。

③ 如果要保证总体的各个类别都能包括在所抽样本之中，并且与其他几种非概率抽样方法相比，样本具有很高的代表性要求，可采用配额抽样方法。

配额抽样与分层抽样有些相似，都是按照某种属性或特征将总体分成若干类，然后在各类中抽样。不同的是，分层抽样中各类子样本是按简单随机抽样或等距抽样方法随机抽取的，而配额抽样则是采用任意抽样或判断抽样方法从各类中抽取子样本的。

④ 如果我们对调查总体中的部分调查对象有所把握，而对总体不甚了解，可采用滚雪球抽样方法。

例 6－6 青岛啤酒公司组织的消费者调查中，如果以每周至少有一天以上喝酒的人作为调查对象，就可以采用滚雪球抽样方法。因为经常喝酒的人本身都会集结成一个小团体。再如，要对劳务市场中的保姆进行调查，因为总体总处于不断流动之中，难以建立抽样框，研究者因一开始缺乏总体信息而无法抽样，这时可先通过各种方法，如街坊邻居或熟人介绍、家政服务公司、街道居委会等，找到几个保姆进行调查，并让他们提供所认识的其他保姆的情况，然后再去调查这些保姆，并请后者也引荐自己所认识的保姆。依此类推，可供调查的对象越来越多，直到完成所需样本的调查，如图 6－2 所示。

这种方法的优点是便于有针对性地找到调查对象，而不至于“大海捞针”。其局限性是要求样本单位之间必须有一定的联系；并且愿意保持和提供这种关系，否则，将会影响这种调查方法的进行和效果。

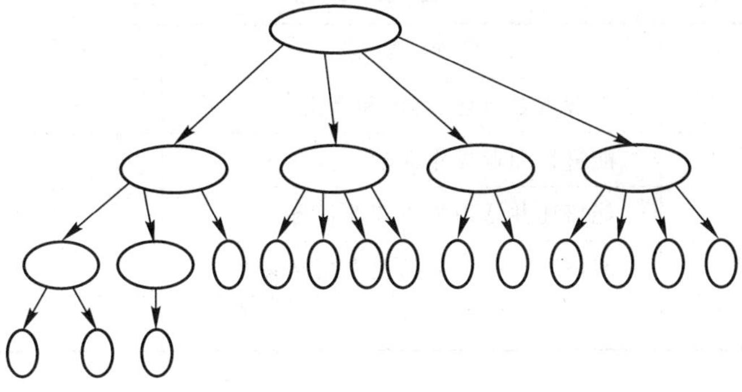

图 6-2　滚雪球抽样

4. 收集样本资料,计算样本统计值

在经过抽样之后,对具体的样本单位进行实地调查。收集到样本的具体数据后,还要对数据资料进行整理和分析,最后计算出样本的统计值。

5. 用样本统计值推断调查总体的参数值

统计推断是抽样调查的最后一步工作,是对总体认识的过程,也是抽样调查的最终目的。在用样本统计值推断总体参数值时,要根据概率论的有关理论,对推断的可靠程度加以控制。

任务资讯 6-2

访问中的抽样指南

市场调查活动中,在访问环节,市场调查公司常为访问人员制订抽样指南。以下指南是关于在某个街区访问时应走的路线。在城市中,这可能是一个城市街区,而在农村,街区可能是一块被道路包围的土地。

(1) 如果在你的路线中遇到死胡同,继续沿这条路、街道的另一面反方向前进。在可能的地方右拐,每隔两户住家访问一户。

(2) 如果你沿街区走了一圈,又回到出发点而没有完成电话簿上家庭的 4 个访问,那么可以试着访问起点的那一家。

(3) 如果你调查了整个街区,还是没有完成所要的访问,则继续从街对面最近的第一个住户开始。只要这个地址在你的纸上有一个"x"旁出现,就把它当做你所在区域的街道中的另一个地址,并访问这一家。如果不是,就访问这家左边的一家。永远遵守右手法则(即按顺时针方向在街区转一圈)。

(4) 如果这一地区街对面从第一号开始都没有住户,在第一号对面的街区转一圈,并遵守右手法则。试着沿路线每隔两户访问一户。

(5) 在起始门牌号对面邻近的街区绕过一圈后,如果你没有完成所需的访问,就顺时针方向到下一街区访问。

(6) 如果第三个街区的住户数不够完成你的任务,就再做几个街区直到要求的户数完成为止;这些区要顺时针方向绕原有的街区来找。

(资料来源:刘玉洁. 市场调研与预测. 大连:大连理工大学出版社,2004)

任务回顾

任务指标	表现要求	已达要求	未达要求
(陈述性)知识	掌握重要概念、特征和意义		
(实践)技能	能进行职业操作活动		
认识整体职业任务	能概述并认识整体职业任务		
认识职业任务的地位	能认识职业任务的上下衔接关系		
其他			

6.2 市场调查人员的培训

任务描述:市场调查人员将被调查对象抽取出来之后,还要对于招聘到的市场调查人员(主要是访问人员)进行培训。通过培训,培养访问员的工作技能,降低拒访率,使访问工作更加有效率,从而收集到足够的信息。

6.2.1 培训工作的组织

1. 进行理论与实践结合的培训

市场调查项目组要想获得合格、称职的调查人员并非易事,因此对调查人员的培训是非常重要的,这种培训必须把市场调查理论和实践相结合,从而使调查人员在调查过程中用理论来指导实际,并在实践中积累经验,提高理论水平,更好地开展市场调查活动。

2. 进行有针对性的培训

培训工作应针对本次调查的某些特点,或者针对某些方面的弱点,进行强化训练。对于从事督导或负责工作的人员,应当要求具有实际市场调查的经验,如参加过"工商普查"、"人口普查"、"民意普查"等调查工作,这对于市场调查工作的顺利展开是很重要的。

6.2.2 培训方式的选择

对调查人员的培训主要包括两种形式:书面训练和口头训练。

1. 书面训练

书面训练的基本要点在于要求调查人员牢记调查项目的重要性、目的、任务,并通过训练手册,熟悉各项任务要求,主要包括:

(1) 熟悉市场调查项目的内容和目的。

(2) 熟悉并掌握按计划选择被调查对象的方法。

(3) 选择恰当时机、地点和访问对象的方法。

(4) 获得访问对象合作的有关访问技巧。

(5) 关于调查询问的技术。

(6) 关于如何鉴定调查形式，检查调查问卷的指示说明，以及如何处理访问中发生的特殊情况的说明。

任务资讯 6-3

调查人员培训方法

(1) 集中讲授方法。这是目前培训中采用的主要方法。就是请有关专家、调查方案的设计者，对调查课题的意义、目的、要求、内容、方法及调查工作的具体安排等进行讲解，在必要的情况下，还可讲授一些调查基本知识，介绍一些背景材料等。采用这种培训方法，应注意突出重点、针对性强、讲求实效。

(2) 以会代训方法。即由主管市场调查的部门召集会议。会议的形式有两种：一是开研讨会，主要就需要调查的主题进行研究，从拟定调查题目到调查的设计，资料的搜集、整理和分析，调查的组织等各项内容逐一研究确定；二是开经验交流会。在会上，大家可以互相介绍各自的调查经验、先进的调查方法和手段，成功的调查案例等，以集思广益，博采众长，共同提高。采取以会代训的方法，一般要求参加者有一定的知识水平和业务水平。

(3) 以老带新方法。这是一种传统的培训方法，它是由有一定理论和实践经验的人员，对新接触调查工作的人员进行传、帮、带，使新手能尽快熟悉调查业务，得到锻炼和提高。这种方法能否取得成效，取决于带者有无保留地传授，学者是否虚心求教。

(4) 模拟训练方法。即人为地制造一种调查环境，由培训者和受训者或受训者之间相互分别装扮成调查者和被调查者，进行二对一的模拟调查，练习某一具体的调查过程。模拟时，要将在实际调查中可能遇到的各种问题和困难表现出来，让受训者做出判断、解答和处理，以增加受训者的经验。采用这种方法，应事先做好充分准备，模拟时才能真实地反映调查过程中可能出现的情况。

(5) 实习锻炼方法。即在培训者的策划下，让受训者到自然的调查环境中去实习和锻炼，这样，能将理论和实践有机地结合，在实践中发现各种问题，在实践中培养处理问题的能力。采用这种方法，应注意掌握实习的时间和次数，并对实习中出现的问题和经验及时进行总结。

2. 口头训练

口头训练的目的是消除调查人的恐惧和疑虑，使调查人员灵活运用口头访问技巧。为此，调查人员需要经常进行练习，而且要参加多次访问的演练，从而能够具备下列素质：

(1) 访问态度和蔼、友好。

(2) 提出的问题能抓住重点、简单明了，并给被调查对象充分的回答余地。

(3) 善于选择访问时机。

(4) 有较强的判断能力，善于明辨是非。

(5) 善于完整、清楚地记录，忠实地反映被调查对象的本意。

任务资讯 6-4

访谈准备阶段的技巧

(1) 准备访谈计划。最好是在访谈之前自己把所有的问卷做一遍,了解问卷的重点和难点在哪,特别是要拟好访谈提纲,包括见面词等。调查人员对所访谈的内容越了解,越能流利地将问卷朗读给受访对象。

(2) 准备访谈用品。包括调查问卷、身份证、学生证、校徽、介绍信、笔、纸、录音机和馈赠物品、宣传资料、交通地图等。

(3) 模拟访谈。事先找一些熟悉的人进行模拟访谈,可以发现在实际访问时可能会出现的问题,尽早想一些应急措施。

3. 人员培训的注意事项

在培训实施过程中,应注意下列两项工作:

(1) 向访问人员传授"人与人之间成功的沟通技巧"。由于市场调查是研究消费者的倾向和意见,被调查者是否愿意配合并忠实地吐露心声,关系到调查资料和结果的正确性。这一成果的获取,主要依赖于调查人员的口才和沟通技巧,因为人与人之间存在很多微妙的应对关系。主持培训的人员,应该教导受训人员"必须如此"以及"不能如此"等注意事项。如果聘用在校学生做调查人员,这项训练更不可缺少,因为他们在这方面的经验十分缺乏。

(2) 采用模拟训练方式。市场调查工作看似简单,其实不然,许多不可预知的状况往往让调查人员不知所措。因此,调查经验的有无,其结果差别很大。所以在培训课程中,应模拟各种状况,要求调查人员做反应训练,以增加调查人员的应对技巧,使被调查者愿意配合并吐露心声。

为了确保调查结果的正确性,必须防范或克服因缺乏实际经验而可能产生的各种不良影响以及调查人员的心理挫折。因此,在尚未派出实地调查之前,多利用模拟训练方式,使市场调查人员得以增加一些经验。采用这种训练方法,可由有经验的教练员扮演被调查对象,让受训人员进行调查访问。在模拟访问过程中,扮演被调查者应将亲自经历的困难情况表现出来,以考验受训人员的应对技巧,并从中解说及纠正。通过这种演练,对未来可能遭遇的情况才有可能较好地化解。

6.2.3 培训内容的确定

根据项目需要,对调查人员的培训一般包括以下内容:

1. 市场调查人员的责任培训

责任的培训旨在让一个新招聘的调查人员明白一个合格的访问人员应具有哪些责任,使他们在今后的调查工作中能够更好地完成调查任务。

任务资讯 6-5

市场调查人员的责任

(1) 接触访问者。按照调查实施负责人的安排,在合适的时间接触抽样计划所要求的调查对象。因为样本的代表性,不要轻易地被拒绝。另外,要确定家庭中受访者的资格，一个家庭只能访问一个人。如果被访问者拒绝回答，则按要求向上反映，或严格按要求寻找替代的调查对象。要切记的是，调查人员不能自作主张地访问另一个人来代替拒访者。

(2) 保密。保密是市场调查人员应该具备的职业道德。调查人员不能将受访者的个人隐私的调查结果透露给其他人员。同时，在调查过程中如果有邻居在场，应委婉向受访者说明是否要再找个时间。

(3) 提问。每次调查访问之前，如何向受访者提问，调查公司都有统一规定，所以调查人员一定要按要求去提问，不要太随意。

(4) 记录。记录受访者的回答。要求记录准确、填写清楚、整洁，以免编码时出差错。提问和记录的有关问题在访谈技巧中还要详细说明。

(5) 审查。在结束访问时，提问人员要检查整个问卷是否都准确完成，字迹、答案是否清楚，等等。

(6) 发送礼品、礼金。如果对受访者有酬谢，要一一放送礼品或酬金，注意不要多发或少发。

2. 项目操作培训

不同的市场调查项目，在访问方式、内容上都是不同的。所以，在调查实施前的培训阶段，调查公司要对调查人员进行项目操作的指导和培训。

任务资讯 6－6

项目操作培训内容

(1) 向调查人员解释问卷问题。一般是让调查人员先看问卷和问卷须知，针对调查人员不清楚的地方给予解释。

(2) 统一问卷填写方法。为了今后录入方便，规范做答的统一方式和方法。

(3) 分派任务。指定每个调查人员调查的区域、时间和调查的对象。

(4) 访问准备。告诉调查人员在调查前所需携带的各种物品，比如问卷、受访者名单、电话、答案卡片、介绍信、自己的身份证明、礼品等。

(5) 向调查人员说明会有一定的监督措施来检查调查人员的调查质量。

3. 访谈技巧培训

访问技巧是指调查人员为了获得准确、可靠的调查资料，运用科学的访问方法，引导受访对象提供所需情况的各种方法和策略。根据调查方案的要求，调查者可能是入户访问，也可能是街上拦截访问。为了保证调查过程的质量，提高调查员的工作效率，对调查员进行培训是非常必要的。例如，通常在入户访问调查中，训练有素的调查员，其入户成功率可达到90%，没有技巧的调查员则只能达到10%，而后者所完成的访问，无论如何也不可能促成有效的调查。

任务资讯 6-7

访谈技巧培训目的

1. 掌握访谈技巧

调查者要想取得被调查者的合作,就离不开访谈技巧的正确运用。不同的访谈效果会直接影响访问调查的质量。如果访谈效果好,受访对象很配合,问卷回答就能如实反映情况。反之,访谈效果不好,受访对象只是应付,那么回答的可靠性就降低。此外,如果调查员的技巧掌握不好,在提问过程中诱导或解释不当等也会影响调查质量。还有,在读问卷时用词的变化也会引起受访对象的误解。

2. 降低入户访谈拒访率

拒绝访问是市场调查中常见的事情,市场调查要努力降低拒访率。拒访率因为调查方法的不同而不同,因地区不同而不同。一般来说,经济发达的地区比经济不发达的地区拒访率高;经济收入较高的家庭比经济收入较低的家庭拒访率高;职位较高的人比职位较低的人的拒访率高。

(1) 培训如何避免访谈开始就拒访。自我介绍要按规范的形式进行,这是调查者和被调查者的首次沟通,对是否能顺利入户是一个关键的环节。通常在问卷设计中已精心编写了开场白(自我介绍词)。

调查人员自我介绍时,应该快乐、自信,如实表明访问目的,出示身份证明。有效的开场白可增强潜在的受访者的信任感和参与意愿。

例 6-7 调查人员在首次面对受访者时所使用的开场白(例一)。

您好!我叫严明,我是中国人民大学管理学院市场营销专业 2010 级的学生,这是我的学生证。我们正在做一项有关市民网上购物习惯的调查。您正好是这次调查中经过科学抽样设计选中的被访者之一,您的观点对我们的研究非常重要,我们希望您能够回答下列几个问题……

您好!我叫 Sonia,我是 GeorgiaTech 营销部的代表,这是我的证件。我们正在进行一项关于家庭对大型购物中心偏好的研究。您是经过科学选样挑选出的参与调查研究的调查对象之一。我们将高度重视您的意见,希望您能回答以下几个问题……

任务资讯 6-8

访谈开始时就拒访的原因

主观的原因:① 怕麻烦。随着市场调查越来越普及,被调查者以前有过不愉快的经历或怕麻烦而拒绝接受访问。② 怕露底。由于社会治安方面的问题,担心随便让人进来会遭抢劫或让人知道了自己的财产后被盗,所以拒绝访问。③ 感到调查对自己没有意义。

客观的原因:① 调查人员行为不当。调查人员仪表、态度、语言、举止等令受访对象感到不舒服,因而拒绝被访问。② 回答有困难。受访对象在回答问题方面有障碍,如语言表达不清楚、听力不好、说方言等让调查人员听不懂等。③ 受访对象文化程度低。看不懂问卷、不理解问卷的意思、不会写字等。④ 有事不顺心而无法配合。如工作不顺心、生病等原因引起的心情不好而拒绝访问。⑤ 家中有客人。即访问员拜访时正好遇到受访对象家中有客人。

(2) 培训如何避免访谈中途拒访。选择适当的入户访问时间,可以减少或避免拒访的尴尬现象。

例 6-8 一般工作日,访问可选择在晚上 7:00—9:00 之间进行;双休日,可选择在上午 9:00—晚 9:00 之间进行,但应避免吃饭和午休时间。

受访者如果要拒绝访问,通常会找出许多借口,调查员要想出不同的对策。

例 6-9 如果受访者以“没有时间”拒访,调查员要主动提出更方便的时间,如傍晚 6 点,而不是问受访者什么时间合适。

例 6-10 如果受访者声称自己“不合格”或者“缺乏了解,说不出”,调查员应该告诉受访者:“我们不是访问专家,调查的目的是让每个人有阐明自己看法的机会,所以您的看法对我们很重要”或“您把您知道的情况说出来就可以了”等,以鼓励被访者。

例 6-11 如果受访者以“不感兴趣”而拒访,调查员可以解释:“这是抽样调查,每一个被抽到的人的意见都很重要,请您协助一下,否则调查结果就会出现偏差。”

任务资讯 6-9

访问过程中拒访的原因

(1) 问卷太长。在回答提问的过程中,受访对象发现问卷太长,完成问卷花费的时间太多,因而产生厌烦的情绪,没有了耐心。

(2) 问题不好回答。问卷上的提问是受访对象不太熟悉的领域,与受访对象的生活经历相差太远,或者有些问题需要受访对象极力去回忆等。

(3) 问题不便回答。问卷中间涉及一些不便回答的问题,如婚姻、个人收入、政治倾向等,因而受访对象拒绝回答。

(4) 其他事情的打扰。如有人拜访,电话打扰,突然有事需要处理等。

(3) 培训如何合理控制环境。理想的访问应该在没有第三者的环境下进行,但调查员总会受到各种干扰,所以要培训其控制环境的技巧。

例 6-12 如果访问时有其他人插话,应该有礼貌地说:“您的观点很对,我希望待会儿请教您,但此时,我只对受访者的观点感兴趣!”

调查员应该尽力使访问在脱离其他家庭成员的情况下进行,如果访问时由于其他家庭成员的插话,调查员得不到受访者本人的回答,则应该终止访问。

如果周围有收音机或电视机发出很大的噪音,调查员很难建议把声音关小,这时,如果调查员逐渐降低说话声,受访者就注意到了噪声,并会主动关掉。

(4) 培训保持中立。访问员的惊奇表情、对某个回答的赞同态度,这些都会影响到被调查者。

例 6-13 调查员在访问中,除了表示出礼节性兴趣外,不要做出任何其他反应。即使对方提问,调查员也不能说出自己的观点。要向受访者解释,他们的观点才是真正有用的。还要避免向受访者谈及自己的背景资料。调查员应该给出一个模糊的回答,并鼓励受访者谈他们自己和他们的见解。

(5) 培训如何提问与追问。调查员在访问过程中应按问卷设计的问题排列顺序及提问措词进行提问。

对于开放题，一般要求充分追问。追问时，不能引导，也不要用新的词汇追问，要使受访者的回答尽可能具体。熟练的调查员能帮助受访者充分表达他们自己的意见。追问技巧不仅给调查提供充分的信息，而且使访问更加有趣。

任务资讯 6－10

提问的技巧

（1）提问用词。调查问卷上的提问用词往往都是经过仔细推敲的，因此，调查员对于每个问题都要严格按照调查问卷上的用词进行提问。如果提问或用词有误，就可能影响调查结果。

（2）问题顺序。在调查问卷设计过程中，由于问题的先后次序会对问卷整体的准确性及能否顺利进行访问有重要影响，因此，调查问卷中每个问题的顺序都是经过精心的编排的，调查员在提问时，要严格按照问卷上的问题顺序提问，不要随意改变问题的顺序。

（3）严格按要求询问。当受访者不理解题意时，调查员可重复提问，但不能自做解释或加上自己的意见而影响受访者独立思考。

（4）调查问卷上的每个问题都应问到。调查员在访问中要注意不可因为访问次数多、同样的问题重复遍数多或认为某些提问不重要而自作主张放弃应该询问的问题。

（5）某些问卷有一些画横线的关键词，在提问时应加重语气或重复。

（6）提问时的音量应控制在受访者能清晰听清为宜，语速应不快不慢。

（7）提问过程应随时根据受访者的情绪来加以调节和控制。

在访问中，有时受访者不能很好地全面回答提问，也有时问卷本身就设定了追问问题，这时都需要运用追问技巧来达到预期的目的。

可以通过以下做法来追问：重复读出问题；重复被调查者的回答；停顿、无言或使用中性追问用语。

例 6－14 开放式问题的追问技巧。

“您说得挺好，×××指的是什么，请具体说一下”、“您还喜欢什么？”、“您还有没有喜欢的呢？”、“还有呢？还有呢？”等。

（6）培训如何结束访问。当所有希望得到的信息都得到之后就要面临结束访问了。此时，可能受访者还有进一步的自发陈述，他们也可能有新的问题，调查员工作的原则是认真记录有关的内容，并认真回答受访者提出的有关问题。总之，应该给受访者留下一个良好的印象。最后，一定要对受访者表示诚挚的感谢。

任务资讯 6－11

结束访谈的技巧

（1）让受访者有良好的感觉。调查人员要感谢受访者抽出时间给予合作，并使受访者感受出自己对这项调查研究做出了贡献。

（2）迅速检查问卷。看有没有遗漏，问题的答案有没有空缺；问题的答案是否有前后不一致的地方；是否有需要受访者澄清的含糊答案；单选题是否有多选的情况等。

(3) 再征求意见，询问受访者的想法、要求，并告诉他如有可能，还要进行一次回访，希望也给予合作。

(4) 离开现场时，要表现得彬彬有礼，为受访者关好门受访者及家人说再见。

任务资讯 6－12

访谈技巧的运用

1. 获取被调查者的合作

(1) 持介绍信或证明取得居委会或物业管理有关人员的支持或帮助。

(2) 敲门。调查人员要通过敲门才能进入受访者的家。这时，调查人员要注意敲门的声音和节奏，敲门声要适中，敲门声太小，受访者可能听不到敲门声。

(3) 受访者一开始注意的是调查人员的外表，所以，调查员应注意仪表端正、穿着整洁、用语得体、口齿伶俐、态度谦和，给人以亲切感。

(4) 自我介绍。适当的称呼会使对方感到亲切，另—方面要考虑访问对象的民族习惯和生活习惯。主要目的在于得到受访者的信任，争取受访者的合作。

(5) 示意礼品。示意礼品但切不可过分渲染礼品，使人觉得有占小便宜的感觉。

2. 活跃气氛

成功的访问需要在一种轻松、愉快、友好的气氛中进行，调查员必须努力营造这种气氛，俗称“预热”。

预热的办法是，在入户后注意观察受访者的行为和周围的环境，找一些受访者的优点、特长，满足受访者被人尊重的需要。找一些双方熟悉的话题，如某场体育比赛，使受访者感到与你有共同语言，从受访者感兴趣的主题入手让气氛活跃起来。

3. 询问问题

询问时要注意：

(1) 始终保持中立。大多数受访者出于礼貌或者省事，喜欢按调查人员所期望的要求回答问题。因此，调查人员绝不要通过你的面部表情或声音提示受访者回答。

(2) 当涉及个人隐私时应强调为其保密。

(3) 当访谈时不要有邻居在场，最好也不要有第三者。

(4) 当询问的时间长，有些调查员不按照问卷的用词来提问，力求简单，但是这样会影响调查质量，这是调查员应该克服的毛病。

(5) 当受访者不理解问题的一些概念，要求做出澄清时，不要按自己的理解来解释。一般是反复读出提问问题，让受访者怎么想就怎么答。

(6) 当一个好的听众。这要求调查人员在受访者回答问题时，一是不要随便打断受访者的话题，即使受访者答非所问或说话啰嗦也不要打断。如果记录中有不清楚的地方，也要等受访者讲完以后再做询问。二是要集中精力、专心致志，注意用体态语言来表现自己对受访者谈话的高度重视。

(7) 受访者思维跳跃，跳到别处去了，你要善于引导他们回到现在的问题上来。转移话题的时机，通常是受访者谈话过程中的停顿。一旦受访者停顿，调查员就要及时地插话，如“您刚才讲得很精彩，但是您对这个问题怎么看……”“您讲得很好，刚才您说到……您为什么这样认为?”等。

任务回顾

任务指标	表现要求	已达要求	未达要求
(陈述性)知识	掌握重要概念、特征和意义		
(实践)技能	能进行职业操作活动		
认识整体职业任务	能概述并认识整体职业任务		
认识职业任务的地位	能认识职业任务的上下衔接关系		
其他			

6.3 市场调查项目的管理

任务描述:样本抽取出来,也对访问人员进行了培训,市场调查资料的收集工作就可以正式开始了。作为一项系统性较强的工作,它需要大量的人力、财力做支撑,而且该阶段最容易出现调查误差。因此,有效的组织、管理、控制是该阶段工作成功的基本保障。

市场调查过程的组织与控制包括市场调查项目控制、市场调查人员管理和市场调查进度管理。

6.3.1 市场调查项目控制

1. 监督调查工作计划的执行

调查工作计划是指为确保调查的顺利实施而拟定的具体工作安排,包括调查人员安排和培训、调查经费预算、调查进度日程等。调查工作计划直接关系调查作业的质量和效益。调查人员的工作能力、职业态度、技术水平等会对调查结果产生重要影响。一般要求,调查人员应具沟通力、创造力和想象力。调查费用因调查种类和收集资料精确度的不同而有很大差异。调查组织者应事先编制调查经费预算,制订出各项费用标准,力争以最少的花费取得最好的调查效果。调查进度日程指调查项目的期限和各阶段的工作安排,包括规定调查方案设计、问卷、抽样、人员培训、实地调查、数据录入、统计分析、报告撰写等完成日期。为保证调查工作的顺利开展和按时完成,调查者可制订调查进度日程表,对调查任务加以具体规定和分配,并对调查进程随时进行检查和控制。

2. 审核调查问卷

在问卷的初稿完成后,调查人员应该在小范围内进行试验性调查,了解问卷初稿中存在哪些问题,以便对问卷的内容、问题和答案、问题的次序进行检测和修正。试验调查的具体方法可以是:选择一些有代表性的调查对象进行询问,将问卷中存在的问题尽可能表现出来,如问卷中的语言使用、问题的选项、问卷的长短等,然后依据试调查的结果,看问卷中的问题是否能够并且乐意被回答,哪些问题属于多余的,是否还存在不完善的或被遗漏的地方。如果发现问题,应该立即进行修改。如果预先测试导致问卷内容发生了较大的变动,调查者还应该进行第二轮测试,以使最后的定稿更加规范和完善。

3. 审核抽样计划

抽样方法的选择取决于调查研究的目的、调查问题的性质,以及调研经费和允许花费的时间等客观条件。调查人员应该在掌握各种类型和各种具体抽样方法的基础上,对拟选择的抽样方法进行验证。只有这样才能在各种环境特征和具体条件下及时选择最为合适的抽样方法,以确定每一个具体的调查对象,从而保证数据采集的科学性。

6.3.2 市场调查人员管理

市场调查人员所收集的受访者的问卷是研究中重要的信息来源。但是,在实际中,由于各种原因,调查人员的问卷信息来源不一定真实可靠,因此,必须对调查人员进行适当的监控,以保证调查问卷的质量。

任务资讯 6-13

对调查员的监督管理

对调查员监督管理的目的是要保证调查员能按照培训的方法和技术来实施调查。要做好对调查员的监督管理,首先要了解调查员在调查过程中由于自身的原因可能出现的问题,其次要掌握监控的各种方法和手段,对调查员的工作过程和质量实施监督管理。

1. 常见问题

调查员在调查过程中容易出现以下问题:

(1) 调查员自填问卷,而不是按要求去调查受访者。

(2) 没有对指定的调查对象进行调查,而是对非指定的调查对象进行调查。

(3) 调查员自行修改已完成的问卷。

(4) 调查员没有按要求向被访者提供礼品或礼金。

(5) 调查过程没有按调查要求进行,比如,调查员将本应由调查员自己一边问一边记录的问卷交由受访者自填。

(6) 调查员在调查过程中带有倾向性。

(7) 有些问题答案选择太多,不符合规定的要求。

(8) 有些问题漏记或没有记录。

(9) 调查员为了获取更多的报酬,片面地追求问卷完成的份数,而放弃有些地址不太好找的调查对象,或放弃第一次碰巧没有找到的调查对象。

(10) 家庭成员的抽样没有按抽样要求进行。

2. 监控的手段

对调查员的监督管理,重点在于保证调查的真实性,同时也是衡量调查员的工作业绩、实行奖优罚劣的需要。比如,每天按15%的比例,由督导采取公开与隐蔽结合的方法,监督调查员每天的工作。如果发现操作问题,及时纠正,必要时对调查员进行进一步的培训。对问卷质量的监控是由督导每天回收当天完成的问卷,并且每天对每份问卷做检查,看是否所有该回答的问题都回答了,字迹是否清楚,跳答的问题是否按要求跳答了,等等。对检查中发现的问题,督导应及时对调查员进行正面反馈。

对调查人员一般采用下列四种手段来判断其访问的真实性,然后再根据每位调查人员的任务完成质量,从经济上给予相应的奖励或惩罚。

1. 现场监督

在调查人员进行现场调查时，督导随时进行监督，并对不符合规定的行为进行指正。这种方法比较适合于电话访谈、拦截访问、整群抽样调查。现场管理的主要依据是调查员手册和督导手册。

任务资讯 6－14

调查手册的内容

调查手册包括调查员手册和督导员手册。

(1) 调查员手册是主要的工作指南，通常包括以下内容：

① 一般信息。陈述调查的目的和重要性、数据的用途及机构收集数据的原则。

② 项目简介。

③ 问卷说明。问卷调查中所用的概念和术语的定义。

④ 问卷的审核与整理。调查员在访问期间或访问结束之后应立即对问卷进行现场审核。

⑤ 单个样本单元的管理。主要内容是对无回答的受访者的再访、调查员为了得到答案应尝试的次数。

⑥ 作业管理。主要内容是管理的细节。

⑦ 问题与答案。手册的最后一部分列出调查员会遇到的问题和正确的解决办法。

⑧ 一般的调查技能和技术。

(2) 督导手册一般包括以下内容：

① 向调查员分配的任务。

② 质量和执行控制。

③ 后勤服务。

④ 特殊情况下替代数据的收集方法。

⑤ 被调查者的安全和隐私保密承诺。

⑥ 说服拒访者。

2. 审查问卷

对调查人员收集来的问卷进行检查，看问卷是否有质量问题，如是否有遗漏、答案之间是否有前后矛盾、笔迹是否一致等。

3. 电话回访

根据调查人员提供的电话号码，由督导或其他调查员进行电话回访。

4. 实地复访

如果电话回访找不到有关的受访者，根据调查人员提供的真实地址，由督导或专职调查人员进行实地复访。这种方法比电话回访真实可靠，但需要花很多的时间和精力。

在电话回访和实地复访过程中，通常要根据以下几个方面来判断调查人员访问的真实性：一是电话能否打通或地址能否找到；二是家中是否有人接受访问；三是受调查的问题是否跟该调查相吻合；四是调查时间是否跟问卷记录时间相符；五是受访者所描述的调查人员形象是否与该实际相符；六是访问过程是否按规定的程序和要求执行。

6.3.3 市场调查进度管理

调查进度安排是否合适，直接影响到调查的完成情况和调查工作的质量。而且调查进度表经双方一致认可后，市场调查公司就必须严格按照这个进度表来执行，以保证市场调查的所有工作在进度表规定的时间内完成。

1. 确定调查进度

调查进度与调查质量密切相关，切记要防止调查员为了赶进度，讲求个人经济效益，片面追求完成问卷的数量，而忽视调查的质量。为此，很有必要对调查员每天完成问卷的份数做出规定。进度的安排要综合考虑所有相关的因素。确定调查进度主要考虑的因素有：客户的要求、兼职调查员和督导员的数量和比例、调查员每天所完成的工作量等。

(1) 客户的要求。客户的要求是市场调查公司安排调查进度时必须考虑的第一重要因素。

(2) 兼职调查员和督导员的数量和比例。实施期间可以工作的兼职调查员的人数以及督导员的数量和比例也直接影响到调查进度。

(3) 调查员每天所完成的工作量。确定调查员每天应完成的工作量主要从下面几个方面考虑：调查员的工作能力；调查员的责任心；调查问卷的复杂程度；调查的方式；调查的区域和时段。

(4) 调查进度控制图。调查进度控制图是进行调查进度控制的有效工具。督导每天记录调查员所做的工作(完成的问卷数)，以便掌握实际进度与计划进度的差距，以及调查员存在的问题。调查员在调查过程中必须按规定进度开展调查，在确保问卷质量的情况下，每天完成的问卷数不能突破规定的上限。

2. 调查质量控制

控制调查质量应根据调查工作的不同阶段分别进行。具体分为：

(1) 设计阶段的质量控制。

(2) 调查实施阶段的质量控制。

(3) 资料整理阶段的质量控制。

3. 寻踪抽样框的更新

通过寻踪抽样框，对样本单元进行定位，更新抽样框中单元的基本信息，确认样本单元是否仍在调查范围内。

寻踪抽样框常用的工具有当前的电话簿和其他辅助目录、从其他抽样框获得的信息、从其他政府机构的卷宗得到的信息、重复性调查中提供的信息。

任 务 回 顾

任务指标	表现要求	已达要求	未达要求
(陈述性)知识	掌握重要概念、特征和意义		
(实践)技能	能进行职业操作活动		
认识整体职业任务	能概述并认识整体职业任务		
认识职业任务的地位	能认识职业任务的上下衔接关系		
其他			

◈ 任务 6 小结

根据市场调查业务活动顺序，本任务是市场调查与预测工作的第六大任务。专业调查公司接受委托后，制订了调查方案，根据委托单位的要求开始实施调查。市场调查人员将方案付诸实施，就意味着市场调查资料的收集工作正式开始。该阶段的主要任务是在科学设计抽样方案的基础上，抽取出调查所需的样本；招聘调查人员，经过培训后，将其分配到市场调查项目岗位上。为保证按照调查方案的要求和调查计划的安排，有组织地、系统地、细致地收集各种市场资料，市场调查工作的整个过程都需要做好组织管理工作。

市场调查资料的收集需要大量的人力、财力做支撑，而且该阶段最容易出现调查误差。组织、管理、控制是该阶段工作成功的基本保障。

在确保样本代表性基础上，市场调查工作组织控制还包括两大方面，其一，活动过程本身；其二市场调查人员。除了做好调查工作的基本准备外，数据收集工作就是调查工作的重中之重。而数据收集的质量有赖于调查人员的素质高低和对他们的管理控制。本任务围绕市场调查组织控制活动必要的程序，设计了各环节操作的专门知识，设置了**重要概念**、**任务资讯**等栏目，体现了对一些重要理论知识的重组。

本任务进程以**任务描述**开始，以**学生自我总结**结束，希望读者在完成**子任务**之后，能够及时进行自我的**任务回顾**，做好自我的过程性评价，在完成所有子任务后，进行自我工作评价。

本任务能力目标：完成本任务后，读者应该能够熟练进行市场调查工作的组织。

完成本任务将为**任务 7 市场调查资料的整理**奠定良好的基础。

◈ 重要概念与技能

◇重要概念

抽样调查

◇重要技能

市场调查样本的抽取　访谈技巧

◈ 课堂讨论

1. 调查样本的抽取程序是怎样的？
2. 市场调查人员应具有哪些基本素质？
3. 市场调查人员培训可以采取哪些形式？
4. 怎样对调查问卷进行管理控制？
5. 为什么要对市场调查项目进行控制？

◈ 课后自测

◇**选择题**

1. 概率抽样包括(　　)。

A. 分层抽样　　B. 系统抽样　　C. 分群抽样　　D. 简单随机抽样

2. 非概率抽样(　　)。

A. 任意抽样　　B. 判断抽样　　C. 配额抽样　　D. 滚雪球抽样

3. 书面训练调查人员的内容主要包括(　　)。

A. 熟悉市场调查项目的内容和目的

B. 熟悉并掌握按计划选择被调查对象

C. 选择恰当时机、地点和访问对象的方法

D. 获得访问对象合作的有关访问技巧

E. 关于调查询问的技术

4. 对调查人员一般利用(　　)手段来判断其访问的真实性。

A. 现场监督　　B. 审核问卷　　C. 电话回访　　D. 实地复访

◇ **判断题**

1. 市场调查工作往往多用兼职人员,因为这些人比较稳定,业务水平高,也就不用再外聘市场调查员。(　　)

2. 为了保证收集、分析问题全面,在调查时,应该进行市场调查整个项目的科学管理与控制。(　　)

3. 一般情况下,调查企业很难招聘到合格的市场调查人员。所以,市场调查人员在被招聘进来之后,都应该参加培训。(　　)

4. 在实际中,由于各种原因,调查人员的问卷信息来源不一定真实可靠,因此,必须对调查人员进行适当的监控,以保证调查问卷的质量。(　　)

5. 对调查人员一般采用一些手段来判断其访问的真实性,然后再根据每位调查人员的任务完成质量,从经济上给予相应的奖励或惩罚。(　　)

◇**简答题**

1. 市场调查人员培训应该注意什么?

2. 书面培训与口头培训各有哪些侧重点?

3. 市场调查人员应该明确哪些责任?

4. 访谈阶段怎样运用技巧来达到活跃气氛的目的?

5. 调查手册的作用是什么? 主要包括哪些内容?

◈ 案例分析

热茶、冰红茶与中国人

1999 年,北京一家生产饮料的企业曾组织过这样一场市场调查活动:在一间宽大的单边镜访谈室(又称深度访谈室,里面的人看不到外面,外面的人可以观察到里面受访者的一

举一动,以便得到受访者更真实的反应)里,桌子上摆满了没有任何标签的杯子,有几名受访者被请了进去,逐一品尝着不知名的饮料,并且把口感描述出来写在面前的卡片上……这场调查的目的是,公司试图推出的新口味饮料能不能被消费者认同。

在这之前,通过大量的二手资料调查显示,中国人历来有喝热茶的习惯,超过60%的受访者认为不能接受“凉茶”,他们认为中国人忌讳喝隔夜茶,冰茶更是不能被接受。该企业调查项目小组认为,只有进行了实际的口味测试才能判别这种新产品的可行性。

通过现场测试,终于拿到调查的结论。经过分析后,产品研发部门的信心被彻底动摇了,被测试的消费者表现出对冰茶的抵抗,一致否定了装有冰茶的测试标本。就这样,刚刚试制出来的新产品在调研中被否定了。

2000年、2001年,以旭日升为代表的冰茶在中国全面旺销,上面那家饮料企业再想迎头赶上为时已晚,一个明星产品就这样穿过详尽的市场调查与市场擦肩而过。说起当年的教训,该企业一位当时市场调查的负责人还满是惋惜:“我们举行口味测试的时候是在冬天,受访者从寒冷的室外来到现场,没等取暖就进入测试,寒冷的状态、匆忙的进程都影响了受访者对味觉的反应。受访者对口感温和浓烈的口味表现出了更多的认同,而对清凉淡爽的冰茶则表示排斥。测试状态与实际消费状态的偏差让结果走向了反面。”

“驾驭数据需要系统谋划。”好在这家企业并没有从此怀疑市场调查本身的价值,“去年,我们成功组织了对饮料包装瓶的改革,通过测试,我们发现如果在塑料包装瓶的外层增加弧形的凹凸不仅可以改善瓶子的表面应力、增加硬度,更重要的是可以强化消费者对饮料功能性的心理认同。”

北京一家知名调查公司副总经理说:“调查失败如同天气预报给渔民带来的灾难,无论多么惨痛,你总还是要在每次出海之前,听预报、观天气、看海水。”

阅读上述材料,回答以下问题:

1. 你认为该公司的市场调查存在什么问题?

2. 从该案例中我们可以得出哪些启示?

◇ 模拟演练

现假定学校教学管理部门要在学生中间进行一次教师教学质量、教学效果的调查活动。调查访问人员组成以教务处管理人员为主,再由各系部抽调两名专业教师参与。请你模拟制作一份问卷,由学生以管理人员或教师身份担任访问员,开始调查活动。结果会怎样?该怎样修正调查组织工作?

[**演练目标**]市场调查过程管理。

[**演练组织**]学生分组,可以从不同角色去参与调查活动。

[**演练提示**]结合材料,掌握市场调查组织过程的控制。

[**成果评价**]各组展示,教师讲评。

◇ 学生自我总结

通过完成任务6 市场调查工作的组织,我能够做如下总结:

一、任务概述

本任务的主要内容有：

二、任务定位

本任务在职业活动中的地位：

三、完成任务过程分析

本任务的完成过程是：

四、工作过程要素分析

在本任务的完成过程中： 1．工作过程要素有： 2．操作要领有： 3．这么做的原因有：

五、成果检验

本任务的工作成果： 1．完成本任务的意义有： 2．体会的经验有： 3．自悟的经验有： 4．形成的策略有：

任务7

市场调查资料的整理

▷ **任务目标**

▷ 知识目标

1. 了解市场调查整理的意义；
2. 熟悉市场调查资料分组；
3. 掌握市场调查资料编码的要求；
4. 了解市场调查图表化的要求。

▷ 技能目标

1. 能对调查资料进行分组；
2. 会调查资料的编码与录入；
3. 能够将市场调查资料图表处理；
4. 能整体把握调查资料整理工作。

◈ 任务分解

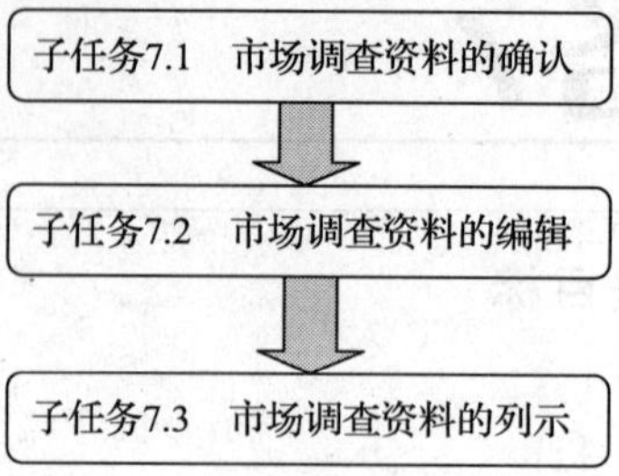

◈ 情境导入

尊敬的读者:您根据市场调查企划、选定了适当的调查方法,完成了市场调查的资料收集工作。对于收回的问卷,在进行资料录入之前,要进行数据资料的确认,这是保证市场调查工作质量的关键。所以,登记、审核资料是确认资料中不可忽视的重要环节。

将所收集的资料汇总在一起,以便进行统计处理。在汇总的过程中,为了避免信息损失以及评价调查人员的工作成绩,要先对资料进行登记分类。

为了统计、分析的方便,还需把原始资料转化为符号或数字,使资料能够标准化。即问卷设计者在编写题目时,给予每一个变量和可能答案一个符号或数字代码;将经过编码的数据资料输入计算机的存储设备(硬盘或闪存)中,这样便可供计算机统计、分析了。在这里,您将进入一个新的业务操作环节:**市场调查资料的整理**。

市场调查与预测活动操作的第 7 步:**市场调查资料的整理**。为了方便您掌握市场调查与预测活动的基本技能,学会市场调查资料整理工作的专业技巧,我们根据实际业务活动顺序,将市场调查资料整理这样一个业务活动过程又分为三个子任务,这三个子任务分别是:

市场调查资料的确认;

市场调查资料的编辑;

市场调查资料的列示。

您可以按照任务引领,对照学习目标,依次完成各项子任务,直至完成本任务,从而获取整理市场调查资料的职业活动能力。

7.1　市场调查资料的确认

> 任务描述:完成资料收集工作的时候,回收的资料应该得到确认。确认工作首先是从调查问卷的回收与登记开始。同时,为保证调查资料准确、真实和完整,还必须对资料进行严格的审核,以确定哪些问卷是合格的,可以接受,哪些问卷是不合格的,必须作废。

无论通过二手资料调查,还是实地调查,都会收集到许多数据资料。为了使这些数据资料能够系统化、条理化,市场调查人员必须对这些资料进行整理,如去伪存真、合并同类等工作。其目的就是为下一步进行数据资料的分析做准备。

由于访问调查要借助市场调查问卷,根据项目大小不同,问卷承载的信息也有繁简之分。越是复杂的项目,问卷获得的数据资料整理工作量就越大。本任务就是以问卷信息整理为例,读者应该意识到,其他方法获得的数据资料也需要整理分析。

通过问卷调查得到的是大量的原始资料,这些只是研究分析的基础,因为这些资料反映的是总体单位(个体)的状况,是分散凌乱的,不能完整系统地反映总体的情况。必须通过整理,才能做进一步的分析。

重要概念 7－1

市场调查资料的整理

市场调查资料的整理是指对通过各种方法收集到的资料加以整理、分析及统计运算,把庞大的、复杂的、零散的资料集中简化,使资料变成易于理解和解释的形式。简言之,市场调查资料整理就是通过一系列的操作将收集到的第一手或是第二手资料转变成为数据结果,以便于研究者了解、揭示其中的含义。使之成为更适用、价值更高的信息,是为下一阶段的统计分析做准备的过程。

以问卷回收信息为例,市场调查资料的整理包括以下工作内容:

7.1.1 调查问卷的回收与登记

随着实地调查工作接近尾声,市场调查项目管理控制部门应开始考虑安排调查问卷的回收工作。调查问卷的回收要有项目组专人负责,应加强责任制,保证问卷的完整与安全。

1. 分门别类,编号存放

如果是一个大型项目,可能涉及多个调查地点,根据调查计划,随时会有不同的调查人员交回不同的问卷。问卷回收部门一定要细心、妥善地将各种问卷及时进行编号,分门别类地存放或移交给研究部门。

2. 填写问卷登记表

为了加强对回收问卷的管理,一般事先需要专门设计登记表格,具体内容有:调查地区及编号、调查员姓名及编号;调查实施的时间、问卷交付的日期;问卷编号;实发问卷数、上交问卷数、未答或拒答问卷数、丢失问卷数等。

3. 做好标记

回收的问卷应分别按照调查人员和不同地区(或单位)放置,醒目标明编号或注明调查人员和地区、单位,以方便整理和查找。

任务资讯 7－1

市场调查资料整理的原则

市场调查资料整理的实质是对市场调查获得的信息资源进行初步加工和开发,这种信息资源表现为问卷或调查表中的原始数据、定性调研的原始资料、从内部和外部渠道获取的二手资料等,它们往往是凌乱的、分散的、不系统的一堆原材料,必须通过加工、开发才能转化为有价值的语法信息。语法信息是描述现象总体的数量表现和数量结构关系的初级信息产品的形式，是语义信息和语用信息开发的基础和前提。市场调查资料整理要使加工开发的语法信息具有价值，应遵循以下原则：

（1）目的性原则。市场调查资料的整理要服从于市场调查的目的要求，针对市场调查需要解决的问题，即用户管理决策的信息需求，有针对性地加工开发出以总括性数据与结构性（分类的）数据相结合的语法信息。

（2）核查性原则。为确保数据处理质量，市场调查资料整理应注意事前、事中和事后都必须对数据质量进行核查，以求发现问题，查找差错，确保数据的准确性和可靠性，为进一步的分析研究提供高质量的语法信息。

（3）系统性原则。市场调查资料的整理，不能停留在调查问卷或调查表数据的简单加工、汇总上，应实行多方向、多层次的加工开发，以及调查项目之间的交叉开发，使加工开发的语法信息具有序列化，能最大限度地满足分析研究的需要。

（4）时效性原则。市场调查资料的整理是数据处理的过程，需耗费一定的时间，如果不提高加工整理的效率，数据的时效性就会受到影响。因此，应利用计算机自动汇总技术、数据库技术等对数据进行及时的加工处理、传输和反馈。

7.1.2 调查问卷的审核

调查问卷是资料整理工作的基础，通过对原始资料进行审查核实，可以避免调查资料的遗漏、错误或重复，保证调查资料准确、真实、完整和一致，达到调查资料整理的目的和要求。调查问卷的审核具体包括完整性、准确性、时效性与一致性审核等方面。审核问卷一般由具有丰富经验的资深审核员进行。

1. 进行完整性审核

完整性审核包括检查应调查的总体单位是否齐全与调查项目（标志）的回答是否完整两个方面。调查问卷的所有问题都应有答案。答案缺失，可能是被调查者不能回答或不愿回答，也可能是调查人员遗忘所致。资料整理人员应决定是否接受该份问卷，如果接受就应马上向原来的被调查者询问，填补问卷的空白；或者询问调查人员有无遗漏，能否追忆被调查者的回答。否则，就应放弃该份问卷，以确保资料的可靠性。

在进行完整性审核时，应注意答案缺失有三种表现：其一是全部不回答；其二是部分不回答；其三是隐含不回答，如对所有问题都选“A”，或都回答“是”。第一种和第二种情况容易发现，对第三种情况应仔细辨别、谨慎处理，一旦确认，一般视其为无效问卷，应放弃该份问卷。

2. 进行准确性审核

准确性审核可以通过逻辑检查、比较审查和设置疑问框审查等方法进行。

逻辑检查是分析标志、数据之间是否符合逻辑，有无矛盾及违背常理的地方，即进行合理性检查。如一般情况下，在审核中发现少年儿童年龄段的居民，文化程度的填写却是大学以上，即属于不合逻辑的情况。

比较审查是利用指标数据之间的关系及规律进行审查，如地区居民户数不可能大于地区居民人数，地区居民总人数应等于城镇居民人数与农村居民人数之和，产品全国的销售总额应等于其在各省、市、自治区的销售额之和等。

设置疑问框审查则是利用指标之间存在一定的量值与比例关系，通过规定疑问框，审查数据是否有疑问。例如，规定某变量值不低于0.3、不高于0.8，如果数据在此范围之外，即属于有疑问数据，应立即抽取出来并进行审查。操作中应注意疑问框的设置不能相距过大，否则会遗漏有差错的数据；但也不能过小，过小会使大量正确数据被检出来，增加审查的工作量。因此，疑问框的设计应由经验丰富的专家负责，才能取得良好的效果。

3. 进行时效性审核

检查各调查单位的资料在时间上是否符合本次调查的要求，其中包括接受的资料是否延迟、填写的资料是否是最新的资料等，从而避免将失效、过时的信息资料用做决策的依据。

4. 进行一致性审核

即检查资料前后是否一致，避免自相矛盾。

例7－1 在一次牙膏市场调查中，一位被调查者在某一问题中回答说自己最喜爱某品牌的牙膏，但在回答另一个问题时却说自己经常购买另一品牌的同类产品。显然该被调查者的答案前后矛盾。对于这种情况，审核人员应决定是再次向被调查者询问，还是将该份问卷作为无效问卷剔除。

7.1.3 问题问卷的处置

1. 返回现场重新调查

此方法适用于规模较小、被调查者容易找到的情形。但是，调查时间、调查地点和调查方式可能发生变化，从而影响二次调查的数据结果。

例7－2 由于季节的变化，可能导致消费者的消费倾向也产生变化，如我国北方的春夏之交，气候冷热交替得非常快，人们对购买服装的意愿可能也会快速变化。

例7－3 调查方式变化。如第一次调查时，调查人员采用的是电话访谈，而第二次调查则采用了面谈方式。由于被调查者短期内未适应这种变化，心理上出现了波动，两次回答问题的差异可能会很大。

2. 视为缺失数据

在无法退回问卷，不能重新调查的情形下，可以将这些不满意的问卷作为缺失数据处理。如果不满意的问卷数量较少而且这些问卷中令人不满意回答的比例也很小，涉及的变量不是关键变量，可采取此方法。

重要概念7－2

缺失数据

缺失数据又称缺失值，是由于被调查者对问题回答的表述含混不清、错误、未做回答，或者由于调查人员疏漏，未问问题，也未做记录，造成的数据奇异值或缺失。当缺失回答大于10%时，必须对其进行必要的处理。常用的方法有用平均值替代、相关推测值替代和删除调查对象。例如，我们可以借助被调查者对其他问题的回答，推测确实的答案可能是什么。

3. 视为无效问卷

存在以下情况,问卷应被视为无效问卷,可放弃不用:

(1) 令人不满意回答的问卷占问卷总数的比例在10%以下。

(2) 样本量很大。

(3) 不满意问卷与合格问卷的答卷者在人口特征、关键变量等方面的分布没有显著差异。

(4) 准备放弃的问卷中令人不满意回答的比例较大。

(5) 关键变量的回答缺失。

7.1.4 市场调查资料的分组

> **重要概念7-3**
>
> 资料分组
>
> 资料分组是根据调查研究的目的和任务,按照某种标志,将总体区分为若干部分的一种统计方法。总体的这些组成部分称为"组"。资料分组有两层含义:对于总体而言是"分",即把不同性质的现象区分开来;对于个体而言是"合",即把性质相同的个体归纳在一起。资料分组的基本原则:保持各组内统计资料的同质性和组与组之间资料的差别性。准确的分组能够揭示现象的本质和特征。在保证调查资料准确性的前提下,分组是否合理、科学关系到整个调查统计分析研究的成败。

1. 分组的原则

(1) 根据调查目标选择分组标志。同一总体由于研究目的不同,采用的分组标志也不同。

例7-4 对某城市所有消费者这一总体。根据调查目的的不同,可以分别采用性别、年龄或者职业等标志作为分组标志。

(2) 选择能够反映现象本质或主要特征的标志。有时能够反映某一调查目的的标志有多个,此时应尽可能选取最能反映现象本质的关键性标志。

例7-5 调查居民购买能力,有关的标志有居民工资水平与居民家庭人均收入水平,而其中人均收入水平更能反映居民购买能力的真实情况,是应该被采用的关键性标志。

不过需要指出的是,有些现象由于其复杂性,采用单个分组标志不能满足要求,必须采用两个以上的分组标志。如对企业规模的划分,就需采用资产总额和年销售额双重标志进行分组。

(3) 还应考虑现象所处的具体历史条件和经济条件。随着社会的发展,现象所处的历史条件和经济条件也在不断变化,改革开放以后,我国经济体制已从计划经济转轨为市场经济,尤其是中国加入WTO以后,包括统计制度在内的经济活动逐步与国际接轨,因此许多过去适用的分组标志现在可能不再适用,应根据条件的变化选用新的、合适的标志。

2. 分组的类型

根据统计分组时采用标志的多少,有简单分组和复合分组两种分组方法。

(1) 简单分组是对所研究的现象只采用一个标志进行的单一分组。

例 7-6 对总人口按性别进行分组，或将所有产品市场分为消费性产品市场和工业性产品市场。

(2) 复合分组是对所研究的现象采用两个或两个以上的标志进行连续分组。

例 7-7 对某地区消费者总体，可以先采用收入标志，然后再按照职业进行分组，还可以进一步根据文化程度、性别等标志进行第三次、第四次分组。

人口统计分析中，可以将人口先按“性别”分成男、女两组，然后在男性和女性两组中分别按照“文化程度”划分为大学及大学以上、高中、初中、文盲及半文盲五组。

在实际业务活动中，一般来说，如果总体单位数很多、情况复杂，适宜采用复合分组。例如，为了了解我国高等院校在校学生的基本状况，可以同时选择学科、本科或高职高专、性别三个标志进行复合分组，并得到复合分组体系。

但需要注意的是，如果采用的标志太多，会使所分组数成倍增加，导致各组单位数过少，反而达不到分组目的。因此，不宜采用过多标志进行分组。

任务资讯 7-2

资料分类(组)及要注意的问题

资料的分类是针对市场信息的性质、特点、用途等进行的归类处理，实践中的资料主要有量化和非量化两种，这两种性质的资料的分类方法也有所不同。

定性资料的分类是根据研究目的、主题和统计分析的需要，确定分类标准，进行分类汇总。但分类时应注意，分类的标准是简洁和互斥的，每个回答只能放在一个间隔里；分类涵盖所有可能的回答，经常使用“其他”来包括没有给出的答案选择；对开放性问题，一般不要求被调查者从备选答案中做选择，而是由研究人员根据研究的实际需要来分类；分类前要看是否存在定量的问题。

在实际应用中，许多问卷本身就已经对答案进行了分类，并转化成了定量的形式；但当问题的答案是一个具体的数值时，就需要对答案根据调查分析的需要，按答案显示的规律，选择合适的标准进行归类。一般情况下，资料的分类要注意以下几个方面的问题：

第一，分类各标准之间要相互排斥和全面涵盖，以方便被调查者回答。比如，分类为 100~150 件、150~200 件、200~250 件，这样就使大于 250 件、小于 100 件、或者正好等于 150 件和 200 件的调查对象，无法进行编类。

第二，分类标准应该根据研究的目的、主题和统计分析的要求而定。

第三，分类间隔要使最常出现的答案在中间。比如，如果很多的消费者关于月收入的调查数据是 1 350 元左右和 1 720 元左右，这样的话，分类的间隔应该是 1 000~1 500 元和 1 501~2 000 元，而不能使用 1 000~1 400 元或 1 301~1 800 元。

第四，分类间隔要尽量多。因为如果分类多，就可以减小综合的难度；分类少或太粗略，就可能影响分析的精确程度。

第五，使用复合分类。在调查人员对调查的资料数据还未确切掌握的情况下，应该使用多种分类，以便进行符合调查主题的分析。

例 7-8 一家公司派出市场调查人员深入市场进行实地考察。目的是想了解当地用户对某类产品的采购方式。市场调查人员走访了几家公司后，发现各家公司的采购方式与各自公司规模大小、经营产品类别有密切相关。同时，还发现各自重点选购的商品差别很大，市场调查人员又根据了解到的情况进行分析，认为这些公司的采购方式很可能与各家公司本身的特点有关。于是，又将有关这十几家公司的规模、经营的产品等方面资料再做详细"分类"。为了能够客观地验证各家公司的规模与它的采购方式之间可能存在着的某些关系。根据各自的营业额把这几家公司划分为五类：

营业额每年 1 000 万元以上；

营业额每年 500 ~ 1 000 万元；

营业额每年 250 ~ 499.9 万元；

营业额每年 100 ~ 249.9 万元；

营业额每年 100 万元以下。

分组之后，市场调查人员只需要对这五类规模大小各异的企业公司，根据各类公司特点相互进行比较即可说明问题，而不必逐一进行相互比较。

例 7－9 某公司的一位市场调查人员正在某地进行实地调查，主要了解巧克力糖果在当地的销售情况。他了解到当地销售的巧克力糖果共有几十个品牌，某个品牌的销售数量正在增长，而有些品牌的销售量不断下降，而且变化速度彼此大不相同。他考虑这可能与各种巧克力糖果的销售方式有关。为进一步深入调查，他将每个品牌（包括今后可能新出现的品牌）的巧克力糖果分为四大类：

实心巧克力；

软心巧克力；

带包装的；

不带包装的。

这样一来，他就可能通过集中观察这几类巧克力糖果的销售情况，进一步查明各种销售方式对增加或减少销售数量有什么直接的影响了。

任务回顾

任务指标	表现要求	已达要求	未达要求
（陈述性）知识	掌握重要概念、特征和意义		
（实践）技能	能进行职业操作活动		
认识整体职业任务	能概述并认识整体职业任务		
认识职业任务的地位	能认识职业任务的上下衔接关系		
其他			

7.2 市场调查资料的编辑

资料汇编阶段，往往需要处理大量的数据资料，传统的手工汇总技术（包括划记法、折叠法、过录法、卡片法等）效率低、速度慢，已退居次要的辅助地位，目前的市场调查工作，一般采用电子计算机汇总处理技术。运用计算机进行数据处理，首先需要对资料进行编码，然后将数据录入计算机，选择计算机软件（如 SPSS、SAS 等）或自编程序计算分析。

7.2.1 市场调查资料的编码

> **重要概念 7-4**
>
> 编　　码
>
> 编码是把原始资料转化为符号或数字的资料标准化过程。即问卷设计者在编写题目时,给予每一个变量和可能答案一个符号或数字代码,又称事前编码;如问题已经作答,为每个变量和可能答案给予一个符号或数字代码,则称为事后编码。

通过编码,不但能使资料简单、方便地输入计算机中,更重要的是,通过合理编码,还能使得不同信息易于分别、理解、计算,对于统计计算和结果解释工作产生较大影响。

一般来说,标准化的封闭式问卷资料的编码过程比较简单,而开放性的问卷资料或讨论、记录资料的编码过程就比较复杂。标准化的封闭式问卷常用事前编码,可节省时间,而开放性资料常用事后编码,可涵盖所有作答情况。

1. 事前编码

事前编码是针对结构性问题的一种编码方法,编码方法相对简单,因为问题事先都已规定备选答案,所以每一个问题的每个答案都可以赋予编码,并对答案代码的含义和所在栏目予以说明。

例 7-10　您家里是否有笔记本电脑吗?　　1-有　　2-没有　(18)

在这个问题中,代码1代表“有”,代码2代表“没有”,括号中的数字表示这个答案记录在编码表中的18栏。

以上是单选题,在1和2两个选项中只能选择一个答案。如果是多选题(即答案可选两个或两个以上),编码处理方式是将每个选项设为二分变量,即对于每个选项给予0、1两个编码,选中的标1,未被选中的则标0。

例 7-11　您喜欢的牙膏品牌是(可多选):

① 高露洁　(0,1)　(19)

② 佳洁士　(0,1)　(20)

③ 中华　(0,1)　(21)

④ 冷酸灵　(0,1)　(22)

⑤ 黑妹　(0,1)　(23)

⑥ 蓝天　(0,1)　(24)

以上是多选题(即答案可选两个或两个以上),编码处理方式也是将每个选项设为二分变量,即对于每个选项给予0、1两个编码,选中的标1,未被选中的则标0。

2. 事后编码

事后编码是指问卷调查及回收工作完成以后再进行编码设计。需要进行事后编码的问题主要有两类:① 封闭型问题的“其他”项;② 开放题或非结构性问题。由于以上两类问题的回答较为复杂,所以一般需要在资料收集完成后,再进行编码设计。事后编码一般需由具有专业素质的编码人员进行。

例 7-12　回答问卷中“您为什么今后两年内不想购买燃气热水器?”时,调查人员收集到以下回答：

1. 我可在单位洗澡，没必要买。
2. 他们外观不好看，影响卫生间布局。
3. 颜色不好，价格又贵。
4. 听说使用有安全隐患。
5. 体积太大，厨房里不好安装。
6. 国产热水器使用不方便。
7. 我不太了解。
8. 安装和维修都比较麻烦，还是不买了。
9. 我不喜欢它的外观，颜色也太单调。

这么多的回答，如果不进行归类处理，就不好去分析。所以，应该将一些意思相近的答案归到某一类中去，再从中分析不买的主要原因。

例 7－13 将上述答案合并归类，如表 7－1 所示。

表 7－1 答案合并与编码

回答类别描述	答案归类	分配的数字编码
体积大、外观、颜色差	2,3,5,9	1
价格贵	3	2
使用不方便	6,8	3
使用不安全	4	4
没需求	1	5
不知道	7	6

3. 事后编码注意事项

（1）调查资料的编码要尽可能保持其内容的翔实性。

（2）编码应采取一一对应的原则，即每个答案对应一个编码，不应交叉重叠。

（3）一些重要项目即使未在问卷中出现，也应进行编码。

任务资讯 7－3

编码的基本原则与编码的作用

在编码过程中，应遵循以下原则：

（1）准确性原则。设计的代码要能准确、有效地替代原信息。

（2）完整性原则。在转换信息形式的同时尽量不丢失信息，减少信息的损失和浪费。编码时一般需预留足够位置，以适应调整代码或插入新的号码的需要。

（3）效率性原则。易于操作，节约人力、物力。

（4）标准化原则。一般每一个代码只代表一个数据，代码的设计要避免混淆和误解。

（5）兼容性原则。即通用性原则，以便与其他系统接轨，增加调查资料的使用范围。

编码的作用主要体现在以下几个方面：

（1）将定性资料转化为定量数据，使问卷信息转化为规范标准的数据库，进而可以利用统计软件进行计算分析。

(2) 减少数据录入和统计分析的工作量，节省时间和费用，提高工作效率。

(3) 降低误差。资料经过量化后，清晰明了，不易丢失。另外，利用编码技术修正答案误差、替代缺失值，都可以降低误差。

4. 设计编码表

为了查找、录入以及分析的方便，编码人员要编写一本编码表，说明各英文字母、数码的意思。录入人员可根据编码表说明来录入数据，研究人员或计算机程序员根据编码表拟统计分析程序，研究者阅读统计分析结果，不清楚各种代码的意义时，可以从编码表中查询。

例 7－14 空调消费者调查问卷整理时用的编码表，如表 7－2 所示。

表 7－2 编 码 表

变量序号	变 量 含 义	题号	变量名称	是否跳答	数据宽度	数 据 说 明
1	长虹的知名度	Q1	Q1－1	否	1,0	1＝选中,2＝未选中
2	海尔的知名度	Q1	Q1－2	否	1,0	1＝选中,2＝未选中
…	…	…	…	…	…	…
10	其他品牌知名度	Q1	Q1－10	否	1,0	1＝选中,2＝未选中
11	最常用品牌知名度	Q2	Q2－1	否	2,0	1＝长虹,2＝海尔,…,11＝其他,99＝漏答
12	次常用品牌知名度	Q2	Q2－2	否	2,0	同上
13	第三常用品牌知名度	Q2	Q2－3	否	2,0	同上
…	…	…	…	…	…	…
30	长虹价格合理排序	Q10	Q10－1a	是	1,0	1＝最合理,…,6＝最不合理
31	海尔价格合理排序	Q10	Q10－1b	是	1,0	1＝最合理,…,6＝最不合理
…	…	…	…	…	…	…

变量序号是给各变量的一个新的数码，表示各变量在数据库中的输入顺序；变量含义是指问卷中问题意思的概括，使研究者或程序设计师很快得知这一变量的意思；相应问卷题号指变量属于问卷中的第几题；变量名称是变量的代号，便于计算机识别与统计操作；是否跳答是指是否属于只适合部分消费者回答的问题；数据宽度包括变量的数据最多是几位数及小数点后几位；数据说明是对各数码代表受访者的某种反应的说明。

7.2.2 市场调查资料的录入

录入资料是将经过编码的数据资料输入计算机的存储设备（硬盘或闪存）中，这样便可供计算机统计分析了。数据的录入形式有两种，一种是以单独数据文件的形式录入和存在，另一种是直接录入专门的统计分析软件中（如 Excel、SPSS 等）。

1. 选择录入方式

采用计算机辅助电话调查(CATI)、计算机辅助面访(CAPI)及网络调查,数据收集与录入可以同时完成。而对于面访、邮寄调查及传真调查,事后还需要进行数据录入。数据录入的传统方式是键盘录入。此外还可以采用扫描、光标阅读器等光电录入方式。光电录入要求填写的调查表和编码的数字书写规范,否则容易造成数字误识。目前使用最多的仍是键盘录入。数据录入可以利用数据库形式,也可以采用一些专门的数据录入软件。

2. 手工录入注意事项

键盘录入容易出错,录入员可能因为手指错位、错看、串行等原因造成录入错误。如果录入人员工作态度不够认真负责或者技术不熟练,更会扩大差错率。因此,采用手工录入时,可采取以下措施,控制录入质量:

(1) 挑选工作认真、有责任心、技术水平高的人员组成数据录入小组。

(2) 随时加强对录入人员的培训、管理和指导。

(3) 定期或不定期检查录入员的工作效率和质量,对差错率和录入速度达不到要求的录入员予以淘汰。

(4) 对录入的资料进行抽样复查,一般复查比例为25%~35%。

(5) 双机录入,即用两台计算机分别录入相同资料,比较并找出不一致的数据,确定差错,然后加以更正。双机录入可有效提高数据质量,但花费的时间和费用也较高。

任务资讯7-4

资料编码的方法

(1) 顺序编码法。即用某个标准对市场资料的信息进行分类,并根据一定的顺序用连续的数字或字母进行编码的方式。比如,调查消费者月收入的项目把不同消费的家庭分为五个档次,然后用1~5分别代表从低到高的五个档次:

① 小于1 000元;

② 1 001~3 000元;

③ 3 001~5 000元;

④ 5 001~7 000元;

⑤ 大于7 000元。

这种编码的方式比较简便,易于管理,但不适合用于进行分组处理。

(2) 分组编码法。即根据调查对象的特点和信息资料分类及其处理的要求,把具有一定位数的代码单元分成若干组,每个组的数字均代表一定的意义。所有项目都有着同样的数码个数。例如,对目前在校大学生进行一次关于使用信用卡意向的调查,相关的信息包括性别、类别、月消费、使用意向四项。用分组编码法进行编码如下:

性别	类别	月消费	使用意向
1=男性	1=本科生	1=小于150元	1=已有卡
2=女性	2=硕士生	2=151~300元	2=准备使用
	3=博士生	3=301~500元	3=不准备使用
		4=501~700元	4=无意向
		5=701~1 000元	

6 = 1 001 ~ 2 000 元

7 = 大于 2 000 元

则编码 1234 就表示一名男性硕士研究生，每月消费在 301 ~ 500 元之间，并且不准备办理信用卡。

任 务 回 顾

任 务 指 标	表 现 要 求	已 达 要 求	未 达 要 求
(陈述性)知识	掌握重要概念、特征和意义		
(实践)技能	能进行职业操作活动		
认识整体职业任务	能概述并认识整体职业任务		
认识职业任务的地位	能认识职业任务的上下衔接关系		
其他			

7.3 市场调查资料的列示

实地调查取得大量反映个体情况的原始资料，对这些原始资料进行科学的分类、汇总整理以后，则可得到反映总体综合情况的统计资料。为了后期分析的方便，这些资料数据应该通过有效的方式得以显示，其主要形式是统计表和统计图。

7.3.1 资料的制表列示

用表格的形式来表达数据，比用文字表达更清晰、更简明，也便于显示数字之间的联系，有利于进行比较和分析研究。

重要概念 7 – 5

单栏统计表与多栏统计表

统计表是表现统计资料的一种形式。把经过大量调查得来的统计资料，经过汇总整理以后，按照一定的规定和要求填列在相应的表格内，就形成了一定的统计表。

市场调查资料制表列示方式主要有单栏统计表和多栏统计表。最简单的表就是对单一问题按回答项目制表，称为单栏表，又称单向频次(频率)表；对两种或两种以上的调查项目变量制表称多栏表，又称交叉制表。交叉制表的价值在于它提供了项目变量之间关系的内涵。其优点有四方面：① 使统计资料条理化、清晰化。② 简明易懂、节省篇幅。③ 便于比较(项目、指标)、便于计算(直接通过表格计算)。④ 方便检查、核对数字的完整性和准确性。

此外，制表应注意以下几方面问题：

1. 设计与填写统计表

在设计统计表之前，要对列入表中的统计资料进行全面的分析研究，包括研究如何分组、如何设置指标、哪些指标放在主栏、哪些指标放在宾栏，等等。要对统计表的设计有一个全面的考虑与安排，务必使其主次分明、简明醒目、科学合理。

任务资讯 7－5

统计表的结构

统计表是表现调查资料的一种重要形式，即将调查得来的原始资料经过整理，使之系统化，用表格形式表现。

从形式上看，统计表是由纵横交叉的直线组成的左右两边不封口的表格，表的上面有总标题，即表的名称，左边有横行标题，上方有纵栏标题。表内是统计数据。因此，统计表的构成一般包括四个部分：

（1）总标题。它相当于一篇论文的总标题，表明全部统计资料的内容，一般写在表的上端正中。

（2）横行标题。又称统计表的主词（主栏），它表明研究总体及其分组的名称，也是统计表说明的主要对象，一般列于表的左方。

（3）纵栏标题。又称统计表的宾词，表明总体特征的统计指标的名称，一般写在表的上方。

（4）数字资料。即表格中的数字。

设计与填写统计表具体应注意以下一些问题：

（1）统计表的形式一般应为长宽比例适中的长方形，统计表的上下两端的端线应当用粗线绘制，表中其他线条一律用细线绘制。表的左右两端习惯上均不画线，采用不封闭的开口形式。

（2）表中的横行“合计”，一般列在最后一行（或最前行），表中纵栏的“合计”一般列在总体分组后的最前一栏。

（3）表中纵栏较多时，为方便阅读与核对指标之间的关系，可以按栏的顺序编号。习惯上对非填写统计数字的（文字）各栏分别按（甲）、（乙）、（丙）……的顺序填写编号；而对指标数字的各栏分别用（1）、（2）、（3）……的顺序编号。各栏之间如果有计算关系，可以用数学公式表示，如（3）＝（2）－（1），表示第3栏等于第2栏减去第1栏。

（4）表中的总标题要简明、扼要，并能确切说明表中的内容，同时在标题内或在标题下面应说明统计资料所属时间、空间。

（5）表内各主词之间、各宾词之间的排列顺序，应按时间先后、数量的大小、空间的位置等自然顺序合理编排。一般是按从小到大、从过去到现在、从低到高的顺序排列。

（6）表中的指标数字应有计算单位。如果全表的计算单位都是相同的，应在表的右上角注明单位；如果表中各栏的指标计算单位不相同，应在各栏标题的下方或右侧注明计算单位；如果表中同行的分组指标单位相同时，应在横行标题后专辟“计量单位”栏。

（7）表内上下各栏数字的位数要对整齐，同类数字要保持有效的统一位数。例如，统一规定整数后面保留两位小数，如果小数点后面是零时，应当填上“0”，以表示没有小数。表内如有相同的数字时，应全部重写一遍，不能用“同上”、“同左”等字样表示。不可能有数字的空格，应当用短横线“—”填写，以免被误认为漏填；如果有数字但数字很小，可以忽略不计，或应有数字但不详，可以用虚线“……”表示；如果某项资料免于填报，应当用符号“×”表示。总之，表内各行各栏不应留有空格。

(8) 对某些资料必须进行说明时,应在表的下面注明。

2. 编制频数表

频数表可以描述数据分布的基本状况,其编制方法如下:

(1) 确定组距和组数。首先将原始资料按标志值的大小顺序排列,找出最大值、最小值,确定全距,然后再根据标志值的数量级和全距确定组距和组数。组距和组数互为制约,组数越多则组距越小,组数越少则组距越大。一般可先确定组距,再根据组距确定组数。

如以 R 代表全距、I 代表组距、K 代表组数、若已知全距和组距,则 $K = R/I$;反之,若已知全距和组数,则 $I = R/K$。

(2) 在市场调查研究中,所分组数不宜太多或太少,一般为 5 ~ 15 组较合适。当然,不同情况需区别对待。重要的是,通过分组应将总体单位的性质区别及其分布特征、集中趋势显示出来。

(3) 确定组限时,最小组的下限应低于或等于最小变量值,而最大组的上限应高于或等于最大变量值。因为只有如此,才能把所有的变量值都包括在各组中,但组限和变量值的距离又不要差距过大,必要时,可采用开口组(如人口统计中的年龄分组)。

例 7-15 对某生产企业 30 名工人完成劳动定额的情况进行调查,某原始资料如下所示(%)。

98	81	95	84	93	86	91	102
103	105	103	104	108	107	108	101
106	109	112	114	109	117	125	115
120	119	118	116	129	123		

第一步:计算全距。

将各变量值由小到大排序,确定某最大值、最小值,并计算全距。

变量的最大值是 129%、最小值是 81%。

全距 = 最大值 - 最小值 = 129% - 81% = 48%。

第二步:确定组数和组距。

在等距分组时,组距与组数的关系是:组距 = 全距/组数。

本例中根据一般将成绩分成优、良、中、及格和不及格的五档评分习惯,可以先确定组数为 5。在等距分组时,计算组距如下:组距 = 48% ÷ 5 = 9.6%。

为了符合习惯和计算方便,组距近似地取 10%。

第三步:确定组限。

关于组限的确定,应注意如下几点:

第一,最小组的下限(起点值)应低于最小变量值,最大组的上限(终点值)应高于最大变量值。

第二,组限的确定应有利于表现出总体分布的特点,应反映出事物质的变化。

第三,为了方便计算组限应尽可能取整数,最好是 5 或 10 的整倍数。

第四,由于变量有连续型变量和离散型变量两种,其组限的确定方法是不同的。

第四步:编制频数(频率)分布表,如表 7-3 所示。

表 7－3　某生产企业 30 名员工劳动定额完成情况分布图表

劳动定额完成程度(％)	频数(人)	频数(％)
80～90	3	10.0
91～100	4	13.3
101～110	12	40.0
111～120	8	26.7
121～130	3	10.0
合计	30	100.0

3．制表应注意的问题

（1）制表要求科学、实用、简明、美观。

（2）表格一般采用开口式，表的左右两端不画纵线，表的上下通常用粗线封口。

（3）最好用一个表集中说明一个问题，如果反映的内容较多可以分为几个表来表达。

（4）表的左上方是表的序号，表格上方的总标题要简明扼要，恰当反映表中的内容。

（5）表中的数字要注明计量单位。

7.3.2　资料的制图列示

统计图是统计资料的另一种常用的表达形式，用各种图形形式来反映统计资料，从视觉角度来说具有简洁具体、形象生动和直观易懂的特点，能给人明确、深刻的印象，一般能取得较好的效果。当然，统计图只是描述和揭示统计数据特征的有效方法之一，它并不能代替统计分析。

绘制统计图，应注意从以下几个方面着手：① 明确制图目的；② 精选符合制图目的的准确的统计资料，以使图示内容正确而又简明扼要；③ 选择合适的图式，力求图形的科学性和艺术性；④ 认真设计和绘制，对图形的布局、形态、线条、字体和色彩都要认真选择和处理；⑤ 标题明确而鲜明；⑥ 必要时可附加统计表和文字说明。

1．制作条形图

条形图是以宽度相等的条形的长度或高度来反映统计资料。所表示的统计指标可以是绝对数，也可以是相对数和平均数；可以是不同地区、单位之间的同类现象，也可以是不同时间的同类现象。根据图形的排列方式，条形图可以分为纵式条形图（即柱状图，如图 7－1，图 7－2）和横式条形图（即带形图，如图 7－3）；根据图形的内容区分，有简单条形图（图 7－1）、分组条形图（图 7－2）和分段条形图。

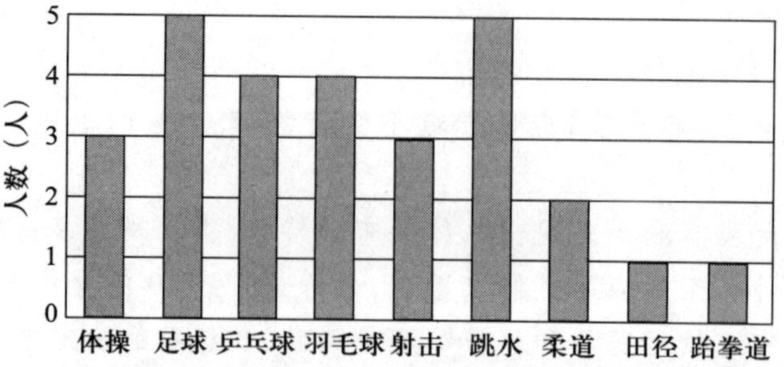

图 7－1　我国南方某市中学生对体育运动项目的爱好程度

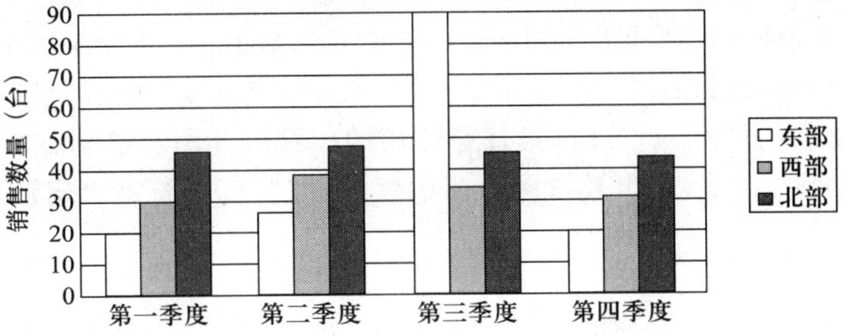

图 7－2　某汽车制造企业产品在不同地区各季度的销售情况

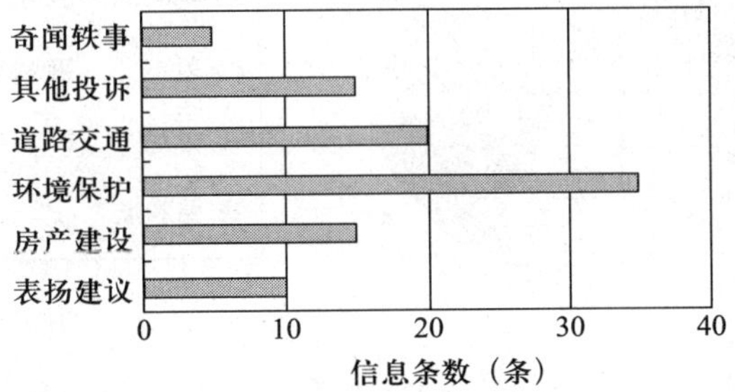

图 7－3　某市"市长热线"开通一个月的接听信息统计

2. 制作直方图、折线图

直方图是描述分配数列的一种条形图，与前述条形图的区别是各条形之间不留间隔。直方图常和曲线图相结合。即在直方图（见图 7－4）的基础上，连接各条形顶边的中点，形成一条折线（曲线），形成折线图，如图 7－5 所示。

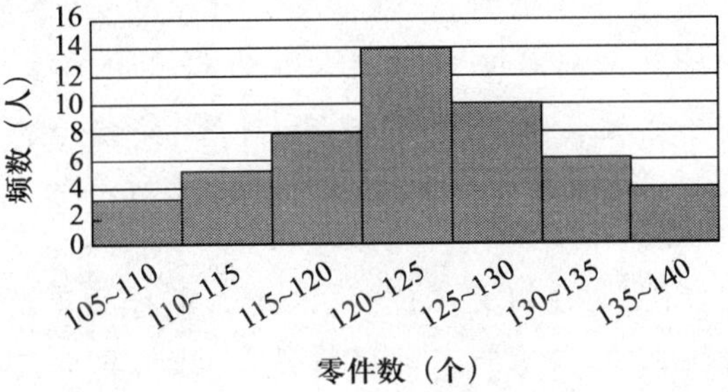

图 7－4　某生产车间 50 名工人日加工零件频数分布直方图

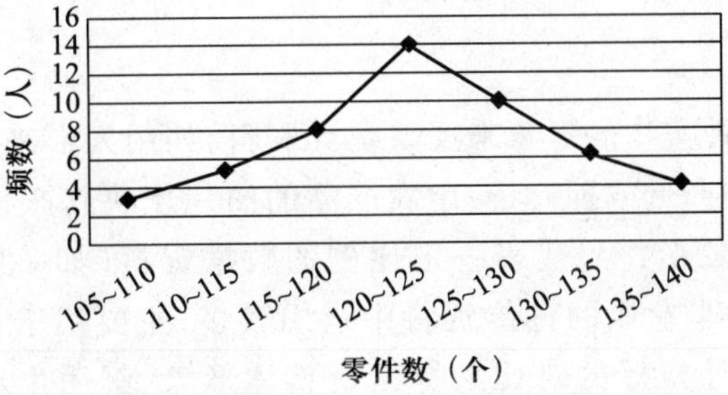

图 7－5　某生产车间 50 名工人日加工零件频数分布折线图

3. 制作饼形图

饼形图又称圆形图，是用圆形面积的大小代表总体数值，或用圆形中的扇形面积反映总体内部各构成指标的数值，后者又称圆形结构图，常用于在总体分组的情况下，反映总体的结构、各组所占比重（百分比）。这也是普遍使用的一种统计图。绘制方法是，根据构成总体的各组成部分所占比重，求出其占圆心角的度数，按其度数绘制出扇形面积，如图 7－6 所示。

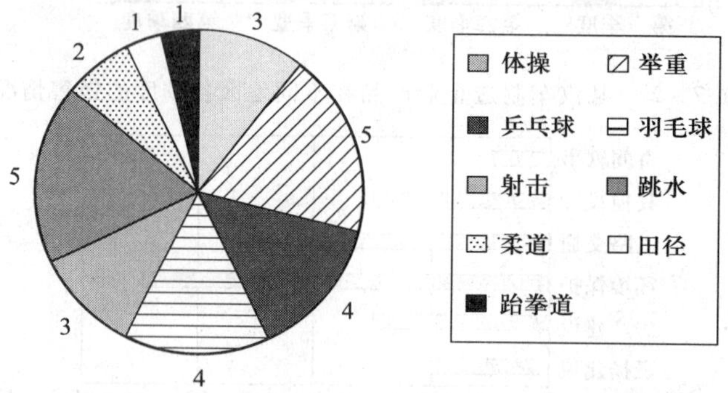

图 7－6　某直辖市人们对体育运动项目的爱好程度

任务资讯 7－6

制 图 规 则

图题要说明资料所属的内容、地点和时间；尺度线与基线垂直；尺度的设置应能包括资料中最大的数值；以 0 为起点；尺度点之间的距离应相等，各相同距离必须表示相同数值；尺度点过多时，可间隔写。

项目较多时最好按大小顺序排列，以使结果一目了然，尽量避免使用附加的图标说明，应将图标的意义及所表示的数量尽可能标记在对应的位置上，数据和作图用的笔墨之间的比例要恰当，避免过多或过少的标注、斜线、竖线、横线等，既要清楚又要简明。度量单位的选择要适当，使得图形的表现均衡，使所有的差异都是可视的和可解释的。

作图时最好既使用颜色，又使用文字说明，以便在进行必要的复制时仍能清晰如初，颜色和纹理的选择不是随机的，要有一定的逻辑性。例如，真正重要的部分应该用突出的颜色或更粗的线条、放大的符号来表示。图形的安排要符合人们的阅读习惯，如我们通常喜欢从上到下地看。一般应该说明数据的来源。

4. 制作象形图

象形图是用人或各种实物的形象来反映统计资料，如用人形来反映人口数或劳动力数量，小电话反映电话机的产量或拥有量，用农产品的图片反映其产量或交易量，等等。一般使用一系列大小相同的象形符号代表一定比例的数据资料（如一幅小电话机的图片代表 1 000部电话机），在各种非专业的宣传资料中运用较多，主要用于不同时间、不同地区（单位）或不同条件下的统计指标的对比。特点是具体形象、鲜明生动，给人印象深刻，如图 7－7所示。

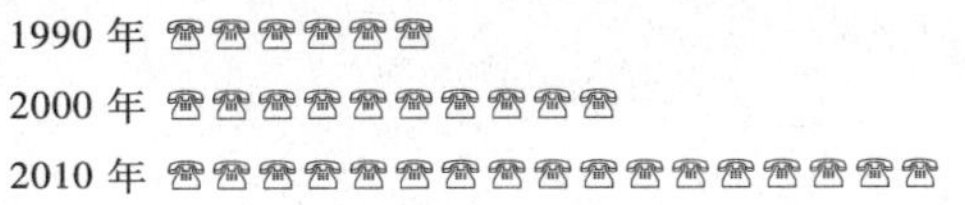

图 7－7　某省农村地区家庭电话(含移动电话)拥有量统计

任务资讯 7－7

资料整理的意义

1. 资料整理是市场调查中十分必要的步骤

市场调查的根本目的是获取足够的市场信息,为正确的市场营销决策提供依据。从市场调查的过程可知,在市场信息收集与市场信息的使用之间。必然有一个市场信息的加工处理环节。这是因为运用各种方法,通过各种途径收集到的各类信息资料,尤其是各种第一手资料,大都处于无序的状态,很难直接运用。即使是第二手资料,往往也难以直接运用,必须经过必要的加工处理。对市场信息的加工处理,可以使收集到的信息资料统一化、系统化、实用化,从而方便使用。

2. 资料整理提高了调查资料的价值

未经处理的信息资料由于比较杂乱、分散,其使用价值有限。资料整理是一个去伪存真、由此及彼、由表及里、综合提高的过程,它能大大提高市场信息的浓缩度、清晰度和准确性,从而大大提高信息资料的价值。

3. 资料整理可以激发新信息的产生

在信息资料的处理过程中,通过调查人员的智力劳动和创造性思维,使已有的信息资料发生交合作用,从而有可能产生一些新的信息资料。应用各种历史和现状信息资料,推测和估计市场的未来状态,这种预测信息也是一种新的信息。

4. 资料整理可以对前期工作起到纠偏作用

在市场调查工作的各个阶段、各具体环节,都会出现计划不周或工作中的偏差等问题。比如,对市场调查问题的定义可能并不十分全面;对市场调查的设计可能忽视了某些工作;信息资料的收集可能存在遗漏或者收集方法的欠缺等。这些问题有可能在实施过程中,通过检查、监督、总结等活动被发现,并加以纠正。但是,很难避免有些问题未被人们发现。在信息加工处理过程中,往往能发现一些问题,通过及时反馈,就能够采取措施,对存在的问题加以纠正,以避免造成更加不良的后果。

任务回顾

任务指标	表现要求	已达要求	未达要求
(陈述性)知识	掌握重要概念、特征和意义		
(实践)技能	能进行职业操作活动		
认识整体职业任务	能概述并认识整体职业任务		
认识职业任务的地位	能认识职业任务的上下衔接关系		
其他			

⊙ 任务7小结

根据市场调查业务活动顺序，本任务是市场调查与预测工作的第七大任务。调查问卷回收上来以后，要进行审核编辑、资料分类、数据编码和数据录入等工作。这一过程首先要做的就是确认每份问卷是否都是有效的，这不仅需要对问卷本身进行审核，还需要对一定比例的被访者进行回访。接下来就是要确保每个要回答的问题都有答案，每个答案都是按照问卷设计的要求回答的。在这之后进行的就是烦琐的资料数据的分类和编码工作，工作人员必须在事后为每一类的答案设定适当的数字代码。录入数据是一项单调、艰巨的工作，但却是以后数据分析的关键，当今绝大部分录入工作都是通过计算机完成的，而光学扫描已经成为重要的使用方法。

市场调查活资料整理中的图表化将为数据资料的分析奠定重要基础。本任务围绕市场调查资料整理活动必要的程序、设计了各环节操作的专门知识，设置了**重要概念**、**任务资讯**等栏目，体现了对一些重要理论知识的重组。

本任务进程以**任务描述**开始，以**学生自我总结**结束，希望读者在完成**子任务**之后，能够及时进行自我的**任务回顾**，做好自我的过程性评价，在完成所有子任务后，进行自我工作评价。

本任务能力目标：完成本任务后，读者应该能够熟练进行市场调查资料的整理。

完成本任务将为**任务8：市场调查资料的分析**奠定良好的基础。

⊙ 重要概念与技能

◇重要概念

市场调查资料的整理　缺省数据　资料分组　编码　单栏统计表与多栏统计表

◇重要技能

调查资料整理　简单分组　编码

⊙ 课堂讨论

1. 如何理解市场调查资料整理在整个市场调查工作中的作用？
2. 为什么要进行问卷审核？
3. 如果审核中发现了一些有问题的问卷，该怎样处理？
4. 为什么说市场调查中调查员的道德风险影响到了调查结论的客观性？

⊙ 课后自测

◇选择题

1. 市场调查资料整理的意义在于(　　)。

A. 资料整理提高了调查资料的价值　　　　B. 资料整理可以激发新信息的产生

C. 资料整理可以对前期工作起到纠偏作用　D. 加速了调查结论的提出

2. 资料录入时，对其编码的做法有(　　)。

A. 事前编码　B. 事后编码

C. 结构编码　D. 精确编码

3. 统计表一般包括(　　)。

A. 总标题　B. 横行标题

C. 纵栏标题　D. 数字资料

4. 调查资料整理应该遵循的原则为(　　)。

A. 适用性原则　B. 时效性原则

C. 精确性原则　D. 系统性原则

5. 属于调查人员失职的是(　　)。

A. 擅自变更，为按原计划进行访问

B. 改动了问卷上的一些答案

C. 由于未找见受访者，调查员自行填制了问卷

D. 调查员未依据受访者的心理活动过程进行访谈

◇判断题

1. 调查资料的整理过程也包含着调查人员的思维活动过程。(　　)

2. 精确性是数据整理的生命，也是整个市场调查获得成功的决定性因素。(　　)

3. 在市场调查资料的审核与鉴别工作中，还应该审核或检查调查员。(　　)

4. 市场调查资料的整理就是将资料进行简单处理，把资料表面显示的内容表达出来，以服务于调查结论。(　　)

5. 统计图是用各种图形表现统计资料的一种形式。它是以统计资料为依据，借助于几何线、形、事物的形象和地图等形式。(　　)

◇ 简答题

1. 市场调查资料整理的过程大致分几步？

2. 如何对问卷进行审核？

3. 在进行数据录入时应该注意哪几个方面的问题？

4. 为什么要审核调查员？举例说明。

5. 最常见的表格化有哪些形式？

⊙ 案例分析

世界体育盛事中的商机

作为企业市场调查人员，如何在众多令人眼花缭乱的信息资料中找寻到最适合、最有用的信息，作为本企业的决策依据将是奥运倒计时阶段最为重要的工作。2006 年德国举办的世界杯给我们许多启示。

2005—2006 年，扬州多家玩具生产企业制造了 10 万只世界杯吉祥物“格列奥六世”；杭州朗莎尔·维迪服饰公司生产了 225 万面球迷呐喊旗；义乌 30 多家企业为各国球迷生产“球迷假发”……

中国足球未能杀进世界杯时，号称未来“世界工厂”的长三角加工的产品却满赛场都是。但这些缺乏核心技术的“中国制造”只赚个热闹。对于长三角地区的服装加工企业来讲，“世界杯”早在2005年8月就开始打响。因为从那时起，他们已经开始为“世界杯”球迷服订单而激战了。

整整加班工作8个月，直到2006年4月初，浙江诸暨市外贸公司服装工人做完了最后一批“世界杯”球迷运动服，12万件球迷服以及护腕、足球袜、呐喊旗等总额近百万元的“世界杯”产品，从这里被源源不断地运往德国。但该公司业务经理程其福却表示，尽管接下“世界杯”的订单，感到十分荣耀，但“实际订单的利润非常低，尤其是第二批订单，受人民币升值的影响，企业基本没有赚到钱”。

向诸暨公司订货的是德国的梵迪亚公司，也是本届世界杯的特约赞助商，这家原本做家纺生意的企业已经与诸暨市外贸公司合作4年之久。但是，梵迪亚并没有让诸暨市外贸公司很痛快地拿到全部订单。程其福透露：“多家企业竞标，几轮淘汰，我们靠最低的报价才赢得了这笔订单。”

和诸暨公司一样，接到大笔“世界杯”订单，生产得热火朝天，但没有赚到多少钱的企业为数众多。宁波的狮丹努集团的一名外贸业务员说，他们生产了85万件阿迪达斯牌德国球迷服。由于确定订单的时间很晚，4个月以来，工厂一直在加班。但是利润比一些普通的订单还要低，只能勉强保平不亏。“世界杯的买卖，基本不赚钱。”，他说。

当涌进德国的全世界球迷穿着中国制造的服装在赛场上狂欢的时候，生产这些服装的长三角工厂却很难高兴起来：看上去很美，却没赚到什么钱。

与长三角企业蜂拥争抢球迷服“大订单”相比，众多跨国公司则纷纷一掷万金豪赌“世界杯”。

看看本届世界杯上，运动品牌之间的较劲，激烈程度丝毫不逊色于比赛本身：耐克公司赞助了8支球队，阿迪达斯赞助了6支，彪马赞助了12支。球衣的竞争还只是小儿科，最激烈的战场在电视广告。耐克将巴西国家队揽入怀中，但是阿迪达斯却成功地让人气最旺的巴西球星卡卡出现在自己的广告中……虽然这些广告不会推销任何具体的产品，但是在塑造品牌形象上，影响力无疑巨大。

根据国际足联的官方估计，全球将有大约320亿人次通过电视观看本届世界杯比赛。中山大学管理学院市场营销系吴长顺教授指出，兼具“体育”和“事件”的双重特点，足球世界杯是“眼球经济”的富矿，“体育营销”的基础是数以十亿计的球迷。

付出的代价不一样，收获的果实也就不一样。一个最近的例子是韩国现代汽车在韩日世界杯的崛起。2002年，现代汽车斥资15亿欧元成为世界杯官方赞助商，同年现代汽车在美国的销量增长高达40%。2006年世界杯，我们又一次看到了现代汽车的身影。

当“中国制造”出现在德国世界杯赛场的时候，有评论认为，这些缺乏核心技术和自主品牌的产品进入世界杯，并不值得欢庆。问题在于，我们处在世界杯商业价值链的末端，就像建筑承包商，阿迪达斯、耐克是总包头，我们的制造企业是分包下的分包了。分包商的工程技术再好，也改变不了处于“商业金字塔”最底层的局面。

然而，在全球经济一体化、市场竞争国际化的今天，拓展海外市场是中国制造做大、做强的必然选择。在“走出去”成为共同口号的今天，如果不能参与世界杯等国际重大体育赛事，无疑将失去拓展海外市场的最佳“跳板”。

(资料来源:《市场报》,2006－06－28)

阅读以上材料,回答问题:

1. 世界杯是世界上最著名的单项体育盛事,由于国际足联的成功运作,世界杯也成为众多商家竞相追捧的商机。面对如此纷繁复杂的世界杯信息,如果我们是生产厂家,该如何着手对这些资料进行整理和初步分析,才能有益于市场拓展?

2. 通过对2006年世界杯中商家的一些境遇的思考,我们应该怎样做才能确保资料的有效性?

◇ 模拟演练

MP4是一种集娱乐性和学习性于一体的小型电器,因其方便、实用而在大学校园内广为流行,几乎人手一个,市场容量巨大。

现假定,为配合某MP4产品扩大在自己学校的市场占有率,评估MP4行销环境,制订相应的营销策略,特别组织在你学校进行一次市场调查。

本次市场调查将围绕市场环境、消费者、竞争者为中心来进行。本次调查主要以访问法为主,请你设计一份问卷,并组织实施访问,最后收集整理,提出市场调查结论。

[**演练目标**]市场调查资料整理。

[**演练组织**]学生分组,可以从不同角色去参与调查活动。

[**演练提示**]结合材料,掌握市场调查资料整理过程的控制。

[**成果评价**]各组展示,教师讲评。

◇ 学生自我总结

通过完成任务7 市场调查资料的整理,我能够做如下总结:

一、任务概述

本任务的主要内容有:

二、任务定位

本任务在职业活动中的地位:

三、完成任务过程分析

本任务的完成过程是:

四、工作过程要素分析

在本任务的完成过程中： 1. 工作过程要素有： 2. 操作要领有： 3. 这么做的原因有：

五、成果检验

本任务的工作成果： 1. 完成本任务的意义有： 2. 体会的经验有： 3. 自悟的经验有： 4. 形成的策略有：

任务8

市场调查资料的分析

▷ **任务目标**

▷ 知识目标

1. 了解市场调查资料分析的意义；
2. 掌握数据定性分析的方法；
3. 掌握数据集中趋势分析的方法；
4. 了解数据解析分析的方法。

▷ 技能目标

1. 能组织数据定性分析；
2. 会初步进行数据集中趋势分析；
3. 能够认识数据解析的意义；
4. 能整体把握调查资料分析工作。

◈ 任务分解

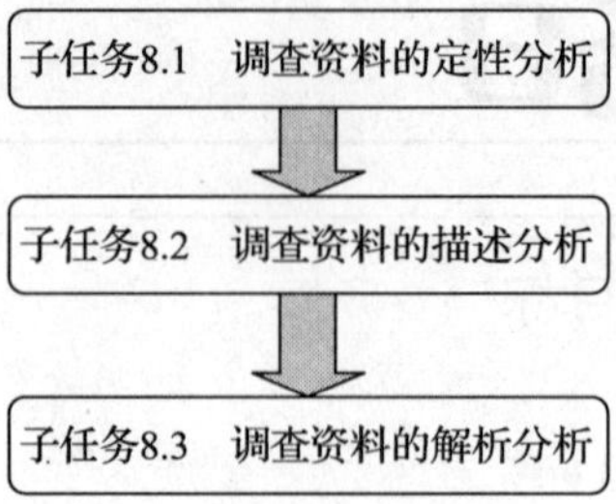

◈ 情境导入

尊敬的读者：经过辛勤的工作，您已经将市场调查活动收集到的数据资料进行了初步的图表化处理。为了使这些资料服务于调查结论的提出，我们还必须对其进行科学的分析。数据资料分析是一项复杂而有趣的工作，在这里，您将发现一个个呆板的数字竟然变得生动有趣，代表了许许多多不同的含义，我们正是依靠这些数据支持的含义寻找到一些市场现象内在的规律，提出调查结论。

数据资料的分析就在于用科学的方法揭示其内涵。接下来，您将进入一个新的业务操作环节：**市场调查资料的分析**。

市场调查与预测活动操作的第 8 步：**市场调查资料的分析**。为了方便您掌握市场调查与预测活动的基本技能，学会组织管理市场调查工作的专业技巧，我们根据实际业务活动顺序，将分析市场调查资料这样一个业务活动过程又分为三个子任务，这三个子任务分别是：

数据资料的定性分析；

数据资料的描述分析；

数据资料的解析分析。

其中，描述性统计分析和解析性统计分析属于定量分析的范畴。

您可以按照任务引领，对照学习目标，依次完成各项子任务，直至完成本任务，从而获取分析市场调查资料的职业活动能力。

8.1 调查资料的定性分析

> 任务描述：调查数据资料图表化之后，还需要进行具体、深入的分析，才能使这些资料说明一定问题，有实际意义，最终应用于市场调查活动实际。我们可以采用定性分析方法分析调查资料，得到对调查对象的本质、趋势及规律的性质方面的认识。

市场调查资料分析要做到：第一，要对本次调查的核心目的进行分析，确定此次调查分析的方向和最终目的，以及资料分析的重点等情况；第二，要确定调查资料收集的具体方法是否适合调查的总体目标，是否具有针对性；第三，要对收集资料的可靠性和代表性进行分析；第四，选用适当的分析方法，对调查资料的数据进行分析，总结资料所反映的问题；第五，得出综合的分析结论。

重要概念 8－1

调查资料分析

分析是把事物、现象、概念分成较为简单的组成部分，找出这些部分的本质属性和彼此之间的关系。分析市场调查资料就是以某种有意义的形式或次序把收集的资料重新展现出来，实际上是告诉人们每组资料里到底隐藏了哪些有用的信息。

定性，顾名思义，就是确定问题的性质。定性分析就是要确定数据资料的性质，是通过对构成事物“质”的有关因素进行理论分析和科学阐述的一种方法。定性调查常用来确定市场的发展态势与市场发展的性质，主要用于市场探究性分析。定性调查是市场调查和分析的前提和基础，没有正确的定性分析，就不能对市场做出科学和合理的描述，也不能建立起正确的理论假设，定量调查也就因此失去了理论指导。而没有理论指导的定量分析，不可能得出科学和具有指导意义的调查结论。

8.1.1 定性分析的操作

定性分析市场调查资料一般要经历以下几个操作环节：

1. 审读数据资料

首先要对需分析的数据资料进行认真的审查和阅读。审读时，要对访问或观察记录的反映调查对象的实际情况做好事实鉴别，将数据资料按问题分类，选取有意义的事例，为下一步定性分析做好准备。

2. 知识准备

分析人员在分析前要做好定性分析的知识准备。如查找相关分析知识、理论及推导逻辑过程，实际上这种知识准备主要是有关理论的进一步学习。在市场调查实践中，整个工作过程都可能会涉及一些理论准备，定性分析的知识准备主要是为分析工作做进一步的准备。

3. 制订分析方案

制订分析方案的实质是整体性考虑分析什么材料，用什么理论，从什么角度对调查数据资料进行解释。当然，资料的审查与理论知识的准备过程也是设计方案的过程，但完整的分析方案的形成一般是在前面两个步骤之后进行。

4. 分析资料

这一阶段开始对市场调查资料进行研究和解释。当研究资料证明了我们前面设定的研究假设时，要从理论上找出二者一致的意义，并加以说明，这也是定性研究的关键。在对资料进行分析研究的基础上，研究的结果证明了研究假设时，我们应该从理论上探讨和解释为什么研究假设被证明，并根据研究资料和理论提出新的问题和研究假设。这样一步一步，我们才能更深层次地揭示出市场问题，更好地达到我们的调查目标。

8.1.2 定性分析方法的选择

1. 对比分析

对比分析是指将被比较的事物和现象进行对比，找出其异同点，从而分清事物和现象的特征及其相互联系的思维方法。

在市场调查中，就是把两个或两类问题的调查资料相对比，确定它们之间的相同点和不同点。市场调查的对象不是孤立存在的，而都是和其他事物存在着或多或少的联系，并且相互影响，而对比分析有助于找出调查事物的本质属性和非本质属性。

在运用比较分析法时要注意，可以在同类对象间进行，也可以在异类对象间进行；要分析可比性；比较应该是多层次的。

例 8-1 市场调查人员在调查洗衣机销售情况时，通过对比普通洗衣机的销售分析，得出结论，来推断全自动洗衣机的销售变化规律及特点。

2. 推理分析

推理分析是由一般性的前提推导出个别性的结论的一种分析方法。

市场调查中的推理分析，就是把调查资料的整体分解为各个因素、各个方面，形成分类资料，并通过对这些分类资料进行研究，分别把握其特征和本质，然后将这些通过分类研究得到的认识联结起来，形成对调查资料整体和综合性认识的逻辑方法。使用时需要注意，推理的前提要正确，推理的过程要合理，而且要有创造性思维。

例 8-2 早在 20 世纪 60 年代，日本丰田汽车公司就对世界上主要汽车生产国生产的汽车型号、能源消耗的情况进行过市场调查。调查结果发现各国生产的汽车油耗普遍较高，而石油资源又是不可再生资源。于是他们意识到：一旦发生能源危机，小排量、低油耗汽车一定畅销。丰田公司很快在调查的基础上做出决策，上线低油耗车型的生产项目。结果，1973 年石油危机爆发，丰田公司生产的低油耗车型大举进入美国市场，占据了很大市场份额。

3. 归纳分析

归纳分析是由具体、个别或特殊的事例推导出一般性规律及特征的分析方法。

在市场调查收集的资料之中，应用归纳法可概括出一些理论观点。归纳分析法是市场调查分析应用最广泛的一种方法，具体操作可以分为完全归纳、简单枚举和科学归纳。

（1）完全归纳。根据调查问题中的每个对象的某种特征属性，概括出该类问题的全部对象整体所拥有的本质属性。应用完全归纳法要求分析者准确掌握某类问题全部对象的具体数量，而且还要调查每个对象，了解它们是否具有所调查的特征。但在实际应用之中，调查者往往很难满足这些条件，因此完全归纳法的使用范围受到一定的限制。

（2）简单枚举。根据目前调查所掌握的某类问题一些对象具有的特征，而且没有个别不同的情况，来归纳出该类问题整体所具有的该种特征。这种方法是建立在应用人员经验的基础上的，操作简单易行。但简单枚举法的归纳可能会出现偶然性，要提高结论的可靠性，分析考察的对象就应该尽量多一些。

（3）科学归纳。根据某类问题中的部分对象与某种特征之间的必然联系，归纳出该类问题所有对象都拥有的某种特征。这种方法应用起来很复杂，但很科学。

任务资讯 8－1

定性分析的特点

1．定性分析注重整体的发展的分析

定性分析的目的在于把握事物质的规定性，因此必须立足于对研究对象的整体分析，获得对研究对象的完整透视。

与定量分析不同，定性分析在内容上是关注事物的发展过程以及相互关系，并从哲学、心理学、伦理学、历史学、社会学、经济学、政治学、人类学、语言学等层面上进行探讨，从而整体、发展及综合地把握研究对象质的特性。也只有将研究对象作为一个发展的整体加以分析，才有可能揭示调查资料各组成部分之间内在的关系、过程及与其他方面的联系，透过现象看到本质，说明研究对象变化发展的真正原因。

2．定性分析的对象是质的描述性资料

定性分析是以反映事物质的规定性的描述性资料为研究对象。这些资料通常以书面文字或图片等形式表现，而不是精确的数据形式；是在各种自然场合，以定性研究的方法，如通过参与观察和深入访谈得来的资料，带有很大程度的模糊性和不确定性；定性分析的资料来自小的样本以及特殊的个案，而不是随机选择的、大的样本。正由于此，决定了定性分析有自己独特的分析方法，且需要量的资料来进行补充。

3．定性分析的研究程序具有一定弹性

在分析程序上，定性分析也不同于定量分析。定量分析有一个标准化程序，使用数学方法做出一个量的刻画，用数学语言表示事物的状态、关系和过程，在此基础上加以推导、演算和分析，以形成对问题的解释和判断，具有逻辑的严密性和可靠性。而定性分析是一个不太严格的研究程序，前一步搜集资料的数量与质量往往决定下一步应该怎么做，原因是调查对象作为一个不断变化的主体所具有的变动性，使定性分析过程常出现变动，具有很大的灵活性。

4．定性分析的方法是对搜集资料进行归纳的逻辑分析

归纳分析有一个不同于演绎分析的一般程序。演绎分析是先有一个假设，然后搜集能检验假设的资料或者事实，将事实与假设加以比较分析最后得出结果；而归纳分析却是先列出事实材料，将这些资料与事实加以归类，然后从中得到一些启示，抽象概括出概念和原理。这是一种自下而上的分析路径。定性分析的客观性基于对所研究对象有丰富的合乎实际的材料，它不仅可以从各个不同的事物经验中找出共同性的联系，而且也可以从许多不同的观察事例中找出共同的特点，同时研究事物的特例，找出相异之处及其原因。

5．定性分析中的主观因素影响及对背景的敏感性

定性分析是一种价值研究，一方面很容易受到研究者和被研究者的主观因素影响，如主体的能动性、独立性和创造性，若干差异的存在，以及较强的主观体验色彩，从而影响分析的客观性。另一方面，市场调查对象的表现状况又总是与特定的情境相关联，离开这一特定情境，一定的市场现象就不会发生，这就是背景的敏感性。因此，定性分析很关注对背景的分析。

任务回顾

任务指标	表现要求	已达要求	未达要求
(陈述性)知识	掌握重要概念、特征和意义		
(实践)技能	能进行职业操作活动		
认识整体职业任务	能概述并认识整体职业任务		
认识职业任务的地位	能认识职业任务的上下衔接关系		
其他			

8.2 调查资料的描述分析

任务描述:我们可以通过对调查数据进行统计和计算分析得到的结果,来描述和评价调查现象的数量特征和规模。通俗地讲,描述性分析是为市场调查活动收集到的数据资料拍了一张平面照,可以看出这些数据资料表面究竟是怎样的、能说明什么问题。

8.2.1 数据的集中趋势分析

重要概念 8－2

描述性统计分析

描述性统计分析属定量分析,是指对调查数据做相应的整理、加工和概括,用来描述总体特征的一种统计分析方法。描述性统计分析是一种非常有效的概括大规模数据特征的方法。它既是统计分析的重要组成部分,也是市场调查资料分析中最常用的分析方法。

数据的集中趋势分析在于揭示被调查者回答的集中程度,通常用最大频数或最大频率对应的类别选项来衡量。数据的集中趋势是指大部分变量值趋向于某一点,将这点作为数据分布的中心,数据分布的中心可以作为整个数据的代表值,也是准确描述总体数量特征的重要内容。表 8－1 是描述我国西部地区某高校大学生月均生活费支出的数据。

表 8－1 我国西部地区某高校大学生月均生活费支出

月均生活支出(元)(变量值)	消费者数(人)(次数)	各组人数比重(%)(频率)
100 ~ 150	11	4.66
151 ~ 200	20	8.47
201 ~ 250	37	15.68
251 ~ 300	46	19.49
301 ~ 350	52	22.03

续表

月均生活支出(元)(变量值)	消费者数(人)(次数)	各组人数比重(%)(频率)
351 ~ 400	42	17.80
401 ~ 450	21	8.9
451 ~ 500	7	2. 97
合计	236	100

以上资料显示,大学生月均生活费开支在 301 ~ 350 元附近的各组消费人数较多,这里就是数据分布的中心区域,从整体的数据分布状况来看,数据集中趋向于变量值 301 ~ 350 这一组。其实际意义就是,被调查的大学生月均生活支出大部分集中在 301 ~ 350 元这个范围之内。

集中趋向数据的特征是,总体各单位的数据分布既有差异性又有集中性。它反映了社会经济状况的特性,即总体的社会经济数量特征存在着差异,但客观上还存在着一个具有实际经济意义的、能够反映总体中各单位数量一般水平的数值。描述性统计分析就是用来找出这个数值。描述数据分布中心的统计量常用的有平均数、众数、中位数等。

1. 平均数

平均数是数列中全部数据的一般水平,是数据数量规律性的一个基本特征值,反映了一些数据必然性的特点。平均数包括算术平均数、调和平均数和几何平均数,我们这里只说明其中最简单的算术平均数。算术平均数的一般公式为

$$\bar{x} = \frac{x_1 + x_2 + \cdots + x_n}{n} = \frac{\sum x}{n}$$

利用平均数,我们可以将处在不同空间的现象和不同时间的现象进行对比,反映现象一般水平的变化趋势或规律,分析现象间的相互关系等。

例 8 - 3　某电子产品公司 2010 年每月销售记录如表 8 - 2 所示。

表 8 - 2　某电子产品公司 2010 年月销售记录

1 月	2 月	3 月	4 月	5 月	6 月	7 月	8 月	9 月	10 月	11 月	12 月
33	31	29	28	29	30	33	32	31	28	29	30

$$\bar{x} = \frac{30 + 29 + 28 + 31 + 32 + 33 + 30 + 29 + 28 + 29 + 31 + 33}{12} = 30.25\text{(万元)}$$

该公司 2010 年月平均销售额为 30.25 万元。

在本例中,30.25 万元充分说明了 2010 全年的平均销售水平,同时也可与上一年数据进行比较分析,也能为下一年度的经营活动或销售计划的制订等工作提供数据依据。

2. 众数

众数是数据中出现次数最多的变量值,也是测定数据集中趋势的一种方法,它克服了平均数指标会受数据中极端值影响的缺陷。在市场调查得到的统计数据中,众数能够反映大

多数数据的代表值，可以使我们在实际工作当中抓住事物的主要问题，有针对性地解决问题。要注意的是，由于众数只依赖于变量出现的次数，所以对于一组数据，可能会出现两个或两个以上的众数，也可能没有众数。同时，众数虽然可以用于各种类型的变量，但是由于对定序和定距的变量，用众数描述数据的分布中心会损失很多有用的信息，所以一般只用众数描述定类变量的分布中心。

在调查实践中，有时没有必要计算算术平均数，只需要掌握最普遍、最常见的标志值就能说明社会经济现象的某一水平，这时就可以采用众数。

例 8-4 在市场调查数据资料分析中，众数就是列出的所给数据中出现次数最多的那个，比其他数据出现的频率都高。如果数据出现的个数一样，或者每个数据都只出现一次，那么，这组数据中，众数可以不止一个或者一个都没有。

甲组数据：2、2、3、3、4 的众数是多少？(2、3)

乙组数据：1、2、3、4 的众数是多少？(没有)

3. 中位数

中位数是将数据按某一顺序(从大到小，或相反)排列后，处在最中间位置的数值。

例 8-5 某企业委托市场调查公司对顾客在某一时间段内购买其生产的日用品次数进行调查。对 15 个顾客的调查结果按次数排序是

0、0、0、0、1、1、1、1、1、2、2、2、3、7、9

则其中位数为 1。

在这次调查中，中位数为 1 说明被调查人群中在本店购买行为的常态为 1 次。

计算中位数很简单，对于 n 个数据，若 n 为奇数，则排序之后的第 $(n+1)/2$ 位置的数据就是中位数；若 n 是偶数，则排序后的第 $n/2$ 位置的数据与 $n/2+1$ 位置的数据的平均值就是中位数。在中位数的应用中，因为先进行了排序，所以对于定序变量的分布中心，中位数是一个很好的统计量。但是，在这里中位数不适用于定类变量，因为定类变量无法排序。

另外，中位数是将定序数据分成了两等份，如果将其划分为相等的四部分，就可以得到三个分位点，这三个分位点由大到小依次称为第一四分位点、第二四分位点和第三四分位点。在将来的应用当中，我们可能会根据不同的需要对数据进行更多的划分，但具体原理和过程都是不变的。

平均数、众数和中位数都是反映总体一般水平的平均指标，彼此之间存在着一定的关系，但其各自含义不同，确定方法各异，适用范围也不一样。在实际应用中，应注意对这几个指标的特征进行细致的把握，根据不同的调查数据类型，采用不同的指标进行分析，以期能够把被调查总体数据的集中趋势最准确地描述出来。

在社会生活中，我们可以这样理解算术平均数、中位数和众数的关系。

算术平均数是完全的平均主义，如每人一票、全体投票等。中位数指的是在从小到大排序之后的样本序列中，位于中间的数值，它并不能反映所有样本个体的信息，考虑的仅是在相对位置上中间的样本的信息。众数指的则是在样本中出现次数最多的个体。出现次数最多的个体信息被表达出来，其他个体的所有信息完全被忽视。

8.2.2 数据的离散程度分析

> **重要概念 8-3**
>
> 数据的离散程度
>
> 数据的离散程度分析是指数据在集中分布趋势状态下，同时存在的偏离数值分布中心的趋势。离散程度分析是用来反映数据之间的差异程度的。

如果需要用一个数值来概括变量的特征，那么集中趋势的统计就是最合适的。所谓集中趋势，就是一组数据向一个代表值集中的情况。

但仅有集中趋势的统计还不能完全准确地描述各个变量，这是因为它没有考虑到变量的离散趋势。所谓离散趋势，是指一组数据之间的离散程度。其最常用的统计量是标准差，它是一组数据中各数值与算术平均数之差的平方和的算术平均数的平方根。

在描述性统计中，集中趋势的统计量包括众数、中位数和平均数，离散趋势则包括异众比、全距、四分位数、方差和标准差。前者体现了数据的相似性、同质性，后者体现了数据的差异性、异质性。

例 8-6 表 8-1 反映我国西部地区某高校大学生月均生活费开支的数据中，大学生的月均开支在 100~500 元/月这个范围内，虽然其中大多数大学生的开支都在 250~400 元/月之间，但也有一些大学生的开支偏高或偏低，而使数据的分布出现离散状态。对于一组数据规律性的研究，集中趋势是数据数量特征的一个方面，离散程度则是数据特征的另一方面。集中趋势反映的是数据的一般水平，我们用均值等数值来代表全部数据，但要更加全面地掌握这组数据的数量规律，还应该分析反映数据差异程度的数值。

1. 确定全距

全距是所有数据中最大数值和最小数值之差，也就是说，全距 = 最大值 - 最小值。在表 8-1 中，全距就为 500 - 100 = 400（元）。

因为全距是数据中两个极端值的差值，不能反映中间数据变化的影响，只受最大值和最小值的影响，所以它是一个粗略的测量离散程度的指标，在实际应用中，主要用于离散程度比较稳定的调查数据。同时，全距可以一般性地检验平均值的代表性大小，全距越大，平均值的代表性越小；反之，平均值的代表性越大。

2. 确定平均差

平均差即平均离差，是总体各单位标志值与其算术平均数离差绝对值的算术平均数。它也可以反映平均数代表性的大小。由于平均差的计算涉及了总体中所有的数据，因而能够更加综合地反映总体数据的离散程度。其计算公式为

$$\text{平均差} = \frac{\sum_{i=1}^{n} |x_i - \bar{x}|}{n}$$

式中 $(x_i - \bar{x})$ 代表离差，即每一个标志值与平均指标之间的差数，n 为离差的项数。从公式可以看到，平均差受数据的离散程度和总体的平均指标两个因素的共同影响。所以，当需要对比两个总体变量的离散程度时，如果它们的平均指标水平不同，就不能简单地直接用

两个平均差来对比。另外,平均差具有和平均指标相同的计量单位,所以,对于计量单位不同的总体平均差也不能直接比较。这里,可以引入平均差系数的方法。

平均差系数就是将平均差除以相对应的平均指标得到的数值。因为平均差系数计算出来的结果是一个相对数,所以就解决了以上平均差的局限,可以应用于比较两个平均指标水平不同的总体问题。

3. 确定方差和标准差

标准差反映的是每一个个案的分值与平均的分值之间的差距,简单来说,就是平均差异有多大,标准差越大表示差异越大。方差和标准差之间是平方的关系。这两个指标都是反映总体中所有单位标志值对平均数的离差关系,是测定数据离散程度最重要的指标,其数值的大小与平均数代表性的大小呈反比关系。

样本的方差是所有观测值与均值的偏差平方和除以样本量减1,具体计算公式是

$$方差 = \frac{1}{n-1}\sum_{i=1}^{n}(x_i - \overline{x})^2$$

我们可以看到,计算方差时用到了所有的数据。方差越小,数据的离散程度越小。

样本的标准差是方差的平方根,公式为

$$标准差 = \sqrt{\frac{1}{n-1}\sum_{i=1}^{n}(x_i - \overline{x})^2}$$

我们应该注意的是,方差的单位是观测数据单位的平方,即标准差的单位与观测数据的单位相同。

任务资讯 8-2

方 差 分 析

方差分析是一种对调查所获得的数据按某些项目分类后,再分析各组数据之间有无差异的方法。例如,给植物施用几种肥料,调查分析作物产量在不同肥料处理之间有无真正的差异时一般常采用方差分析法。通过各个数据资料之间所显示的偏差与各组群资料中认为是属于误差范围内的偏差进行比较,来测验各组资料之间有无显著差异存在,即可判明实验中组群之差是偶然性的原因,还是很难用偶然性来解释。换言之,即判明实验所得之差数在统计学上是否显著。方差分析也适用于包含多因子的试验,处理方法也有多种。所以,在根据调查目标所进行的调查结果分析中,方差分析法尤为有效。

8.2.3 综合指数分析

综合指数分析是根据一定时期的资料数据,从静态上对总体各数据进行分析的方法。它主要说明观测总体的规模、水平、速度、效益、比例关系等综合数量特征,通过总体数量的汇总、运算和分析,排除个别偶然因素的影响,认识观测现象的本质及其发展规律。它包括总量指标、平均指标、相对指标、强度指标等。

1. 确定总量指标

总量指标反映的是所观察现象在具体时间和空间内的总体规模和水平。总量指标是认识现象的起点,也是计算相对指标和平均指标的基础,因此,它又称基础指标。总量指标有以下几种分类方法:

（1）按其反映总体内容的不同，分为总体单位总量和总体标志总量。前者是总体内所有单位的总数，后者是总体中各单位标志值的总和。总体单位是标志的直接承担者，标志总量不会独立于单位总量而存在。在一个特定的总体内，只存在一个单位总量，而同时并存多个标志总量，构成一个总量指标体系。同一总量指标在不同情况下可以有不同的性质。

例 8－7 以各企业工人总数指标为例。当研究企业平均规模时，以企业为总体单位，企业总数为单位总量，各企业工人总数为标志总量；当研究企业劳动效益时，以工人为总体单位，各企业工人总数为单位总量，这时企业的总产量成为标志总量。所以说，总体单位总量和总体标志总量并不是固定不变的，二者随着研究目的的不同而变化。

（2）按其反映时间状况的不同，分为时期指标和时点指标。时期指标是反映某种社会经济现象在一段时间发展变化结果的总量指标；时点指标是反映社会经济现象在某一时间（瞬间）状况上的总量指标。

（3）按其所采用的计量单位的不同，分为实物指标、价值指标和劳动量指标。实物指标是以实物单位计量的统计指标，价值指标是以货币单位计量的统计指标。按实物单位计算的指标最大的特点，是它直接反映产品的使用价值或现象的具体内容，能具体表明事物的规模和水平，但指标的综合性能较差，无法进行汇总。按价值单位计量的最大优点是，它具有广泛的综合性和概括能力，可以表示现象的总规模和总水平，但它脱离了物质内容。所以，二者要结合应用。劳动量指标是以劳动单位即工日、工时等劳动时间计量的统计指标。

2．确定平均指标

平均指标又称统计平均数，它反映现象总体各单位某一数量标志在一定时间、地点、条件下所达到的一般水平，是统计中最常见、最常用的指标之一。它体现同质总体内各单位某一数量标志的一般水平。

平均指标的种类有算术平均数、调和平均数、几何平均数、众数和中位数。前三种平均数是根据总体所有标志值计算的，所以称为数值平均数，后两种平均数是根据标志值所处的位置确定的，因此称为位置平均数。平均指标的作用主要表现在，它可以反映总体各单位变量分布的集中趋势，可以用来比较同类现象在不同单位发展的一般水平，也可用来比较同一单位的同类指标在不同时期的发展状况，还可以用来分析现象之间的依存关系等。

平均指标有以下作用：

（1）利用平均指标可以对不同总体的某一变量值进行比较。如要比较甲、乙两个城市的住房条件的差别情况，就不能用这两个城市的部分住宅面积或住宅的总面积来进行比较，只有用人均居住面积这个平均标准，才能进行有针对性的比较。

（2）利用平均指标可以研究总体某一标志值的一般水平在时间上的变动，从而说明现象发展的规律性。

例 8－8 2000 年以来某市居民人均住宅面积情况如表 8－3 所示。

表 8－3 2000 年以来某市居民人均住宅面积统计情况

年　度	2000	2001	2002	2003	2004	2005	2006
人均住宅面积（平方米）	7.7	7.9	8.1	8.4	8.9	9.2	9.5

通过以上资料可看出城市居民的居住水平在不断提高。

(3)利用平均指标,可以分析现象间的相互依存关系。

社会经济现象都是在一定条件下相互影响、相互依存的,为了研究现象之间相互依存的数量关系,常常要用到平均指标。如将耕地按施肥量的多少进行分组,可以计算出各组农作物的收获率,即平均亩产量,从而分析施肥量与农作物的收获率之间的依存关系。

例 8-9 简单算术平均数

世界上第一个股票价格平均数——道·琼斯股价平均数在1928年10月1日前就是使用简单算术平均法计算的。简单算术股价平均数是将样本股票每日收盘价之和除以样本数得出的,即:

简单算术股价平均数 $=(P_1+P_2+P_3+\cdots+P_n)/n$

假设从某一股市采样的股票为A、B、C、D四种,在某一交易日的收盘价分别为10元、16元、24元和30元,计算该市场股价平均数。将上述数置入公式中,即得:

$$\begin{aligned}\text{股价平均数}&=(P_1+P_2+P_3+P_4)/n\\&=(10+16+24+30)/4\\&=20(\text{元})\end{aligned}$$

简单算术股价平均数虽然计算较简便,但它有两个缺点:一是它未考虑各种样本股票的权数,从而不能区分重要性不同的样本股票对股价平均数的不同影响;二是当样本股票发生股票分割派发红股、增资等情况时,股价平均数会产生断层而失去连续性,使时间序列前后的比较发生困难。例如,上述D股票发生以1股分割为3股时,股价势必从30元下调为10元,这时平均数就不是按上面计算得出的20元,而是(10+16+24+10)/4=15(元)。这就是说,由于D股分割技术上的变化,导致股价平均数从20元下跌为15元(这还未考虑其他影响股价变动的因素),显然不符合平均数作为反映股价变动指标的要求。

例 8-10 调和平均数。

调和平均数又称倒数平均数,是变量倒数的算术平均数的倒数。调和平均数应用的范围相对较小。

某城市市场上某种蔬菜价格,早市每500克0.25元,中午每500克0.2元,晚上每500克0.1元。现早、中、晚各卖500克,问平均每500克价格多少?

根据题意,应按简单调和平均数计算,则:

$$\bar{x}=\frac{1}{\dfrac{\sum\limits_{i=1}^{n}\dfrac{1}{x_i}}{n}}=\frac{1}{\dfrac{\dfrac{1}{0.25}+\dfrac{1}{0.2}+\dfrac{1}{0.1}}{3}}=0.158$$

该种蔬菜当天平均价格为每500克0.158元。

例 8-11 几何平均数。

几何平均数法是指通过对观察期的资料值求几何平均数来确定预测值的一种方法。观察期的几个资料值相乘,然后把乘积开n次方,所得的n次方根就是几何平均数。几何平均数法,一般用于观察期资料有显著长期趋势变动的预测。设x_1、$x_2\cdots x_n$为观察期的几个资料数，则它们的几何平均数为 $\sqrt[n]{x_1x_2\cdots x_n}$。

通过几何平均数和预测期的已知数求出预测值。这种方法明显地显示出观察期资料的长期趋势，而忽略观察期内各段时期的变化。

3. 确定相对指标

相对指标是两个有联系的指标的数值之间对比的比值，也就是用抽象化了的数值来表示两个指标数值之间的相互关系和依赖程度。相对指标是统计分析的重要方法，是反映调查现象之间数量关系的重要手段。市场调查分析中常用的相对指标主要有结构相对指标、比较相对指标、比例相对指标和强度相对指标等。

(1) 结构相对指标。结构相对指标是总体中各个构成部分与总体数值对比所得到的比率。它反映了静态现象总体内部的结构，揭示了事物的本质特征，它的动态变化还能反映事物结构变化的趋势和规律。其计算公式为

结构相对指标 = 各组(或部分)总量/总体总量

(2) 比较相对指标。比较相对指标是不同总体同类现象指标数值的比率。它反映了同类现象在不同空间中数量对比的关系，通常应用于某一现象在不同地区、不同单位之间的差异程度的比较。其计算公式为

比较相对指标 = 甲单位某指标值/乙单位同类指标值

(3) 比例相对指标。比例相对指标是总体中不同部分数量对比的相对指标，用来分析总体范围内各个局部、各个分组之间的比例关系和协调平衡状况。比如，国民经济结构中的农业、轻工业和重工业的比例等。其计算公式为

比例相对指标 = 总体中某一部分数值/总体中另一部分数值

比例相对指标和比较相对指标的区别是，首先两者子项与母项的内容不同，比例相对指标是同一总体内不同组成部分的指标数值的对比，比较相对指标是同一时间同类指标在空间上的对比；其次两者说明的问题不同，比例相对指标说明总体内部的比例关系，比较相对指标说明现象发展的不均衡程度，如甲地职工平均收入是乙地职工平均收入的 1.3 倍。

(4) 强度相对指标。强度相对指标是两个性质不同但有一定联系的总量指标之间的对比，用来表明某一现象在另一现象中发展的强度、密度和普遍程度。它和其他相对指标的不同，就在于它不是同类现象指标的对比。强度相对指标以双重计量单位表示，是一种复名数。其计算公式为

强度相对指标 = 某种现象总量指标/另一个有联系而性质不同的现象总量指标

强度相对指标的分子分母位置可以互换，因而有正指标、逆指标之分。实际应用时应注意与其他指标的区别。

强度相对指标和其他相对指标的区别表现在，首先，其他各种相对指标都属于同一总体内的数量进行对比，而强度相对指标除此之外，也可以是两种性质不同但又有联系的属于不同总体的总量指标之间的对比；其次，计算结果的表现形式不同，其他相对指标用无名数来表示，而强度相对指标是用有名数表示；另外，当计算强度相对指标的分子、分母位置互换后，会产生正指标和逆指标，而其他相对指标不存在正、逆指标之分。

例 8－12 某企业 2007 年某种产品单位成本为 800 元，2008 年计划比 2007 年下降 8%，实际下降 6%。试确定：① 该种产品 2008 年单位成本计划与实际的数值；② 2008 年单

位产品成本实际比计划多或少降低的百分点。

解:以2007年的产品单位成本为基数,根据2008年的计划百分比和实际完成百分比可以计算出:

① 2008年计划单位产品成本为800×(100% -8%)=736(元)。

实际单位产品成本为800×(100% -6%)=752(元)。

② 单位产品成本计划完成程度相对数=2008年实际比计划少降低8% -6% =2%,即2个百分点。

分析:相对指标能够表明现象的相对水平、普遍程度及比例关系;可以使某些不能直接对比的现象总量找到对比的基础;可以比较事物的发展程度、内部结构及比例;可以使不能用总量指标直接对比的非同类现象之间能够进行比较,是进行计划管理和考核企业经济活动成果的重要指标之一。

任务资讯8-3

市场调查资料分析的内容

1. 背景分析

背景分析,即对特定的市场调研问题的历史背景和现实背景进行分析和思考,了解公司、产品及市场的背景,了解宏观环境、产业环境和竞争环境的变化,了解决策者的意图,从而更好地把握分析研究的目的和方向。

2. 状态分析

状态分析,即对特定的市场调研现象的各方面的数量表现进行描述和评价,概括市场调研现象的各种特征。例如,消费者购买行为的分析研究,除了应描述被调研现象的各种特征外,应重点描述消费者为何而买、买什么、买多少、何时买、在哪里买、由谁买、从何处获取购买信息、购买品牌选择、价位选择等购买行为和购买动机的特征,等等。

3. 因果分析

因果分析,即对影响市场调研现象发展变化的各种因素进行分析,探索市场变量之间的因果关系,找出影响事物变化的关键因素,挖掘现象内部隐藏的本质和规律性,从中归纳出一些有重要价值的调研结论和启示。例如,在消费者购买行为的分析研究中,可研究不同性别、不同职业、不同行业、不同地域、不同文化程度、不同收入水平、不同家庭人口的被调查者的购买行为和购买动机有无显著的差异;收入、价格、人口、储蓄、促销等因素对消费者的需求和购买行为有无显著的影响等。这些分析研究往往能够揭示许多深层次的问题,得到一些重要的启示。

4. 对策研究

对策研究是在背景分析、状态分析、因果分析的基础上,针对得出的调查结论和启示、揭示的问题与原因,进行对策思考,提出解决问题的措施、方法和途径,以供决策者参考。对策研究是分析研究的深化和拓展,对策研究不等于决策,但调查者为了使对策研究能被决策者采用,应注意所提出的解决问题的措施、方法、方案、途径等具有现实性、针对性和可行性。需要指出的是,市场调查资料分析的深度和广度取决于调查的目的和要求,某些较为简单的市场调查项目只要求掌握市场的基本情况,调查者也可以只进行状态分析,因果性分析和对策研究可以不考虑。

任务回顾

任务指标	表现要求	已达要求	未达要求
(陈述性)知识	掌握重要概念、特征和意义		
(实践)技能	能进行职业操作活动		
认识整体职业任务	能概述并认识整体职业任务		
认识职业任务的地位	能认识职业任务的上下衔接关系		
其他			

8.3 调查资料的解析分析

任务描述:如果说描述性分析就是为市场调查活动收集到的数据资料拍一张平面照片,那么,解析性分析就是为这些数据资料拍一张 X 光片,让我们看看这些数据资料内部隐含着什么意思、为什么会这样。

在调查数据分析工作中,解析分析就是要揭示数据内部隐藏的意思,以便为后期的市场预测及调查结论的提出提供支持。

重要概念 8-4

解析性统计分析

解析性统计分析也属定量分析,是对事物内部隐藏的本质规律进行深入地剖析。这种方法主要以数学理论为基础,因而对分析人员的要求较高。在实际应用过程中,经常采用的方法有方差分析、相关分析、回归分析等。

8.3.1 数据的方差分析

重要概念 8-5

方差分析

方差分析又称变异数分析,是一种常见的统计数据分析方法。它的用途是分析市场调查和实验数据中不同来源的变异对总变异的影响大小,从而了解数据中自变量是否对因变量有重要的影响。

因素方差分析的基本操作原理:因素就是一个独立的变量,也是方差分析研究的对象。因素中的内容称为水平。在具体应用中,如果进行的方差分析研究的是一个因素对于调查结果的影响,就称为单因素方差分析。

例 8-13 对某公司 A、B、C 三种不同型号的产品在五家超市的销售情况进行调查,来确定产品的型号是否对销售量产生影响。数据如表 8-4 所示。

表 8-4 某公司 A、B、C 三种不同型号的产品在五家超市的销售情况

	A	B	C	$k=3$
超市 1	10	15	10	
超市 2	14	20	12	
超市 3	12	17	6	
超市 4	8	8	12	
超市 5	11	15	10	
$\bar{x}_j$	11	15	10	$\bar{x}=12$

从表 8-4 可以看出，所有的数据是不完全相同的，它们受到了销售地点和产品型号的影响。因此，可将上述问题归结为一个检验的问题。

从方差分析的目的看，是要检验各个水平的均值 x_A，x_B，x_C，…，x_J 是否相等，而实现这个目的的手段是通过方差的比较。观察值之间存在的差异来源于两个方面，一是由于因素中的不同水平造成的，例如，产品不同型号带来不同的销售量，对此可称为系统性差异；二是由于抽选样本的随机性而产生的，例如，相同型号产品在不同的商场销售量不同。两个方面产生的差异可以用两个方差来计量，一个称为水平之间（组间）的方差，一个称为水平内部（组内）的方差。前者既包括系统性因素，也包括随机性因素；后者仅包括随机性因素。如果不同的水平对结果没有影响，如产品的型号对销售量不产生影响，那么在水平之间的方差中，就只有随机因素的不同，而没有系统性的差别，它与水平内部方差就应该近似，二者之间方差比值就应该接近于 1；反之，如不同水平内部方差对结果产生了影响，则两者的方差比值就会远大于 1。当比值大到某临界点，就可以做出判断：不同水平之间存在着显著的差异。

8.3.2 数据的相关分析

1. 相关分析的适用情况

相关分析主要用来分析那些具有密切关联又不能用函数关系精确表达的变量之间的关系，它主要表述两类随机变量间线性相关的密切程度。比如，购买者的消费额和自身的收入密切相关，但是购买者的收入并不能完全确定他们的消费额，因为影响消费的因素还有很多，包括消费观念、生活习惯、季节气候等。对于这种不能用线性关系或其他函数关系式来精确描述的变量间的关系我们就用相关分析等方法来解决它。

2. 计算相关系数

相关系数，就是指在直线相关条件下，说明两个现象之间相关关系密切程度的指标。也就是，设 (x_i,y_i)，$i=1,2,\cdots,n$，是 (x,y) 的 n 组样本数据，我们称 r 为 x 和 y 的关系系数。下面是关于关系系数的公式：

$$P_{xx}=\sum_{i=1}^{n}(x_i-\bar{x})^2=\sum_{i=1}^{n}x_i^2-\frac{1}{n}\left(\sum_{i=1}^{n}x_i\right)^2$$

$$P_{xy}=\sum_{i=1}^{n}(x_i-\bar{x})(y_i-\bar{y})=\sum_{i=1}^{n}x_iy_i-\frac{1}{n}\left(\sum_{i=1}^{n}x_i\right)\left(\sum_{i=1}^{n}y_i\right)$$

$$P_{yy} = \sum_{i=1}^{n} (y_i - \overline{y})^2 = \sum_{i=1}^{n} y_i^2 - \frac{1}{n}\left(\sum_{i=1}^{n} y_i\right)^2$$

那么关系系数就等于：

$$r = \frac{p_{xy}}{\sqrt{p_{xx}p_{yy}}}$$

关系系数 r 表示 x 和 y 的线性关系的密切程度。当 $r=1$ 时，表示 x 与 y 之间完全正相关，所有的点都应该在一条直线上；当 $r=-1$ 时，表示 x 与 y 之间完全负相关，对应点也应该在一条直线上；当 $r=0$ 时，x 与 y 没有相关关系，在实际应用中这种情况很少。事实上，这几种情况并不是我们相关分析研究的问题，我们这里主要研究 $-1<r<1$ 时的线性统计关系。

例 8－14 某连锁超市的十家分店的人均销售额和利润率的相应数据如表 8－5 所示，分析它们之间的关系。

表 8－5 某连锁超市的十家分店的人均销售额和利润率数据

超市号	人均销售额（万元）x	利润率（%）y	x^2	y^2	xy
1	6	12.6	36	158	75.6
2	5	10.9	25	108.16	52.0
3	8	18.5	64	342.25	148.0
4	1	3.0	1	9.00	3.0
5	4	8.1	16	65.01	32.4
6	7	16.3	49	265.69	114.1
7	6	12.3	36	151.29	73.8
8	3	6.2	9	38.44	18.0
9	3	6.6	9	43.56	19.8
10	7	16.6	49	282.24	117.6
总数	50	110.8	294	1 465.00	654.9

人均销售额 x 与利润率 y 的相关系数，我们可以通过上边的关系系数公式直接求得：

$$r = \frac{p_{xy}}{\sqrt{p_{xx}p_{yy}}} = \frac{10 \times 654.9 - 50 \times 110.8}{\sqrt{[10 \times 294 - (50)^2][10 \times 1\,465 - (110.8)^2]}} = 0.987$$

得到 $r=0.987$，这说明连锁分店的人均销售额和利润率之间有很强的正相关关系。

这里应该注意的是，相关系数有一个很明显的缺点，就是它接近于 1 的程度与数据组数 n 相关，这很容易造成误导。当 n 较小时，相关系数的波动和差异比较大，有些样本关系系数的绝对值容易接近于 1；当 n 较大时，相关系数的绝对值容易偏小。特殊情况下，当 $n=2$ 时，相关系数的绝对值总为 1。因此，当样本容积 n 较小时，我们根据相关系数接近于 1 而认为变量 x 与 y 之间有密切线性关系，是非常不谨慎的。

8.3.3 数据的回归分析

重要概念 8-6

回 归 分 析

回归分析是对自变量和因变量的调查数据进行分析、计算并归纳出一个反映因变量与自变量之间统计数据关系的经验公式，$y' = a + bx$。也就是说，它和相关分析一样都是研究变量间关系的方法。但两者的应用范围不同，在回归分析中，因变量被放在了被解释的主要地位，而相关分析关注的因变量和自变量之间的密切程度，两者地位平等。

在市场调查数据分析中，回归分析能够解决诸如汽车销售量受哪些因素的影响、降价能否增加销量、降价能在多大程度上增加销量等问题，这些在数据上可归纳为若干变量之间是否存在相互依存或相互依存程度有多大的问题。如果在回归分析中，只包括一个自变量和一个因变量，且两者关系可用一条直线近似表示，这种回归分析称为一元线性回归；若两者关系不能用一条直线近似表示，则称为非线性回归；如果回归分析中包括两个或两个以上的自变量，那么就称为多元回归分析，当然它也包括曲线关系的情况。

任 务 回 顾

任务指标	表现要求	已达要求	未达要求
（陈述性）知识	掌握重要概念、特征和意义		
（实践）技能	能进行职业操作活动		
认识整体职业任务	能概述并认识整体职业任务		
认识职业任务的地位	能认识职业任务的上下衔接关系		
其他			

◇ 任务 8 小结

根据市场调查业务活动顺序，本任务是市场调查与预测工作的第八大任务。调查资料分析是一项复杂的工作，主要包括定性分析方法和定量分析方法。要明确定性分析方法中对比法、推理法和归纳法的特点和应用范围。要重点掌握定量分析方法，学会应用定量研究方法对一些简单的调查资料进行分析研究。在学习两类方法后应认识到，定性调查可以指明事物发展的方向及其趋势，得到有关新事物的概念，但却不能表明事物发展的广度和深度，也无法得到事物数量上的认识。定量调查则恰好弥补了定性分析的缺陷，它可以深入、细致地研究事物内部的构成比例，研究事物规模的大小以及水平的高低。定性分析和定量分析相互补充，并同等重要，在市场调查中应根据事物的性质及调查的目的分别选用或混合使用，不应主观偏向一方。

分析市场调查资料将为提出市场调查报告奠定重要基础。本任务围绕分析市场调查资料活动必要的程序，设计了各环节操作的专门知识，设置了**重要概念**、**任务资讯**等栏目，体现了对一些重要理论知识的重组。

本任务进程以**任务描述**开始，以**学生自我总结**结束，希望读者在完成**子任务**之后，能够及时进行自我的**任务回顾**，做好自我的过程性评价，在完成所有子任务后，进行自我工作评价。

本任务能力目标：完成本任务后，读者应该能够熟练进行市场调查数据分析工作。

完成本任务将为**任务 9 市场发展态势的预测**奠定良好的基础。

◈ 重要概念与技能

◇重要概念

调查资料分析　描述性统计分析　数据的离散程度　解析性统计分析 方差分析　回归分析

◇重要技能

数据资料分析　描述性统计分析　解析统计分析　方差分析　回归分析

◈ 课堂讨论

1. 资料分析的意义有哪些？
2. 分析定性分析在资料数据分析中的意义。
3. 描述性统计分析的意义。
4. 解析性统计分析的意义。

◈ 课后自测

◇选择题

1. 分析市场调查资料要做到(　　)。

A. 要对本次调查的核心目的进行分析，确定此次调查分析的方向和最终目的，以及资料分析的重点等情况

B. 要确定调查资料收集的具体方法是否适合调查的总体目标，是否具有针对性

C. 要对收集资料的可靠性和代表性进行分析

D. 选用适当的分析方法，对调查资料的数据进行分析，总结资料所反映的问题

E. 得出综合的分析结论

2. 定性分析的步骤有(　　)。

A. 审读资料　B. 知识准备　C. 制订分析方案　D. 分析资料

3. 描述统计分析主要包括(　　)。

A. 集中趋势分析　B. 数据离散程度分析

C. 综合指数分析　D. 相对指标分析

4. 解析统计分析主要包括(　　)。

A. 方差分析　B. 相关分析　C. 回归分析　D. 相对指标分析

◇判断题

1. 定量分析要比定性分析科学、精确。（　　）

2. 没有理论指导的定量分析，不可能得出科学和具有指导意义的调查结论。（　　）

3. 定性分析的目的在于把握事物的质的规定性，因此必须立足于对研究对象的整体分析，获得对研究对象的完整透视。（　　）

4. 数据的集中趋势是指大部分变量值趋向于某一点，将这点作为数据分布的中心，数据分布的中心可以作为整个数据的代表值，也是准确描述总体数量特征的重要内容。（　　）

5. 所谓离散趋势，是指一组数据之间的离散程度。其最常用的统计量是标准差，它是一组数据中各数值与算术平均数之差的平方和的算术平均数的平方根。（　　）

6. 综合指数分析是根据一定时期的资料和数据，从静态上对总体各数据进行分析的方法。它包括总量指标、平均指标、相对指标、强度指标等。（　　）

◇简答题

1. 在数据资料分析时，定性分析和定量分析之间有什么关系？

2. 为什么说描述性分析只是对数据资料进行“平面照片”拍摄？

3. 为什么说解释性分析是对数据资料进行“立体扫描”？

4. 数据的平均数、众数和中位数各有什么实际意义？

5. 数据的离散程度大小说明什么？

⊙ 案例分析

市场调研的误区

一些媒体常发出这样的评论：国外成功的企业都有固定的决策程序，每一项决策都是靠数据说话，而国内企业领导人的决策都是凭感觉，所以导致了失败。这些评论看得人诚惶诚恐，一下子对我们的决策程序自卑了起来，大家纷纷仿效国外企业，这个分析数据，那个分析模型，一本市场调查报告厚达千页，看得人头昏脑胀，越发不明白，而越不明白就越觉得自己水平低，也就越发对这些高深莫测的分析模型、分析数据崇拜起来。

一个美容保健品的市场调查报告厚达800多页，报告最后得出了结论，影响消费者购买决定的重要因素排序是功效、价格、广告。在消费者心目中知名度最高的美容保健品是太太口服液、朵儿胶囊。其实，这个崇拜数据的客户很冤，等于是花了大把的钱得出了“通过严谨的数据分析，我们可以认定，老虎喜欢吃肉，不喜欢吃草，羊喜欢吃草，不喜欢吃肉”的结论，消费者买保健品功效肯定是排在首位的，太太口服液、朵儿胶囊的知名度也是众所周知。但这种老虎不吃草的结论又有什么用呢？800多页的报告大部分都在证明着这些老虎不吃草式的结论，从市场调查的程序模式而言没有错，但究竟市场调查的问题出在哪里？公式化的市场调查数据究竟该扮演一个什么样的角色呢？

一个擅长数据库分析的博士为客户做了一份市场调查报告，根据其调查，华东地区大城市如上海，其消费者购买保健品的比例为71%，中型城市如杭州达到54%，小型城市芜湖也达到了46%，而西北地区的西安只有22%，由此得出结论：华东地区已趋于饱和，西北地区则有大量商机，建议客户重点做西北市场。就数据本身而言，这个结论是正确的，但如果客户依此结论执行就得到西北市场去喝西北风了，这属于典型的没有实战经验的本本主义市场调查。这也是很多客户开始不相信市场调查的原因。

西班牙有句谚语："要做斗牛士，必先学做牛"，纯粹的数据有很大的局限性，很多问题也不是凭一些问卷和座谈就可以得出的，还必须依靠有经验的人员的感觉。一家调查公司在做福铃摩托车蓄电池的市场调查时，并没有进行程式化的问卷与座谈，而是换上工作服到摩托车修理部当了半个月的修理工，通过在现场身临其境的蹲点，感觉出了消费者推着摩托车走向修理部时的一系列思想活动，以及修理人员推荐产品时双方之间的疑惑与试探，真正看清了影响消费者购买决策的关键因素，随之制订的相应的销售政策与推广手段才能与销售过程中的每一个环节相吻合。这个市场调查的内容虽然不多，但却真起到了决策作用。所以，产品的前期市场调查决不是一个分析模型与分析程序那么简单，要想做好一个产品的市场调查，首先必须懂得如何去卖这个产品，然后从产品推向市场的各个时段所涉及的问题反向展开定性内容的设计。很多市场调查的定性内容没有从产品推广的角度去定性，而是从市场调查程序去定性，从一开始就犯了方向错误。

所以，真正的市场调查不仅是数据调查，还有经验和感觉，不是不凭数据，而是数据在我们的决策因素中比重较小，占了约20%，如果靠一套分析模型来进行数据分析就可以进行决策，那做决策是不是太容易了？谁都可以借用一套分析模型与数据就可以成为通用、海尔了吗？

阅读以上材料，回答问题：

1. 你怎样认识定性分析与定量分析的关系？

2. 你怎样认识市场调查中的经验成分？

◈ 模拟演练

选择一种大学生常用学习用品或器具，进行消费情况的校内调查。收集到相关数据资料后，试着用定性和定量方法进行分析。

[**演练目标**]调查数据资料分析方法演练。

[**演练组织**]学生分组，可以从不同角度去确定分析思路。

[**演练提示**]结合材料，教师也可以设定其他一些大型项目。

[**成果评价**]各组展示，教师讲评。

◈ 学生自我总结

通过完成任务8 市场调查资料的分析，我能够做如下总结：

一、任务概述

本任务的主要内容有：

二、任务定位

本任务在职业活动中的地位：

三、完成任务过程分析

本任务的完成过程是：

四、工作过程要素分析

在本任务的完成过程中： 1. 工作过程要素有： 2. 操作要领有： 3. 这么做的原因有：

五、成果检验

本任务的工作成果： 1. 完成本任务的意义有： 2. 体会的经验有： 3. 自悟的经验有： 4. 形成的策略有：

任务9

市场发展态势的预测

▷ **任务目标**

▷ 知识目标

1. 了解集合经验判断预测的过程及意义；
2. 了解时间序列分析预测的含义；
3. 了解回归分析预测的含义；
4. 认识市场发展态势预测的意义。

▷ 技能目标

1. 能组织经验判断预测分析项目；
2. 能说明时间序列预测分析工作；
3. 能够初步运用时间序列分析工具；
4. 能说明回归分析预测工作。

◈ 任务分解

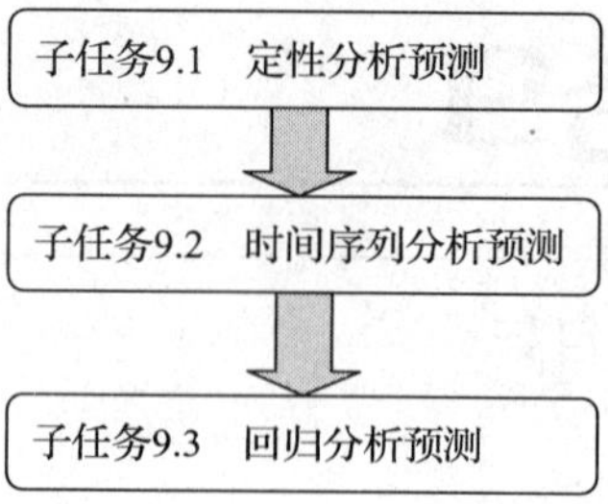

◈ 情境导入

尊敬的读者：市场调查数据资料的分析可以帮助我们形成调查结论，从而帮助企业找到解决问题的方法与思路。有时候，我们还可以根据市场调查所取得的有关资料，运用相应的统计方法，对市场供求变化及其他因素的发展变化趋势做出专业性的描述和推断。企业在经营管理活动中，通过科学的预测分析结论，了解市场环境的变化，预测消费者消费趋势的走向，判断未来市场的发展情况，甚至还可以了解竞争对手的状况。预测分析是一项非常容易产生成就感的工作，当您通过科学的方法，提出一项预测结论，随着时间的推移，您的判断不断被慢慢证实的时候，您将感受到一种成功的喜悦。接下来，您将进入一个新的业务操作环节：**市场发展态势的预测**。

市场调查与预测活动操作的第 9 步：**市场发展态势的预测**。为了方便您掌握市场调查与预测活动的基本技能，学会市场发展态势预测分析工作的专业技巧，我们根据实际业务活动顺序，将预测市场发展态势这样一个业务活动过程又分为三个子任务，这三个子任务分别是：

定性分析预测；

时间序列分析预测；

回归分析预测。

您可以按照任务引领，对照学习目标，依次完成各项子任务，直至完成本任务，从而获取预测市场发展态势的职业活动能力。

9.1　定性分析预测

> 任务描述：如果委托企业有要求，市场调查人员可以通过市场调查资料的分析结果，以及自己丰富的经验、知识和综合分析能力，对预测对象的未来发展前景做出性质和程度上的估计和推测。

市场调查人员预测市场发展态势，首先要做定性预测，以便为预测活动确定方向。定性预测常用的方法有集合经验分析预测、专家会议预测、德尔菲法预测等。

9.1.1 集合经验分析预测

重要概念 9－1

集合经验分析

集合经验分析是指企业内部经营管理人员、业务人员凭自己的经验判断，对市场未来需求趋势提出个人的预测意见，再结合大家的意见做出市场预测的方法。集合经验分析是短期或近期的市场预测中常用的方法。企业经营管理人员和业务人员在日常工作中，积累了丰富的经验，掌握着大量的实际资料，非常熟悉市场需求的变化情况，对他们的意见进行充分的调查并加以集中，可以对市场的未来情况做出预测。

1. 集合经验分析的认识

集合经验分析是预测市场发展态势时的一种常用方法。该方法主要依赖于市场预测分析人员的实践经验。

2. 集合经验分析的操作

集合经验法的主要操作步骤如下：

(1) 预测组织者根据企业经营管理的要求，向参加预测的有关人员提出预测项目和预测期限的要求，并尽可能提供有关背景资料。

(2) 预测。有关人员根据预测要求及掌握的背景资料，凭个人经验和分析判断能力，提出各自的预测方案。在此过程中，预测人员应进行必要的定性分析和定量分析。

定性分析主要分析历史上生产销售资料、目前市场状态、产品适销对路的情况，商品资源、流通渠道的情况及变化、消费心理变化、顾客流动态势等。

定量分析主要确定未来市场需求的几种可能状态（如市场销路好或市场销路差的状态），估计各种可能状态出现的主观概率，以及每种可能状态下的具体销售值。

(3) 预测组织者计算有关人员预测方案的方案期望值。方案期望值等于各种可能状态主观概率与状态值乘积之和。

(4) 将参与预测的有关人员分类，如厂长（经理）类、管理职能科室类、业务人员类等，计算各类综合期望值。综合方法一般是采用算术平均数、加权平均数或中位数统计法。

(5) 确定最后的预测值。预测组织者将各类人员的综合期望值通过加权平均法等方法计算出最后的预测值。

例 9－1 某矿山机械厂为了预测明年的产品销售额，要求经理和业务科、计划科、财务科及营销人员做出年度销售预测。

运用集合意见法预测的具体步骤如下：

第一步：各位经理、科室负责人和营销人员分别提出各自的预测方案意见，如表 9－1、表 9－2、表 9－3 所示。

表9-1 经理预测方案 （单位:万元）

经理	销售估计值						期望值	权数
	销售好	概率	销售一般	概率	销售差	概率		
甲	500	0.3	420	0.5	380	0.2	436	0.6
乙	550	0.4	480	0.4	360	0.2	484	0.4

表9-2 科室负责人预测方案 （单位:万元）

科室人员	销售估计值						期望值	权数
	销售好	概率	销售一般	概率	销售差	概率		
业务	600	0.5	400	0.2	360	0.3	488	0.3
计划	540	0.4	480	0.3	340	0.3	462	0.3
财务	580	0.3	440	0.3	320	0.4	434	0.4

表9-3 营销人员预测方案 （单位:万元）

营销人员	销售估计值						期望值	权数
	销售好	概率	销售一般	概率	销售差	概率		
甲	480	0.3	400	0.5	300	0.2	404	0.4
乙	520	0.3	440	0.4	360	0.3	442	0.3
丙	540	0.2	420	0.5	380	0.3	432	0.3

在上面的表格中,未来的市场销售前景有三种可能性:销售好、销售一般、销售差,每一种可能性发生的机会,称为概率。如销售好的概率为0.3,即指销售好发生的可能性有30%。销售好、销售一般、销售差三种可能性的概率之和等于1。

对于表中的权数,不同人员由于在企业中的地位不同,权威性不同,其预测意见的影响力也不同,如经理甲是正经理、经理乙是副经理,显然经理甲的权威性大于经理乙的权威性,因此,经理甲的权数应大于经理乙的权数。经理甲的权数为0.6,经理乙的权数为0.4,也可以是0.7和0.3,具体数字由预测人员主观确定。其他人员的权数确定也一样,凡是权威性大的人员,其权数也就大。

第二步:计算各预测人员的方案期望值。

方案期望值等于各种可能状态的销售值与对应的概率的乘积之和。

如经理甲的方案期望值:

$500\times0.3+420\times0.5+380\times0.2=436$(万元)

业务科人员的方案期望值:

$600\times0.5+400\times0.2+360\times0.3=488$(万元)

营销人员甲的方案期望值:

$480\times0.3+400\times0.5+300\times0.2=404$(万元)

其他人员的方案期望值都依此计算,并填入表中。

第三步:计算各类人员的综合预测值。

即分别求出经理类、科室人员类、营销人员类的综合预测值。

综合预测值公式为 $\tilde{x}=\dfrac{\sum \tilde{x}_i w_i}{\sum w_i}$。

其中,$\tilde{x}$ 为某类人员综合预测值;$\tilde{x}_i$ 为某类各人员的方案期望值;w_i 为某类各人员的方案期望值权数。

经理类综合预测值为$\dfrac{436\times0.6+484\times0.4}{0.6+0.4}=455$(万元)。

科室人员类综合预测值为$\dfrac{488\times0.3+462\times0.3+434\times0.4}{0.3+0.3+0.4}=459$(万元)。

营销人员类综合预测值为$\dfrac{404\times0.4+442\times0.3+432\times0.3}{0.4+0.3+0.3}=424$(万元)。

第四步:确定最后预测值。

即对三类人员的综合预测值采用加权平均法再加以综合。由于三类人员综合预测值的重要程度不同,所以应当给予三类人员综合预测值不同的权数。现假定:

经理类权数为4;

科室人员类权数为3;

营销人员类权数为2。

(权数可以是小数,也可以是正整数。)

最后预测值为$\dfrac{455\times4+459\times3+424\times2}{4+3+2}=\dfrac{1\,820+1\,377+848}{9}\approx449$(万元)。

从预测的结果来看,综合预测值低于管理人员和科室人员的预测值,高于营销人员的预测值,这说明集合意见法本身是个人的主观判断,上边三类人员的预测也是分别从各自的角度进行的,难免出现过于保守或过于乐观的情况。这就要求在最终确定预测值之前,要对综合预测值进行必要的调整,通过召开会议,互相交流看法,互相补充,从而克服主观上的局限性,在充分讨论和综合各方意见的基础上,由预测组织者确定最终的预测值。

9.1.2 专家会议法预测

重要概念 9-2

专家会议法

专家会议法是邀请有关方面的专家,通过会议的形式,对市场未来发展趋势或企业某个产品的发展前景做出判断,并在专家们分析判断的基础上,综合专家们的意见,进行市场分析预测的方法。

用专家会议法分析市场发展态势应进行以下操作:

1. 选择专家

专家会议法预测能否取得成功,在很大程度上取决于专家的选择。专家选择的依据如下：

(1) 专家要有丰富经验和广博知识。专家一般应具有较高的学历,有丰富的与预测课题相关的工作经验,思维判断能力敏锐,语言表达能力较强。

(2) 专家要有代表性。要有各个方面的专家,如市场营销专家、管理专家、财务专家、生产技术专家等,不能局限于一个部门。

(3) 专家要有一定的市场调查和市场预测方面的知识和经验。

2. 召集专家会议

(1) 做好会议的准备工作。包括确定会议的主题,确定合适的主持人,选好会议的场所和时间,确定会议的次数,准备会议的记录工具。

主持人对于会议的成功与否起着非常重要的作用。要求其具有丰富的调查经验,掌握与讨论内容相关的知识,并能左右或引导会议的进程和方向。

(2) 邀请专家参加会议。邀请出席会议的专家人数不宜太多,一般 8 ~ 12 人最好,要尽量包括各个方面的专家,要独立思考,不受某个权威意见所左右。

(3) 控制好会议的进程。会议主持人提出预测题目,要求大家充分发表意见,提出各种各样的方案。主持人不要谈自己有什么设想、看法或方案,以免影响与会专家的思路。对专家所提出的各种方案和意见,不应持否定态度,均应表示肯定和欢迎。

在这一步中,需要强调的是,在会议上不要批评别人的方案,要打开思路,畅所欲言,方案多多益善,气氛要民主热烈。同时,要做好会议的记录工作。可以由主持人边提问边记录,也可以由助手进行记录,还可以通过录音、录像的方式进行记录。

(4) 在会议结束后,主持人再对各种方案进行比较、评价、归类,最后确定出预测方案。

另外,为了使专家会议法更有成效,会前应进行一定的调查研究,提供相关的资料,如市场动态资料,不同厂家所生产的同类产品的质量、性能、成本、价格对比资料以及同类产品的历史销售资料等。同时,会前还需要做一些组织准备工作。组织准备工作包括如何选择专家,如何让专家充分发表意见等。在专家会议上,会议主持人应让与会者畅所欲言,各抒己见,自由讨论;召集会议的预测者不发表可能影响会议的倾向性观点,只是广泛听取意见。在充分讨论的基础上,综合各专家的意见,形成有关市场未来变化发展趋势或某一产品未来需求前景的预测结果。

3. 选择专家会议的形式

专家会议法根据会议的程序和专家交换意见的要求分为下列三种具体的形式：

(1) 非交锋式会议。在这种方法中,参与的专家都可以独立地、任意地发表意见,也不带发言稿,以便充分发挥灵感,鼓励创造性思维,但不争论、不批评他人意见。这种非交锋式会议法又称头脑风暴法。

(2) 交锋式会议。就是与会专家可以围绕预测的问题,各抒己见、直接争论,经过会议达成共识,做出一个较为一致的预测结论。

(3) 混合式会议。又称质疑头脑风暴法,是交锋式与非交锋式会议的混合使用。即第一阶段实施头脑风暴法;第二阶段对前一阶段提出的各种想法、意见进行质疑,在质疑中争论、批评,也可以提出新的设想,不断地交换意见,互相启发,最后取得一致的预测结果。

任务资讯 9-1

专家会议法的优缺点

专家会议法的优点：它将一些专家集合成一个小组，由主持人对他们同时进行访谈，这会比个人访谈产生更多、更全面的信息和观点；与会专家能自由发表意见，各种观点能互相启发、借鉴，有利于集思广益，有利于预测意见得到修改、补充和完善。同时，专家会议法节省时间，节省费用，应用灵活、方便。

专家会议法也存在缺点：会议上与会人员的意见易被个别权威专家的意见所左右；由于与会人员的个性和心理状态，与会者有时不愿发表与众不同的意见，或出于自尊心不愿当场修改已发表过的意见。因此，会议最后的综合意见，可能并不完全反映与会专家的全部正确意见。但是，在难以进行量的分析的情况下，专家会议法仍不失为一种很有价值的预测方法。

9.1.3 德尔菲法预测

重要概念 9-3

德 尔 菲 法

德尔菲法是采用背对背方式征询专家小组成员的预测意见，经过几轮征询，使专家小组的预测意见趋于集中，最后做出符合市场未来发展趋势的预测结论。德尔菲法是为了克服专家会议法的缺点而产生的一种专家预测方法。在预测过程中，专家彼此互不相知、互不往来，各位专家能真正充分地发表自己的预测意见。这就克服了在专家会议法中经常发生的专家们不能充分发表意见、权威人物的意见左右其他人的意见等弊端。

1. 选择德尔菲法

德尔菲法适合在以下情况下应用：

（1）缺乏足够的资料。企业在市场预测中，由于没有历史资料或历史资料不完备，难以进行量化分析时，可采用德尔菲法。

（2）做长远规划或大趋势预测。长远规划和大趋势预测因为时间久远，不可控制的变量太多，进行具体的量化非常困难，也不准确，这时采用德尔菲法是一个不错的选择。

（3）影响预测时间的因素太多。预测事件的变化总是会受到很多因素的影响，当某事物受到的影响因素过多时，就比较适合采用德尔菲法。

（4）主观因素对预测影响比较大。预测事件的变化主要不是受技术、收入等客观因素的影响，而是受政策、法规等主观因素影响时，宜采用德尔菲法。

2. 德尔菲法的操作步骤

德尔菲法的一般操作步骤如下：

（1）确定预测题目，选定专家小组。确定预测题目即明确预测的目的和对象，选定专家小组则是决定向谁做有关的调查。这两点是有机地联系在一起的，即被选定的专家，必须是对确定的预测对象具有丰富知识的人，既包括理论方面的专家，也包括具有丰富实际工作经验的专家，这样组成的专家小组，才能对预测对象提出可信的预测值。专家人数一般为 10～20 人。

（2）制订征询表，准备有关材料。预测组织者要将预测对象的调查项目，按次序排列绘制成征询表，准备向有关专家发送。同时，还应将填写要求、说明一并设计好，使各位专家能够按统一要求做出预测。

制订意见征询表时应当注意以下几个要点：征询的问题要简单、明确，使人容易回答；问题数量不宜过多；问题的回答要尽量接近专家熟悉的领域，以便充分利用专家的经验；意见征询表中还要提供较详细的背景材料，供专家进行判断时参考。

（3）采用匿名方式进行多轮函询。第一轮：预测组织者将预测课题、征询表和背景材料，邮寄给每位专家，要求专家一一作答，提出个人的初步预测结果。

第二轮：预测组织者将第一轮汇总整理的意见、预测组的要求和补充的背景材料，反馈给各位专家，进行第二轮征询意见。

专家们在接到第二轮资料后，可以了解其他专家的意见，并由此做出新的预测判断。他既可以修改自己原有的意见，也可以仍然坚持第一轮的意见，并将第二轮预测意见按期寄给预测组织者。

第三轮：预测组织者将第二轮汇总整理的意见、补充材料和预测组的要求，反馈给各位专家进行第三轮征询意见。要求每位专家根据收到的资料，再发表第三轮的预测意见。专家们将第三轮意见（修改的或不修改的）再次按期寄回。这样，经过几次反馈后，各位专家对预测问题的意见会逐步趋于一致。

（4）运用数学统计分析方法对专家最后一轮预测意见加以处理，做出最后的预测结论。用德尔菲法征询专家意见一般要求在三轮以上，只有经过多次的征询，专家们的看法才能更加成熟、全面，并使预测意见趋于集中。处理预测数据所用的数学统计分析方法一般是平均数法和中位数法。

① 平均数法，就是用专家所有预测值的平均数作为综合的预测值。公式为：

$$y = \frac{\sum x_i}{n}$$

其中，x_i 为各位专家的预测值；n 为专家人数。

② 中位数法，是用所有预测值的中位数作为最终的预测值。

中位数的位置：$\frac{n+1}{2}$

其中，n 为数据个数。

具体做法是：将最后一轮专家的预测值从小到大排列，碰到重复的数值舍去，若 n 为奇数，取第 $\frac{n+1}{2}$ 位数作为最终预测值；若 n 为偶数，取第 $\frac{n}{2}$ 位数和第 $\frac{n}{2}+1$ 位数的算术平均数作为最终预测值。

例 9－2　某企业市场环境发生了变化，对产品明年的销售量难以确定，因而聘请了 10 位专家，用德尔菲法进行预测。具体数据如表 9－4 所示。

从表 9－4 中不难看出，专家们在发表第二轮预测意见时，大部分专家都修改了自己第一轮预测意见，只有编号为 1 和编号为 10 的专家坚持自己第一轮的预测意见。第三轮预测意见中只有 1 号专家仍然坚持己见。经过三轮征询后，专家们预测值的差距在逐步缩小，在第一轮征询中，专家的最大预测值 80 与最小预测值 45 相差 35；第二轮征询中，专家最大预测值75与最小预测值47相差28;第三轮征询中,专家最大预测值73与最小预测值55仅相差18。

表9-4　专家预测意见统计表　　单位:万台

专家 / 轮数	1	2	3	4	5	6	7	8	9	10
第一轮	70	80	75	52	75	45	50	60	54	63
第二轮	70	75	73	55	65	47	54	65	60	63
第三轮	70	73	70	62	72	55	58	68	63	65

① 若用平均数法确定最终预测值:

$$y=\frac{\sum x_i}{n}=\frac{70+73+70+62+72+55+58+68+63+65}{10}=\frac{656}{10}=65.6(\text{万台})$$

即预测产品明年销售量为65.6万台。

② 若用中位数法确定最终预测值:

首先,将表9-4中的专家第三轮预测值,按其数值从小到大排列:

55,58,62,63,65,68,70,72,73(有两个70,舍去1个)。

其次,中位数所在的位置为$\frac{n+1}{2}=\frac{9+1}{2}=5$。

即第5个数据为中位数。

那么,预测产品明年的销售量为65万台。

任务资讯9-2

德尔菲法的特点

德尔菲是古希腊地名。相传太阳神阿波罗在德尔菲杀死了一条巨蟒,成了德尔菲的主人。阿波罗不仅年轻英俊,而且对未来有很高的预见能力。在德尔菲有座阿波罗神殿,是一个预卜未来的神谕之地,于是人们就借用此名,作为这种方法的名称。

德尔菲法最早出现于20世纪50年代末,是当时美国为了预测"在其遭受原子弹轰炸后,可能出现的结果"而发明的一种方法。1964年,美国兰德(RAND)公司的赫尔默和戈登发表了"长远预测研究报告",首次将德尔菲法用于技术预测中,此后便迅速地应用于其他领域的预测。此外,它还被用来进行评价、决策和规划工作。据《未来》杂志报道,从20世纪60年代末到20世纪70年代中,专家会议法和德尔菲法在各类预测方法中所占比重由20.8%增加到24.2%。20世纪80年代以后,我国不少单位也采用德尔菲法进行预测、决策分析和编制规划工作。

德尔菲法本质上是一种反馈匿名函询法。其做法是,在对所要预测的问题征得专家的意见之后,进行整理、归纳、统计,反馈给各专家,再次征求意见,再集中,再反馈,直至得到稳定的意见。它区别于其他专家预测方法的明显特点是,匿名性、多次反馈、小组的统计回答。

(1)匿名性。匿名性是德尔菲法极其重要的特点,从事预测的专家不知道有哪些人参加了预测，他们是在完全匿名的情况下交流思想的。在整个预测过程中，参加的专家并不直接见面，彼此间不发生横向联系，而是采取书信方式，背靠背地分头征求意见。这种匿名形式可以创造一个平等、自由的气氛，鼓励专家独立思考，消除顾虑和心理干扰，使个人意见得以充分发表。

（2）多次有控制的反馈。小组成员的交流是通过回答组织者的问题来实现的。它一般要经过数轮反馈才能完成预测。通过反馈，专家们在背靠背的情况下，了解全体意见的倾向以及持不同意见者的想法，有利于互相启发，集思广益，充分发挥专家们的智慧，提高预测的准确性和可靠性。

（3）小组的统计回答。对专家经过多次轮番征询意见和反馈后，意见渐趋一致，再用统计方法加以集中整理，可以得出定量的综合预测结果。

任务回顾

任务指标	表现要求	已达要求	未达要求
（陈述性）知识	掌握重要概念、特征和意义		
（实践）技能	能进行职业操作活动		
认识整体职业任务	能概述并认识整体职业任务		
认识职业任务的地位	能认识职业任务的上下衔接关系		
其他			

9.2 时间序列分析预测

任务描述：通常情况下，事物的发展变化呈现出一定趋势，这种趋势还可能进一步延续。在调查中，根据调查对象的时间序列数据，通过分析或建立数学模型，并进行延伸，就可以预测到市场未来的发展趋势。

市场发展态势的预测也会用到定量预测的方法，时间序列预测就是其中之一。时间序列分析预测的具体形式主要有简单平均法、移动平均法、指数平滑法、趋势外推法和季节指数法等。

重要概念 9－4

时间序列分析法

时间序列分析法是将历史资料和数据，按时间顺序排列成一个系列，根据时间序列所反映的市场现象的发展过程、方向和趋势，运用一定的数学方法使其向外延伸，预计其未来发展变化趋势，预测市场现象未来可能达到的水平。

9.2.1 简单平均法预测

重要概念 9－5

简单平均法

简单平均法就是将一定观察期内预测目标值的算术平均数作为下一期预测值的一种简便的预测方法，具体又分为简单算术平均法和加权算术平均法。

1. 简单算术平均

简单算术平均法就是对观察期内预测目标时间序列值求和，取其平均值，并将其作为下期预测值。用公式表示为 $x=\frac{\sum x_i}{n}$。

式中，x——观察期内预测目标的算术平均值，即下期的预测值；

x_i——预测目标在观察期内的实际值；

n——数据个数。

例 9－3 某电动自行车厂 2009 年 1—12 月电动自行车销售量分别为 60，50.4，55，49.6，75，76.9，72，68，54.5，44，43.8，47（万辆）。利用简单算术平均法，预测 2010 年 1 月电动自行车的销售量（分按全年、下半年、第四季度三种情况预测）。

（1）根据全年的销售量进行预测，为

$$x=\frac{\sum x_i}{n}=\frac{60+50.4+55+49.6+75+76.9+72+68+54.5+44+43.8+47}{12}$$

≈ 58（万辆）

（2）根据下半年的销售量进行预测，为

$$x=\frac{\sum x_i}{n}=\frac{72+68+54.5+44+43.8+47}{6}\approx 54.9\text{（万辆）}$$

根据第四季度的销售量进行预测，为 $x=\frac{\sum x_i}{n}=\frac{44+43.8+47}{3}\approx 44.9$（万辆）

由此可以看出，由于观察期长短不同，得到的预测值也随之不同。故观察期的长短选择对预测结果很重要。一般当数据的变化倾向较小，观察期可以短些；当时间序列的变化倾向较大时，观察期应长些，这样预测值相对精确些。

简单算术平均法使用简便，花费较少，适用于短期预测或对预测结果的精度要求不高的情况。

2. 加权算术平均

加权算术平均法是为观察期内的每一个数据确定一个权数，并在此基础上，计算其加权平均数作为下一期的预测值。

加权算术平均法用公式表示为 $x=\frac{\sum x_i w_i}{\sum w_i}$。

式中，x——预测目标在观察期内的加权算术平均数，即下期预测值；

x_i——在观察期内的各个数据；

w_i——与 x_i 相对应的权数。

使用加权算术平均法预测的关键就是确定权数。一般离预测值越近的数据对预测值影响越大,应确定较大的权数,离预测值较远的数据应确定较小的权数。

例 9-4 采取加权算术平均法,根据例 9-3 所给的数据,利用 2009 年下半年数据预测 2010 年 1 月的销量。

解:设 2010 年 1 月的销量为 x,则

$$x=\frac{\sum x_i w_i}{\sum w_i}=\frac{1\times72+2\times68+3\times54.5+4\times44+5\times43.8+6\times47}{1+2+3+4+5+6}$$

$$\approx49.9(\text{万辆})$$

通过分析,可以预测 2010 年 1 月电动自行车的销量为 49.9 万辆。

9.2.2 移动平均法预测

重要概念 9-6

移动平均法

移动平均法是将观察期内的数据由远及近按一定跨越期进行平均的一种预测方法,随着观察期的"逐期推移",观察期内的数据也随之向前移动,每向前移动一期,就去掉最前面一期数据,而新增原来观察期之后的数据,保证跨越期不变,然后逐个求出其算术平均值并将预测期最近的那一个平均数作为预测值。

常用的移动平均有一次移动平均法和二次移动平均法。一次移动平均法又可分为简单移动平均法和加权移动平均法两种。下面仅对一次移动平均法做简单介绍。

1. 简单移动平均法

简单移动平均法指时间序列按一定的跨越期,移动计算观察数据的算术平均数,形成一组新的数据。

简单移动平均法的基本公式表示为 $m_t=\dfrac{x_{t-1}+x_{t-2}+\cdots+x_{t-n}}{n}$

式中, m_t——第 $t-n$ 期到第 $t-1$ 期的平均数;

$x_{t-1},x_{t-2},\cdots,x_{t-n}$——第 $t-n$ 期到 $t-1$ 期的实际值;

n——跨越期。

例 9-5 表 9-5 为某城市 2010 年各月份汽油的消耗量,分别对跨越期为 3 个月和 5 个月的情况进行预测。

表 9-5 某城市 2010 年各月份汽油的消耗量及其平均值

月份	实际使用量 x_t(万升)	3 个月移动平均值 $m_t(n=3)$	5 个月移动平均值 $m_t(n=5)$
1	120.0		
2	132.0		
3	142.0		
4	138.0	131.3	

续表

月份	实际使用量 x_t(万升)	3个月移动平均值 $m_t(n=3)$	5个月移动平均值 $m_t(n=5)$
5	146.0	137.3	
6	152.0	142.0	135.6
7	146.0	145.3	142.0
8	155.0	148.0	144.8
9	143.0	151.0	147.4
10	156.0	148.0	148.4
11	148.0	151.0	150.4
12	150.0	149.0	149.6

2. 加权移动平均法

加权移动平均法是对跨越期内不同重要程度的数据乘以不同的权数,将这些乘积之和除以各权数之和,求得加权平均数,并以此来预测下一期数据。用公式表示为

$$m_{t+1}=\frac{w_1x_t+w_2x_{t-1}+\cdots+w_nx_{t-n+1}}{w_1+w_2+\cdots+w_n}$$

式中,　m_{t+1}——时间为 t 的加权移动平均数,即 x_{t+1} 的预测值;

$x_t,x_{t-1},\cdots,x_{t-n+1}$——观察期内时间序列的各个数据,即预测目标在观察期内的实际值;

$w_1,w_2,\cdots,w_n$——与观察期内时间序列各个数据相对应的权数。

例9-6　利用例9-5中的数据,令跨越期为3,权数分别为0.5、0.3、0.2,运用加权移动平均法预测该城市2011年1月份对汽油的需求量。

利用公式 $m_{t+1}=\frac{w_1x_t+w_2x_{t-1}+\cdots+w_nx_{t-n+1}}{w_1+w_2+\cdots+w_n}$ 计算结果如表9-6所示。

表9-6　依据例9-5计算数据

月份	实际使用量 x_t(万升)	加权平均值 $m_t(n=3)$	预测值
1	120.0		
2	132.0		
3	142.0		
4	138.0	142.0×0.5+132.0×0.3+120.0×0.2=134.6	134.6
5	146.0	138.0×0.5+142.0×0.3+132.0×0.2=138.0	138.0
6	152.0	146.0×0.5+142.0×0.3+142.0×0.2=142.8	142.8
7	146.0	152.0×0.5+142.0×0.3+138.0×0.2=147.4	147.4
8	155.0	146.0×0.5+152.0×0.3+146.0×0.2=147.8	147.8
9	143.0	155.0×0.5+146.0×0.3+152.0×0.2=151.7	151.7
10	156.0	143.0×0.5+155.0×0.3+146.0×0.2=147.2	147.2
11	148.0	156.0×0.5+143.0×0.3+155.0×0.2=151.9	151.9
12	150.0	148.0×0.5+156.0×0.3+143.0×0.2=149.4	149.4

9.2.3 指数平滑法预测

指数平滑法是用预测目标历史数据的加权平均数作为预测值的一种预测方法，是加权平均法的一种特殊情形。用公式表示为 $s_{t+1}=ax_t+(1-a)s_t$。

式中，s_{t+1}——$t+1$ 期预测目标时间序列的预测值；

x_t——t 期预测目标的实际值；

s_t——t 期预测目标的预测值，即 t 期的平滑值；

a——平滑系数($0<a<1$)。

公式表明，$t+1$ 期的预测值是 t 期实际值和预测值的加权平均数，t 期实际值的权数为 a，t 期预测值的权数为 $1-a$，权数之和为 1。

例 9－7 某自行车厂 2002—2010 年销售额如表 9－7 所示，利用指数平滑法预测 2011 年的销售额。

表 9－7 某自行车厂 2002—2010 年销售额

年份	销售额	平滑系数 $a=0.1$	平滑系数 $a=0.6$	平滑系数 $a=0.9$
2002	4 000	4 566.67	4 566.67	4 566.67
2003	4 700	4 510.00	4 226.67	4 056.67
2004	5 000	4 529.0	4 510.67	4 635.67
2005	4 900	4 576.10	4 804.27	4 963.57
2006	5 200	4 608.49	4 861.71	4 906.36
2007	6 600	4 667.64	5 064.68	5 170.64
2008	6 200	4 860.88	5 985.87	6 457.06
2009	5 800	4 994.79	6 114.35	6 225.71
2010	6 000	5 075.31	5 925.74	5 842.57
2011	—	5 167.78	5 970.30	5 984.26

预测步骤如下：

(1) 首先确定初始值 s_1，这是利用指数平滑法的重要一步。由指数平滑法公式可知，要计算 s_{t+1} 就需要知道 s_t，计算 s_t 就要知道 s_{t-1}，依此类推，要知道 s_2 就要知道 s_1，而 s_1 是没有办法计算出来的，只能估算。一般情况下，时间序列的数据越多，初始值距离预测期就越远，权数就越小，对预测值的影响也就越小。初始值可以用实际值来代替，即 $s_1=x_1$，然后按照上述递推规律，求出 s_{t+1}；若时间序列数据少，初始值对预测值的影响以选择前几个数据作为初始值。如本例可以将 s_1 确定为前三期数据的平均值，即 $s_1=\frac{x_1+x_2+x_3}{3}=\frac{4\,000+4\,700+5\,000}{3}=4\,566.67$(万元)

(2) 选择平滑系数 a。指数平滑法中平滑系数体现了对时间序列各数据的修匀能力，a 值大小与预测结果有着直接关系。通常 a 值可以依据时间数列的波动进行选择。如果时间序列有较大的随机波动或大幅的升降时，应选择较小的平滑系数，以清除这种不规则变动对预测值的影响；如果时间序列有较小的随机变动或数据以固定比率上升、下降时，应选用较大的平滑系数；如果时间序列变动呈水平趋势，预测值与 a 的取值关系不大，可以选择居中的 a 值。

本题分别取 $a=0.1$，$a=0.6$，$a=0.9$，通过计算，可以比较它们对时间数列的修匀程度。

当 $a=0.1$ 时，$s_1=\dfrac{4\,000+4\,700+5\,000}{3}=4\,566.67$（万元）

$$s_2=0.1\times 4\,000+(1-0.1)\times s_1=4\,510.00\text{（万元）}$$

…

2011 年销售额预测值 =5 167.78（万元）

当 $a=0.6$ 时，$s_1=\dfrac{4\,000+4\,700+5\,000}{3}=4\,566.67$（万元）

$$s_2=0.6\times 4\,000+(1-0.1)\times s_1=4\,226.67\text{（万元）}$$

…

2011 年销售额预测值 =5 970.30（万元）

当 $a=0.9$ 时，$s_1=\dfrac{4\,000+4\,700+5\,000}{3}=4\,566.67$（万元）

$$s_2=0.9\times 4\,000+(1-0.1)\times s_1=4\,056.67\text{（万元）}$$

…

2011 年销售额预测值 =5 984.26（万元）

（3）确定预测值。根据本例中 a 对时间序列的修匀程度，当 $a=0.9$ 时，指数平滑值基本反映了时间序列各数据的情况，修匀程度小，应确定 $a=0.9$ 时的平滑值作为预测值。另外，在使用指数平滑法进行预测时，若对预测精度的要求比较高，还需要对不同平滑系数下取得的平滑值进行误差分析。

9.2.4 趋势外推法预测

重要概念 9－7

趋势外推法

趋势外推法，又称数学模型法，是通过建立一定的数学模型，对时间序列给出恰当的趋势线，将其外推或延伸，用来预测未来可能达到的水平。

趋势外推法又分为直线趋势外推法和曲线趋势外推法：这里只简要介绍一下直线趋势外推法。

直线趋势外推法就是假定预测目标随时间变化的规律近似为一条直线。通过拟合直线方程描述直线的上升或下降趋势来确定预测值。设直线方程为 $y_t=a+bt$。

式中，y_t——预测值；

t——时间序列编号；

a，b——常数。

通过数学计算，确定 a、b 的值，求出直线方程。首先根据最小二乘法可推导出两个标准

方程

$$\sum y_i = na + b\sum t_i$$
$$\sum t_i = a\sum t_i + b\sum t_i^2$$

解得 $a = \frac{1}{n}(\sum y_i - b\sum t_i)$

$$b = \frac{n\sum t_i y_i - (\sum t_i)(\sum y_i)}{n\sum t_i^2 - (\sum t_i)^2}$$

t 是时间序列的编号，为了简化计算，通常按 $\sum t_i = 0$ 的原则编号。这样，原公式就简化为

$$a = \frac{\sum y_i}{n}$$
$$b = \frac{\sum y_i t_i}{\sum t_i^2}$$

式中，y_i——时间序列的实际值；

t_i——时间序列各编号；

n——数据个数。

在计算时，为保证 $\sum t_i = 0$，通常对于不同资料的时间间隔是不同的。当 n 为奇数时，确定资料的中间一期为 0，与中间一期对称的其他各期之和也应为 0，则时间序列的时间间隔为 1；当 n 为偶数时，中央两期之和为 0，与这两期相邻的其他各期之和也应为 0，则资料的时间间隔为 2。

例 9－8 表 9－8 是一家铁路公司 2004—2010 年的总收入情况，试用趋势外推法预测 2011 年该公司的总收入。

表 9－8 铁路公司 2004—2010 年的总收入 单位：百万元

年份	总收入(y_i)	t_i	$t_i y_i$	t_i^2
2004	2 428	－3	－7 284	9
2005	2 951	－2	－5 902	4
2006	3 533	－1	－3 533	1
2007	3 618	0	0	0
2008	3 616	1	3 616	1
2009	4 264	2	8 528	4
2010	4 738	3	14 214	9
$\sum$	25 148	0	9 639	28

根据 $\sum t_i = 0$，计算出 $a = \frac{\sum y_i}{n} \approx 3\ 592.57$，$b = \frac{\sum y_i t_i}{\sum t_i^2} = 344.25$

则直线趋势方程为 $y_t = a + bt = 3\ 592.57 + 344.25t$

预测 2011 年该公司的总收入为：$y_4 = 4\ 969.57$（百万元）。

9.2.5　季节指数法预测

在市场活动中,某些经济变量的变化随季节的不同而呈现出周期性变化,在一定的时间间隔内出现相似的周期曲线。有些经济变量反映的季节变动较强,而另一些经济变量表现的季节变动相对较弱。因此,在进行市场预测时,应考虑到经济变量的季节性变化。季节指数法就是描述时间序列的季节性变动规律,并以此为依据预测未来市场商品的供应量、需求量及价格变动趋势。

利用季节指数预测法的关键是计算时间序列的季节指数,下面介绍最常用的按月(季)平均法。

例 9－9　某家电销售部 2008—2010 年电风扇的销售量资料如表 9－9 所示。已知 2011 年 1 月份的销售量为 3 台,试预测 2011 年其他各月的销售量。

表 9－9　某家电部 2008—2010 年电风扇的销售量

年＼月	1	2	3	4	5	6	7	8	9	10	11	12	年平均
2008	5	4	10	22	40	108	94	85	62	20	5	6	38.4
2009	4	5	11	23	51	110	96	80	57	15	4	4	38.3
2010	4	3	6	18	32	100	92	81	58	13	3	2	34.3
月平均	4	4	9	21	41	106	94	82	59	16	4	4	37
季节指数	10.8	10.8	24.3	56.8	110.8	285.5	250.1	221.6	159.5	43.2	10.8	10.8	

具体预测如下:

计算历年同月的平均值:1 月份的平均值 $=\dfrac{5+4+4}{3}\approx 4$

计算全年月平均值:$\dfrac{4+4+9+\cdots+4}{12}=37$

计算各月季节指数:

$$季节指数=\frac{各年同月平均数}{全年月总平均数}\times 100\%$$

$$1\ 月份季节指数=\frac{4}{37}\times 100\%\approx 10.8\%$$

调整各月季节指数:

$$调整各月系数=\frac{理论季节指数之和}{实际季节指数之和}\times 各月实际季节指数$$

$$1\ 月份调整后的季节指数=\frac{1\ 200}{1\ 199.5}\times 10.8\%\approx 10.8\%$$

$$2\ 月份调整后的季节指数=\frac{1\ 200}{1\ 199.5}\times 10.8\%\approx 10.8\%$$

计算预测值：

$$某月预测值=\frac{预测月的季节指数}{实际月的季节指数}\times 上月实际数$$

$$2011 年 2 月份的预测值=3\times\frac{10.8}{10.8}=3(台)$$

$$2011 年 3 月份的预测值=3\times\frac{24.3}{10.8}=7(台)$$

依此类推，可以求出2011年各月的预测值。

任务回顾

任务指标	表现要求	已达要求	未达要求
(陈述性)知识	掌握重要概念、特征和意义		
(实践)技能	能进行职业操作活动		
认识整体职业任务	能概述并认识整体职业任务		
认识职业任务的地位	能认识职业任务的上下衔接关系		
其他			

9.3 回归分析预测

任务描述：调查人员通过对调查对象和影响因素的资料进行统计、整理和分析后，找出它们之间的变化规律，可以利用数学模型进行市场发展态势的预测。

9.3.1 一元线性回归分析

重要概念9-8

回归分析法

回归分析预测法，是通过对预测对象和影响因素的统计整理和分析，找出它们之间的变化规律，将变化规律用数学模型表示出来，并利用数学模型进行预测的一种分析方法。

建立变量之间有效的回归方程，是回归分析预测法的重要工作，主要对市场现象未来发展状况和水平进行预测，如果能将影响市场预测对象的主要因素找到，并能够取得其数据资料，就可以采用回归分析预测法进行预测。它是一种具体的、行之有效的、实用价值很高的常用市场预测方法。

回归分析预测法有多种类型。可根据自变量的个数分为一元回归预测法、二元回归预测法和多元回归预测法。在一元回归分析预测法中，自变量只有一个；在二元回归预测法中，自变量有两个；而在多元回归分析预测法中，自变量有两个以上。根据自变量和因变量之间是否存在线性关系,可分为线性回归预测和非线性回归预测。在线性回归预测法中,变量之间的关系表现为直线型,非线性回归预测法中变量之间的关系主要表现为曲线。

1. 回归预测法的具体步骤

回归分析预测法的具体步骤如下:

(1) 确定预测目标和影响因素。通常情况下,市场预测的目标必定是因变量,研究者可根据具体研究的目的来确定。例如,以预计未来5年小家电需求为目的的市场预测,它的因变量就是未来5年小家电的需求量。而对于影响和制约预测目标的自变量的确定则相对较困难。

确定自变量,预测者既要对历史资料和现实调查资料进行分析,又要根据自己的理论水平、专业知识和实践经验进行科学性分析,必要时还可以运用假设方程先进行假设再进行检验,以确定主要的影响因素。

(2) 进行相关分析。所谓的相关分析,就是对变量间的相关关系进行分析和研究。这一过程主要包括两个方面:一是确定变量间有无相关关系,这是相关分析也是回归分析的前提;二是确定相关关系的密切程度,这是相关分析的主要目的和主要内容。相关分析可用散点图分析,相关关系的密切程度通常用相关系数或相关指数来衡量。相关系数计算公式为

$$r=\frac{\sum(x-\bar{x})(y-\bar{y})}{\sqrt{\sum(x-\bar{x})^2\sum(y-\bar{y})^2}}$$

式中,r——相关系数;

x——自变量的值;

$\bar{x}$——自变量的平均值;

y——因变量的值;

$\bar{y}$——因变量的平均值。

相关系数$-1<r<1$。当变量x与y呈线性相关时,$|r|$越接近1,表明变量间的线性相关程度越高;$|r|$越接近0,表明变量间的线性相关程度越低。$r>0$表明为正相关,$r<0$表明为负相关。当呈现较强的非线性相关时,相关系数$|r|$值或许趋近于0,或许很大,并不确定。

(3) 建立回归预测模型。建立回归预测模型,就是建立回归方程,依据变量之间的相关关系,用恰当的数学表达式可以表示。线性回归方程的一般表达式为

$$y=a+b_1x_1+b_2x_2+\cdots+b_nx_n$$

当线性回归只有一个自变量与一个因变量时,称为一元线性回归或简单线性回归、直线回归,可写为

$$y=a+bx$$

其他形式的线性回归则称为多元线性回归。

当变量间不呈线性关系时,则需根据曲线的形状建立相应的非线性回归方程。方程的参数通常使用最小平方法计算求得,然后代回方程用于预测。

(4) 回归预测模型的检验。建立回归方程的根本目的在于预测,将方程用于预测之前需要检验回归方程的拟合优度和回归参数的显著性,只有通过了有关的检验后,回归方程方可用于经济预测。常用的检验方法有相关系数检验、F检验、t检验和D-W检

验等。

（5）进行实际预测。运用通过检验的回归方程，将需要预测的自变量 x 代入方程并计算，即可得到所求的预测值。

预测通常有两种情况：一是点预测，就是所求的预测值为一个数值；另一是区间预测，所求的预测值有一个数值范围。通常用正态分布的原理测算其估计标准误差，求得预测值的置信区间。

2. 一元线性回归分析的运用

当影响市场变化的众多因素中有一个最基本并起到决定性作用的因素，且自变量与因变量的分布呈线性趋势，此情况下用回归方法进行预测就是一元线性回归预测。一般情况一元线性回归表达式为 $y = a + bx$。

式中，y——因变量；

x——自变量；

a、b——参数，b 又称回归参数，它表示当 x 每增加一个单位时，y 的平均增加数量。

例 9-10 据经验，企业的商品销售额与广告费用支出之间具有相关关系。某企业2001—2010年的商品销售额和广告费用支出资料如表9-10所示。该企业预计2011年的广告费支出为35万元，要求在95%的确信度下，通过分析所掌握的数据，预测2011年商品销售额。

表 9-10 某企业商品销售额与广告费支出

年份	广告费 x_i（万元）	商品销售额 y_i（百万元）	xy	x^2	y^2
2001	4	7	28	16	49
2002	7	12	84	49	144
2003	9	17	153	81	289
2004	12	20	240	144	400
2005	14	23	322	196	529
2006	17	26	442	289	676
2007	20	29	580	400	841
2008	22	32	704	484	1 024
2009	25	35	875	625	1 225
2010	27	40	1 080	729	1 600
合计	157	241	4 508	3 013	6 777

具体分析步骤如下：

第一步，进行相关分析。坐标系下将广告费支出和商品销售额的数据标出，画出散点图，发现呈直线趋势，可以判定二者为一元线性关系。

第二步，建立回归方程。回归方程为 $y=a+bx$，其中关键是求参数 a 与 b 的值。根据表 9－10 中的数据，利用最小平方法可以求出 a 与 b 的值。

$$a=\frac{n\sum xy-\sum x\sum y}{n\sum x^2-(\sum x)^2}=\frac{10\times 4\ 508-157\times 241}{10\times 3\ 013-(157)^2}=1.321$$

$$b=\frac{\sum y}{n}-\frac{a\sum x}{n}=\frac{241}{10}-1.321\times\frac{157}{10}=3.36$$

所求回归方程为 $y=3.36+1.321x$。

第三步，进行检验。检验相关系数：

$$\begin{aligned}r&=\frac{n\sum xy-\sum x\sum y}{\sqrt{n\sum x^2-(\sum x)^2}\ \sqrt{n\sum y^2-(\sum y)^2}}\\&=\frac{10\times 4\ 508-157\times 241}{\sqrt{10\times 3\ 013-(157)^2}\times\sqrt{10\times 6\ 777-(241)^2}}\\&=0.999\ 4\end{aligned}$$

取得显著性水平 $a=0.05$，参数为 $n-2=8$。查相关系数临界值表得 $r_{0.05(8)}=0.632$。因为 $r>0.632$，说明广告费与商品销售额存在很强的正相关关系。

第四步，进行预测。先进行点预测，2011 年的广告费预计支出 35 万元。将其代入方程，有 $y=3.36+1.321\times 35=49.595$（百万元），即 2011 年的商品销售额可达到 49.595 百万元。再进行区间预测，利用公式 $S=\sqrt{\frac{\sum(y-y_i)^2}{n-2}}$ 计算标准误差，查 t 分布表，最后可得商品销售额的预测区间为 49.595 ± 3.731，即若以 95% 的把握预测，当广告费支出为 35 万元时，商品的销售额在 45.864～53.326 百万元之间。

9.3.2 多元线性回归分析

当我们进行市场预测时，常遇到变量并非两者之间的关系，而是几个因素共同发生作用，一元线性回归分析法已经不再适用，这时就可以使用多元回归分析法进行预测活动。

当两个或多个以上的自变量与一个因变量之间存在线性回归趋势时，此情况下用回归方法进行预测即为多元线性回归分析法。

多元线性回归方程一般形式为

$$y=a+b_1x_1+b_2x_2+\cdots+b_nx_n$$

式中，$x_1,x_2,\cdots,x_n$——n 个影响 y 的自变量；

$a,b_1,b_2\cdots b_n$——回归参数。

存在两个自变量条件下的多元线性回归方程称为二元回归方程，即 $y=a+b_1x_1+b_2x_2$，为多元线性回归方程中的特例。

二元线性回归分析的具体操作步骤如下：

（1）建立线性回归方程。线性方程为 $y=a+b_1x_1+b_2x_2$，参数 a,b_1,b_2 使用最小平方法推算，得到

$$\sum y=na+b_1\sum x_1+b_2\sum x_2$$

$$\sum x_1y=a\sum x_1+b_1\sum x_1^2+b_2\sum x_1x_2$$

$$\sum x_2 y = a\sum x_2 + b_1\sum x_1 x_2 + b_2\sum x_2^2$$

将相关数据代入上述方程,求解得到系数 a, b_1, b_2。所以,二元线性回归方程为

$$y = a + b_1 x_1 + b_2 x_2$$

(2) 检验。利用复相关系数检验回归方程整体显著性

$$R = \sqrt{1 - \frac{\sum (y - y_e)^2}{\sum (y - \bar{y})^2}}$$

化简为

$$R = \sqrt{1 - \frac{\sum y^2 - a\sum y - b_1\sum x_1 y - b_2\sum x_2 y}{\sum y^2 - n\bar{y}^2}}$$

取一个特定的 a,并计算 $df = n - k - 1$(k 为自变量个数),查相关系数临界值表得到 $r_{a,df}$。如果 $R > R_0$,说明 x_1, x_2 与 y 线性关系显著。

(3) 预测。先进行点预测,将 x_1, x_2 代入公式 $y = a + b_1 x_1 + b_2 x_2$ 即得到预测值 y。之后再进行区间预测,计算估计标准误差

$$S = \sqrt{\frac{\sum (y - y_i)^2}{n - 3}}$$

取 $a, df = n - 3$,查 t 分布表得到 $t_{a/2,df}$,所以,预测区间为 $y_i \pm t_{a/2,df} S$。

对于三个或三个以上自变量的多元线性回归预测以及非线性回归预测,计算方法非常复杂,通常需借助计算机进行处理,这里略过不做分析。

任 务 回 顾

任务指标	表现要求	已达要求	未达要求
(陈述性)知识	掌握重要概念、特征和意义		
(实践)技能	能进行职业操作活动		
认识整体职业任务	能概述并认识整体职业任务		
认识职业任务的地位	能认识职业任务的上下衔接关系		
其他			

◈ 任务 9 小结

根据市场调查业务活动顺序,本任务是市场调查与预测工作的第九大任务。分析市场发展态势是指从事市场经营活动的个人或组织,为减少其经营决策失误,在详细了解其过去和现在的相关历史信息的基础上,运用预测工具,分析信息资料,发现其中的规律性特征,并据此做出科学推测。

我们必须了解,预测本身不是目的,它是为决策做支持性服务,通过合理的预测技术,降低决策失误概率,提高预测的准确性和精确度。其方法有两类,一类是定性预测,侧重于对事物性质界定和描述,把握事物发展变化的方向;另一类是定量预测,主要方法是按照信息

资料的时间序列进行预测。要考虑的因素有长期趋势变动因素、季节变动因素、循环变动因素和无规则变动因素。因此,根据变动因素影响的不同,可以采用平均值预测法、季节变动趋势预测法、趋势外推法等多种方法。

定性预测与定量预测各有其特点,在现实预测工作中通常会结合使用。在涉及总体性、长期性影响和复杂因素过多难以有效控制时,依据个人经验的定性预测更可行,且快速、成本低;而进行近期和短期预测时或影响因素清楚时,定量预测技术能提供更为精确的预测结果,且能对结果进行误计算和置信度控制,更有利于使用。

预测市场发展态势将为提出市场调查报告奠定重要基础。本任务围绕分析市场调查资料活动必要的程序设计了各环节操作的专门知识,设置了**重要概念**、**任务资讯**等栏目,体现了对一些重要理论知识的重组。

本任务进程以**任务描述**开始,以**学生自我总结**结束,希望读者在完成**子任务**之后,能够及时进行自我的**任务回顾**,做好自我的过程性评价,在完成所有子任务后,进行自我工作评价。

本任务能力目标:完成本任务后,读者应该能够初步进行市场发展态势预测工作。

完成本任务将为**任务10:市场调查报告的完成**奠定良好的基础。

◈ 重要概念与技能

◇重要概念

集合经验分析　专家会议法　德尔菲法　时间序列分析法　简单平均法　移动平均法　趋势外推法　回归分析法

◇重要技能

时间序列分析预测　回归分析预测

◈ 课堂讨论

1. 如何理解市场预测在企业经营决策中的作用?
2. 哪些属于定性预测技术?
3. 哪些属于定量预测技术?
4. 预测技术可以在哪些领域得到应用?

◈ 课后自测

◇选择题

1. 集合经验分析法的预测者是(　　)。

A. 企业聘请的专家学者　　B. 企业内部员工

C. 目标市场消费者　　D. 调查公司

2. 定性预测的不足是(　　)。

A. 不适合内容较多、较复杂的市场情况　　B. 不适合远期预测

C. 不适合整体预测　　D. 不能控制预测结果的误差

3. 下列有关简单算术平均法说法正确的是(　　)。

A. 当时间序列因素影响较大时使用　　B. 当预测者重要程度不同时可使用

C. 操作简单,预测便捷快速,费用低　　D. 可做长期趋势预测

4. 不是指数平滑法的优点的是(　　)。

A. 不需要全部历史资料　　B. 体现早期资料的重要性强

C. 突出近期资料的重要性　　D. 对结果的修匀效果好

5. 能表示事物相关程度的是(　　)。

A. 权数　　B. 相关系数

C. 回归系数　　D. 斜率

◇判断题

1. 任何事物的发展都是有连续性的。(　　)

2. 德尔菲法也是一种专家预测法。(　　)

3. 选择专家时,应该选那些在社会上有声望的人。(　　)

4. 时间序列分析预测是根据时间顺序分析市场发展变化的趋势(　　)

5. 在定性预测和定量预测中任选其一,都可以做到科学预测。(　　)

◇简答题

1. 什么是时间序列预测法?

2. 时间序列预测法中采用到平均法有哪几种? 各适用于什么情况?

3. 指数平滑法可在什么条件下应用?

4. 什么是相关分析预测法?

5. 什么是回归预测法? 它的一般程序是什么?

◈ 案例分析

瑞士再保险公司对亚洲和我国保险市场的调研

世界第二大的再保险企业瑞士再保险公司,还没有进入中国市场,就对亚洲和我国保险市场进行了细致预测。

据瑞士再保险公司发表的一份调查报告显示,鉴于据预测亚洲一些国家的保险总额在到2000年的这段时间里每年将增长10%以上,心存羡慕的外国保险业者正热切地争取进入这些生意兴隆的市场。这份报告指出,它们要在这些亚洲国家做生意是显而易见的,因为与亚洲的情况形成对照的是,在同一时期全球保险总额年均增长率预计仅为4%。

这份报告调查的是1995—2000年这段时期,调查的国家和地区有中国大陆、印度、印尼、日本、韩国、马来西亚、菲律宾、新加坡、泰国、越南,以及中国台湾和中国香港。1995年初,总共有850家保险公司,其中包括大约250家外国公司活跃在这些被调查的保险市场上。然而,这些外国公司中有一半以上是设在中国香港和新加坡的。

在国内保险金总额中,外国公司在非人寿保险业和人寿保险业中所占份额平均分别为3%和13%,可是各个国家之间的差别很大。瑞士再保险公司说,例如,在印度和中国,保险业主要是由国家保险公司经营,外国公司在人寿保险和非人寿保险业中所占份额分别为0

和1.5%。在新加坡，外国公司在非人寿保险业中所占份额要高得多，平均为34.1%，在印尼为16.9%，但在日本仅为3%，在泰国1.2%，在韩国仅为0.4%。在人寿保险业中，外国公司的份额最高的是在马来西亚，为56.4%，最低的是在韩国，为0.4%。

人寿保险历来是在亚洲市场上占支配地位的保险种类，在1995—2000年期间人寿保险业的增长率，中国大陆为25%，马来西亚为18.3%，印尼为16.4%，泰国为16.1%，韩国为9.7%，菲律宾为8.9%，中国台湾为8.8%，印度为8.3%。

瑞士再保险公司说，人寿保险业发展速度快，是由于居民储蓄率高，政府退休金不多，需要额外购买私人人寿保险来弥补。另外，中国实施的支持人们投保的税收政策，也是一个因素。同时，据预测1995—2000年期间非人寿保险业的增长率，泰国为18.6%，中国内地为15.5%，印尼为11.9%，菲律宾为8.9%，韩国为8.4%，中国香港为8.5%。

阅读以上材料，回答问题：

这样一种前景预测，就为企业进入这一市场提供了极为有利的信息。那么一家企业在进行市场调查时应该获取哪些方面的市场信息呢？

◇ 模拟演练

方圆电脑公司每月的广告费用与销售金额的资料如表9－11所示，请学生以预测小组为单位，利用线性回归方程式等几种定量分析预测方法为企业下一期广告费投入进行销售额预测，假设广告费投入为27万元。

表9－11　方圆电脑公司每月的广告费与销售额

期　数	1	2	3	4	5	6	7	8	9	10	11	12
广告费 X	20	30	40	25	40	20	50	35	25	40	30	50
销售额 Y	365	400	440	395	450	385	510	430	390	470	420	490

[演练目标] 能运用平均数法、中位数法和线性回归法对该企业的下一期销售额进行预测。

[演练组织] 将学生分为几组，每组选定一种方法进行预测，最后由教师进行评定，并比较各种方法的差异及优缺点。

[演练提示] 还可以试采用其他方法，看能否解决此问题。

[成果评价] 教师应以启发、指导为主，主要由学生独立完成。

◇ 学生自我总结

通过完成任务9 市场发展态势的预测，我能够做如下总结：

一、任务概述

本任务的主要内容有：

二、任务定位

本任务在职业活动中的地位：

三、完成任务过程分析

本任务的完成过程是：

四、工作过程要素分析

在本任务的完成过程中： 1．工作过程要素有： 2．操作要领有： 3．这么做的原因有：

五、成果检验

本任务的工作成果： 1．完成本任务的意义有： 2．体会的经验有： 3．自悟的经验有： 4．形成的策略有：

任务10

市场调查报告的完成

▷ 任务目标

▷ 知识目标

1. 了解市场调查报告的意义；
2. 掌握市场调查报告的结构；
3. 掌握市场调查报告的编写要点；
4. 了解市场调查报告的提交方式。

▷ 技能目标

1. 能认识市场调查报告的框架；
2. 会落实市场调查报告的写作资料；
3. 能够编写简单的市场调查报告；
4. 能整体把握调查报告的编写工作。

◈ 任务分解

子任务10.1　市场调查报告的准备

↓

子任务10.2　市场调查报告的编写

↓

子任务10.3　市场调查报告的提交

◈ 情境导入

尊敬的读者：您通过制订好市场调查方案、选定了适当的调查方法，组织调查人员收集了调查资料，并对资料进行了整理、预分析工作，现在摆在我们面前的可能是一堆堆伴随整个调查过程的调查资料、分析资料、调查结果资料，以及我们依据这些资料所得出的结论和建议，那么我们如何把这些资料简洁、明了地呈报给决策者呢？市场调查与分析报告就是一种最合适的表现形式。为了编写好市场调查报告，市场调查项目管理人员应该做好协调管理工作，分工明确，汇总数据，分析结论，为市场调查报告的编写做足准备。经反复讨论修订之后，正式的市场调查报告才能被提交给委托方。接下来，您将进入一个新的业务操作环节：市场调查报告的完成。

市场调查与预测活动操作的第 10 步：市场调查报告的完成。为了方便您掌握市场调查与预测活动的基本技能，学会编写市场调查报告，我们根据实际业务活动顺序，将市场调查报告的完成这样一个业务活动过程又分为三个子任务，这三个子任务分别是：

市场调查报告的准备；

市场调查报告的编写；

市场调查报告的提交。

您可以按照任务引领，对照学习目标，依次完成各项子任务，直至完成本任务，从而获取完成市场调查报告的职业活动能力。

10.1　市场调查报告的准备

> 任务描述：市场调查人员为了编写出一份高质量的调查报告，在编写之前，要做充分的准备工作，如总体构思、材料准备、明确读者对象等。这样才能做到有的放矢，才能编写出高质量的市场调查报告。

10.1.1　对市场调查报告的认识

市场调查报告是整个调查任务活动的成果体现。实践证明，无论调查设计多么科学，调查问卷多么周密，样本多么具有代表性，数据收集、质量控制多么严格，数据整理和分析多么恰当，调查过程和调查结果与调查的要求多么一致，如果调查人员不能把诸多的调查资料组织成一份清晰的、高质量的市场调查报告，就不能与决策者或用户进行有效的信息沟通，决策者或用户就不能有效地采取行动。

10.1.2 市场调查报告的准备内容

市场调查报告的准备工作主要有以下几个方面：

1. 明确市场调查的目的、方法和实施情况

这是撰写市场调查报告的基本准备工作。每一个市场调查报告都有明确的撰写目的和针对性，即反映情况、指出原因、提出建议，从而为社会或企业的决策部门制订或调整某项决策服务。而市场调查报告撰写的目的，其依据或实质就是市场调查的目的，两者具有一致性。

例 10－1 某企业要通过一项市场调查来了解相关产品的市场供求现状及态势，以作为其决定产品策略的参考依据，那么就要求该项市场调查报告的撰写应立足于反映相关产品的市场供求状况，发掘造成这种状况的原因，从中探寻产品市场发展态势，提出企业所应采取的对策建议等。

因此，在撰写市场调查报告前，明确市场调查目的，市场调查报告才能紧扣主题，揭示出的内容才真正符合需要。

除了明确市场调查目的外，一份完整的市场调查报告还必须交代该项市场调查所采用的方法，如选样、资料收集、统计整理是怎样进行的等；还必须陈述该项市场调查具体的实施情况，如有效样本数量及分布、操作进程等，因此，在撰写市场调查报告前，掌握这一市场调查的方法以及实施情况，也是必不可少的。

2. 落实写作材料

一份市场调查报告是否具有较高的决策参考价值，在很大程度上取决于它在写作时拥有材料的数量及质量。

除了整理与本次调查有关的一手资料和二手资料，还必须对所取得的各种相关资料加以初步的鉴别、筛选、整理以及必要的补充，从质量上把好关，争取使撰写的材料具有客观性、针对性、全面性和时效性。

整理统计分析数据，要认真研究数据的统计分析结果，可以先将全部结果整理成各种便于阅读、比较的表格和图形。在整理这些数据的过程中，对调查报告中应重点论述的问题自然会逐步形成思路。

对难于解释的数据，要结合其他方面的知识进行研究，必要时可针对有关问题找专家咨询，或进一步召开小范围的调查座谈会。

值得指出的是，准备落实材料时，切忌遗漏以下两方面：

(1) 忽视对反面材料的收集。在各类调查尤其是产业调查、销售渠道调查及消费者调查中，市场调查人员不注意听取反面意见而导致决策失误的教训是很多的。

例 10－2 国内某一企业的市场调查部门，在进行消费者调查时，因担心与本企业领导的意见相左，担心得罪本企业的销售部门、广告部门，而不去认真听取与反映消费者发表的反面意见，结果使得本企业在产品更新、营销策略、广告策略改进等方面无所作为，导致本企业产品市场萎缩。

对于客观存在的反面意见，市场调查人员如果不注意听取，这种市场调查所取得的材料，不仅是不全面的，而且是虚假的，其危害程度比不进行调查还要严重。

（2）重视经营活动的微观材料，忽视经济背景的宏观材料。市场调查涉及的内容，一般是围绕一类或一种产品或某一市场营销活动进行的微观调查。通过微观调查得出的结论，尤其是其中对产品市场或对该营销活动的预测性意见，如果不根据经济背景的宏观材料进行检验或校正，往往会出现偏差。

例 10－3 某年初夏，上海一家合资公司准备在下半年投资商品住宅建造，而且希望在下一年上半年基本售完，收回投资，并取得一定的投资利润率。该公司委托某市场调查公司进行消费者（含居民个人和企业）调查。该市场调查公司在调查中发现，居民个人的购房意向强烈，但多数人希望分期（5 年、9 年、15 年）付款；不少大中型企业为了解决职工住房困难或为了扩大生产规模要动迁居民，都有购房计划；一些房地产公司也准备成批购房。据此，似可得出投资商品住宅建造可行，一年内收回投资并有一定的投资利润率完全可能的结论。为了对委托方负责，该市场调查公司又进行补充调查。在补充调查中发现，许多要购房的企业，资金并不落实，而且生产上还要靠贷款；那些要批量购房的房地产公司，是靠贷款来炒卖商品住宅。同时，该市场调查公司又全面、深入地研究宏观材料，例如，许多有识之士和领导人提出要压缩基本建设规模、压缩贷款总量、调整贷款方向，等等。根据调查结果，结合宏观材料，该市场调查公司提出了相应的结论和建议。委托方在首次研究调查报告时认为，该报告的结论与建议同实际情况不大相符。但一个多月后商品住宅市场的变化趋势，证明了该调查结论和建议的正确性，委托方避免了因头脑发热而可能出现的失误。

3. 确定报告类型及阅读对象

调查报告有多种类型，如一般性报告、专题性报告，研究性报告、说明性报告等。

一般性报告就是对一般调查所写的报告，要求内容简单明了，对调查方法、资料分析整理过程、资料目录等做简单说明，结论和建议可适当多一些。

专题性报告是为特定目的进行调查后写的报告，要求报告详细明确，中心突出，对调查任务重所提出的问题做出回答。

研究性报告是指针对某一方面的问题进行研究所写的报告。这种报告要求详细收集资料并进行分析，澄清事实真相，判明问题的原因和性质，确定可能出现的危害，并提出解决的办法。

说明性报告是指针对某一事物进行说明的报告。这种报告是以正在发生、发展的一些现实生活为对象进行调查后所形成的，人们可以通过它了解和认识某些事物和问题的客观现实情况，以作为其他认识活动的依据或参考。一般情况下，为企业做调查用的是一般性报告和说明性报告。

另外，调查报告还必须明确阅读对象。阅读对象不同，他们的要求和所关心的问题的侧重点也不同。比如，调查报告的阅读者是公司的总经理，那么他主要关心的是调查的结论和建议部分，而不是大量的数字分析等。但如果阅读的对象是市场研究人员，他所要了解的是这些结论怎么得来的，是否科学、合理，那么，他更关心的就是调查所采用的方式、方法、数据的来源等方面的问题。所以，在撰写报告前要根据具体的目的和要求来决定报告的风格、内容和长短。

4. 构思报告

撰写市场调查报告与其他报告或写作一样，在动笔前必须有一个构思过程，也就是凭借调查所收集的资料，初步认识调查对象，经过判断推理，提炼出报告主题。在此基础上，确立观点，列出论点和论据，考虑文章的内容与结构层次，拟定提纲。

（1）凭借调查所收集的资料，初步认识调查对象。也就是说，通过调查所获得的来自客观的数据信息以及其他相关材料，初步认识调查对象。在此基础上，经过对调查对象多侧面、多层次的深入研究，把握调查对象的一般规律性。

（2）提炼报告主题。也就是说，在认识调查对象的前提下确立主题，即报告的主基调。主题的提炼是构思阶段异常重要的一环，其准确与否直接关系到最终报告的方向性。因此，主题的提炼应力求准确，在此基础上还应该深刻、富有创见性。

（3）确立观点、列出论点和论据。在主题确立后，对收集到的大量资料，经过分析研究，逐渐消化、吸收，形成概念，再通过判断、推理，把感性认识提高到理性认识，然后列出论点、论据，得出结论。

（4）考虑报告的内容与结构层次。在以上环节完成之后，构思基本上就有个框架了。在此基础上，考虑报告正文的大致结构与内容，一般来说应考虑的基本内容包括调查目的及所要解决的问题；调查采用的方法与技术；调查所获得的主要数据或信息以及这些数据及信息说明什么问题，理由是什么；解决问题的建议及理由。与此相对应应考虑相应的文章结构层次。通常而言，报告一般分为三个层次，即基本情况介绍、综合分析、结论与建议。

5. 选择材料

市场调查报告的材料可分为两种：一种是从调查中得来，但还未经整理、鉴别、筛选的材料，这是素材；另一种是通过整理、鉴别、筛选后写进文章的材料，这是题材。

应当指出的是，市场调查报告的材料同一般文章尤其是文学作品的材料不同，市场调查报告的题材是对素材进行审核鉴定、整理统计、分析综合而成，绝不允许做“艺术加工”。市场调查报告材料的选择，应十分严格，特别要注意以下几点。

（1）材料的真实性。对写进报告的材料，必须进行去粗取精、去伪存真的选择。

（2）数据的准确性和精确性。市场调查报告往往是从数据中得出观点，由数据来证实观点，因此数据的差错或不精确，必然影响到观点的正确性。

（3）材料要有个性。写进调查报告的材料，主要应是在这一次调查中发现的有价值的材料。如果材料缺乏个性，那么调查报告也失发了应有的价值。

任务资讯 10－1

市场调查分析报告的特点

（1）针对性和目的性。市场调查的针对性是指报告选题上的针对性，而目的性是指报告使用者具有明确的目的性。一方面，调查者紧扣调查目的，针对实际问题展开调查活动。另一方面，不同的报告使用者关心的角度不同，也会造成市场调查分析报告的内容有所区别。比如，阅读者是企业的高级管理者，那么他最关心的是调查的结论和建议部分；如果阅读的对象是一些产品经理、营销经理和其他经理人员，他们会仔细阅读报告的主体部分；如果阅读的对象是研究市场活动的专业人员，他们可能出于谨慎的考虑，需要验证这些结论的科学性、合理性，所以，更关注的是调查方式、方法及数据的来源等方面的问题。

(2) 求实性和科学性。一方面,市场调查分析报告建立在大量的事实材料上,以调查事实为依据,通过大量的数据和事实材料来说明具体问题,如实反映客观事物及其之间的内在联系,具有求实性的特点;另一方面,市场调查分析报告不单是报告市场的客观情况,还要对事实做分析研究,寻找市场发展变化的规律。调查分析报告作为企业决策的重要依据,就要求报告的编写者除了掌握科学收集、整理资料的方法外,还应该会利用科学的分析方法,以得出科学的结论,使阅读者感受到对整个调查项目的重视程度和对调查质量的控制程度。

(3) 创新性与时效性。市场调查分析报告反映的是市场现象中的主要矛盾和市场活动中的新问题,这就要求调查者要善于观察新事物,用全新的视觉去发现问题、看待问题,用有效的方法来解决问题。这里的创新,更强调的是提出一些新的建议,即以前所没有的创意,而不是老生常谈。

同时,市场问题的解决在很大程度上取决于企业经营者能否及时掌握市场变化的信息,采取有效的应变对策,而要做到这一点,调查者必须及时且迅速地将从调查中获得的有价值的信息提供给企业经营者。所以,市场调查分析报告时效性很强。

任务回顾

任务指标	表现要求	已达要求	未达要求
(陈述性)知识	掌握重要概念、特征和意义		
(实践)技能	能进行职业操作活动		
认识整体职业任务	能概述并认识整体职业任务		
认识职业任务的地位	能认识职业任务的上下衔接关系		
其他			

10.2 市场调查报告的编写

任务描述:市场调查人员在充分准备的基础上,掌握了市场调查报告的格式、结构特征以及各部分的编写方法,就可以开始编写调查报告。

10.2.1 明确市场调查报告的格式

市场调查报告的形式没有统一规范,但以下几个部分都是调查报告不可缺少的。

1. 介绍部分

介绍部分是向读者说明报告主要内容的部分。对于不需要深入研究报告的人员来说,看介绍部分即可了解到调查的概况。同时,介绍部分也提供了深入阅读全文的检索方法和主要提示。调查报告的介绍部分应包括五个部分:封面、目录、摘要、调查概况和主要结论。

2. 正文

正文是调查报告的核心部分。一般由开头、主体、结束语三部分组成。

3. 附件

附件是指调查报告正文包含不了或没有提及,但与正文有关必须附加说明的部分。它是对正文报告的补充或更详尽的说明。附件主要包括调研方案、抽样技术方案、调研问卷、数据整理表格、数据分析表格和其他支持型材料。

10.2.2 编写市场调查报告

1. 设计市场调查报告封面

封面包括报告的题目、报告的使用者、报告的编写者及提交报告的日期等内容。

作为一种习惯做法,调查分析报告题目的下方应注明报告人或单位、通信地址、电话、报告日期,然后另起一行注明报告呈交的对象。市场调查报告封面示例如图 10－1 所示。

×××电子书消费者调查分析报告

调查单位

通信地址________________

电　　话________________

E-mail ________________

报告提出日期________________

报告主送单位

____

图 10－1　市场调查报告封面示例

2. 确定市场调查报告标题

标题是画龙点睛之笔,好的标题是报告成功的一半。好的标题必须准确揭示报告的主体思想,做到题文相符,让报告的使用者通过题目就能对报告想要表达的内容一目了然。标题要简单、明了,高度概括,具有强烈的吸引力。

一般标题采用下列三种方法:

(1) 采用直叙式标题。即用调查对象和调查的主题问题作为题目。

例 10－4　直叙式标题如"三星液晶电视市场占有率调查"、"中国电信市场竞争态势调查"等。

这类题目简明扼要,比较客观,但略嫌呆板。

(2) 采用表明观点式标题。直接阐明作者的观点、看法或对事物做出判断、评价的标题。

例 10－5　表明观点式标题:如"高档轿车在北京市场畅销"、"必须提高销售人员素质——A 公司销售人员情况调查"等。

这种标题既表明了报告编写者的态度,揭示了主题,又有一定的吸引力,但通常要加副标题才能将调查对象和内容表达清楚。

(3) 采用提问式标题。即报告的题目是一个设问句或反问句,而报告的内容就是回答这个问题。

例 10－6　提问式标题如“消费者愿意到网上购物吗？”、“为什么 A 公司在北京市场的分销渠道不畅通？”、“B 公司的促销活动为什么没有达到预期的效果？”

这类题目比较尖锐，具有较大的吸引力，一般用于揭露问题的调查分析报告。

3. 制作报告目录

目录是整个报告的检索部分，便于读者了解报告结构，有利于读者阅读某一部分内容。国外调查报告的惯例是将文字、表格和图形分别编写目录，这样如果读者不需要阅读某些文字，而只需检索某一张表格，也可以很轻松地找到。这种方法在国内的调查报告中也可以应用。

例 10－7　市场调查报告目录举例。

4. 编写报告摘要

市场调查报告摘要就是为没有大量时间阅读整个报告的使用者（特别是高层管理人员），或者由于阅读者不具备太多的专业知识，只想尽快得到调查分析报告的主要结论，以及进行怎样的市场操作而准备的。

报告摘要具体包括四个方面的内容：① 简要说明调查目的；② 介绍调查对象和调查内容，包括调查时间、地点、对象、范围、调查要点及所要解答的问题；③ 简要介绍调查研究的方法；④ 简要说明调查结论与建议。

一般来讲，调查分析报告的摘要书写有以下一些要求：从内容来讲，要做到清楚、简洁和高度概括，其目的是让阅读者通过阅读摘要不但能了解本项目调查的全貌，同时对调查结论也有一个概括性的了解；从语言文字来讲，应该通俗、精炼，尽量避免应用生僻的字句或过于专业性、技术性的术语。摘要一般在完成报告后写。

5. 编写引言

(1) 引言的写作形式。引言即调查报告的开头,“万事开头难”,好的开头,既可使分析报告顺利展开,又能吸引读者。开头的形式有下面几种:

① 开门见山,揭示主题。文章开始先交代调查的目的或动机,揭示主题。

例 10-8 2010 年 3 月,我们对 2009 级电子商务专业的学生进行了有关心理障碍的调查研究,目的是要有针对性地对学生进行健康教育,矫正疏导各种不良心理,使学生健康成长。

② 结论先行,逐步论证。即将调查结论写出来,然后再逐步论证。这种形式,观点明确,使人一目了然。

例 10-9 2010 年 3 月,我们对我校大学一年级 400 名学生心理状况进行了调查,调查结果表明,不少学生存在这样或那样的心理方面的障碍,大致可以分为以下几类……

③ 交待情况,逐层分析。文章开头可先介绍背景,然后逐层分析,得出结论。也可交待调查时间、地点、对象、范围等情况,然后分析。这样可使读者有一个感性认识,然后再深入分析研究。

例 10-10 《放眼未来之路——911 名专家人士眼里的中国数据通信网络》的开头:中国邮电电信总局与北京新华信息商业风险管理有限公司于今年 4、5 月间在北京、上海、广东、广州进行一次大规模的抽样调查,力图考查我国通信网络的现状,并展望未来之路。在这次调查中,除了涉及特定专业问题外,还围绕着网络化的大趋势设计了许多问题,包括用户目前的网络使用情况、意见、需求等,调查对象是各种单位中通信网络或计算机方面的技术人员……

④ 提出问题,引入正题。用这种方式提出人们所关注的问题,引导读者进入正题。

(2) 引言部分写作应把握的原则。开头部分的写作方式很多,可根据情况适当选择,但不管怎样,开头部分应围绕这样几个问题:为什么进行调查;怎样进行调查;调查的结论如何。其作用是向报告阅读者提供进行市场研究的背景资料及其相关信息,使阅读者能够大致了解进行该项市场调查的原因和需要解决的问题,以及必要性和重要性。

6. 编写正文

正文是调查报告的核心部分,一般由开头、主体论述、结束语三部分组成。这部分包括整个市场调查的详细内容,含调查使用方法、调查程序、调查结果。对调查方法的描述要尽量讲清是使用何种方法,并提供选择此种方法的原因。

在本文中相当一部分内容应是数字、表格,以及对这些的解释、分析,要用最准确、恰当的语句对分析做出描述,结构要严谨,推理要有一定的逻辑性。

在正文部分,一般必不可少地要对自己在调查中出现的不足之处,说明清楚,不能含糊其辞。在必要的情况下,还需将不足之处对调查报告的准确性有多大程度的影响分析清楚,以提高整个市场调查活动的可信度。

调查报告正文的行文应当严谨、规范,不必追求华丽的词藻,如果某些词可能引起读者的误解,则应当尽量避免出现,而采用更接近人们日常习惯的用语。与其他公文文体不同,调查报告应当不厌其详,对于所有调查中获得的数据都应当进行反映。

(1) 开头。参见前面引言的写法。

（2）主体论述。

① 论述部分的重点。论述部分是调查报告的核心部分，它决定着整个调查报告质量的高低和作用的大小。论述部分的重点：通过调查了解到的事实，分析说明被调查对象的发生、发展和变化过程；调查的结果及存在的问题；提出具体的意见和建议。

② 论述部分的写法。由于论述一般涉及的内容很多，文字较长，有时也可以用概括性或提示性的小标题，突出文章的中心思想。

③ 论述部分的主要内容。不管你用多少个标题，论述部分大致可分为基本情况部分和分析部分两部分内容。基本情况部分要真实地反映客观事实，对调查资料和背景资料做客观的介绍说明；或者是提出问题，其目的是要分析问题。分析部分是调查报告的主要部分，在这一阶段，要对资料进行质和量的分析，通过分析，了解情况，说明问题和解决问题。分析一般有三类情况：第一类成因分析；第二类利弊分析；第三类发展规律或趋势分析。

（3）结束语

结束语一般就是调查的结果，调查结果和结论与建议是整个报告的核心，要求简短，切中要害，使阅读者既可以从中大致了解调查的结果，又可从正文中获取更多的信息。

7. 编写结论与建议

结论与建议是阅读者最为关注的部分。应根据调查结果总结结论，并结合企业或客户的情况提出其所面临的优势与困难，提出解决方法，即建议。

结论和建议的几种表现形式：

（1）概括全文。综合说明调查报告的主要观点，深化文章的主题。

（2）形成结论。在对真实资料进行深入、细致的科学分析的基础上，得出报告结论。

（3）提出看法和建议。通过分析，形成对事物的看法，在此基础上，提出建议或可行性方案。

结论和建议的语言要求：简明扼要，使读者明确题旨，加深认识，可以参考正文中的信息对建议进行判断、评价，能够启发读者思考和联想。

结论和建议与正文部分的论述要紧密对应，不可以提出无证据的结论，也不要没有结论性意见的论证。同时，这部分内容要具有可行性和可操作性，且有应用价值。

例 10－11 关于某慈善事业调查分析报告的结论与建议举例

结论：

1. 消极印象并不是影响捐赠与否的主要因素，积极印象也不一定会转化为捐赠行动。
2. 非捐赠者缺少关于组织的足够信息。
3. 对该组织及其所属组织缺乏了解。
4. 被调查者认为给组织在管理上花费了过多的捐赠资金。
5. 该组织在竞争有限的捐赠资金。

建议：

1. 做进一步的调查，以确定非捐赠者对该组织及其服务宗旨的了解程度。
2. 向潜在捐赠者提供有关该组织的宗旨、所支持的组织、合理的管理成本等方面的信息。
3. 加大在工作场所开展宣传活动的频率，运用各种途径来增加公众对捐赠方法的了解。
4. 该组织应制订适度竞争的营销战略来应对竞争对手。

8. 组织附件

附件是与调查过程有关的各种资料的总和,这些内容不便在正文中涉及,但在阅读正文时或者检验调查结果的有效性时,需要参考这些资料。附件主要包括以下内容:

① 项目策划书;

② 抽样方案,包括样本点的分布和样本量的分配情况等;

③ 调查问卷;

④ 主要质量控制数据。例如,调查中的拒访率、无回答率等。一些有经验的市场研究人员可以根据这些内容判断结果的有效性。除上述内容外,如果在调查中使用了其他的二手资料、在允许的情况下也应当向客户提供,作为参照。对于具有保密价值的材料,调查公司应当提供多少,可以由双方在合同签订时予以确认,必要的时候,客户方应当为获得这些材料付费并且做出保密的承诺。

任务资讯 10-2

调查分析报告编写中的一些基本技巧

1. 叙述技巧

市场调查分析报告的叙述主要用于开头部分(如摘要和正文的开头),通过叙述事情的来龙去脉来表明调查的目的、过程和结果。常用的叙述技巧有:

(1) 概括叙述。即对调查的过程和情况进行概略的陈述,不需要对细节详加铺陈。这是一种浓缩型的快节奏叙述,文字简略,以适应市场调查分析报告快速、及时地反映市场变化的需要。

(2) 按时间顺序叙述。即按时间顺序交待调查的目的、对象和经过,前后连贯。如开头部分叙述事情的前因后果,正文部分叙述市场的历史与现状,均属运用了这一技巧。

(3) 叙述主体的省略。即叙述主体在市行调查分析报告的开头部分出现后,在后面即可省略。这样做并不会导致误解。例如,市场调查分析报告的主体通常是报告编写者,叙述中用第一人称即可。

2. 说明技巧

(1) 数字说明。较多地使用数字、图表示调查分析报告的主要特征。在进行数字说明时,为防止报告中到处都是数字,通常用表格和图形来说明数字。切记,调研报告不是数据的堆积。此外,还要注意以下两点:

① 使用汉字和阿拉伯数字应统一。总的原则是,凡是可以用阿拉伯数字的地方均使用阿拉伯数字。具体来说,计数与计量(如 50~90、15% 等)、公历世纪与年代、时间(如 20 世纪 80 年代、2007 年 6 月 1 日等)均用阿拉伯数字,星期几用汉字,邻近的两个数并列连用表示概述时用汉字(如五六天、五六百元等)。

② 运用数字的技巧。为了让统计数字更加鲜明生动、通俗易懂,编写报告时应注意运用数字的技巧。如将某企业年产 876 000 台换算成每小时生产 90 台;或将太小的不易引起报告使用者关注的数字推算变大,如产品 A 的成本降低 0.5 元/件,如果单价保持不变,则当年销售量为 90 万件时,即可增加销售收入 50 万元。

(2) 分类说明。即根据主题的要求,将资料按一定的标准分为若干类,分别说明。如将调查收集到的资料按地理位置和经济水平进行分类,每类设一小标题,并做进一步说明。

(3) 举例说明。即举出具体的、典型的事例来说明市场发展变化情况。在市场调查中会遇到大量的事例,可从中选择具有代表性的例子。

3. 语言运用技巧

市场调查分析报告不是文学作品,而是一种说明性文体,有着自己的语言风格。其常用的语言技巧有:

(1) 用词技巧。市场调查分析报告中用得比较多的是数词(前面已经做了介绍)和专业词(如"市场竞争"、"价格策略"、"市场细分"等),编写者应该能灵活、适当的使用。除此之外,用词还应该严谨、简明和通俗。

① 严谨。语言严谨体现在选词造句要精确,分寸感强。在报告中不能使用如"可能"、"也许"、"大概"等含糊的词语。而且还要注意在选择使用表示强度的副词或形容词时,要把握词语的差异程度。比如,"有所反应"与"有反应","较大反响"与"反应强烈","显著变化"与"很大变化"之间的差别。

② 简明。在叙述事实情况时,力争以较少的文字清楚地表达较多的内容,要毫不犹豫地删除一些不必要的词句。不过,要使语言简明,重要的是报告编写者的思维。只有思维清晰、深刻,才能抓住事物的本质和关键,用简练的语言概括和表达出来。

③ 通俗。调查报告的语言应力求严肃、平易近人,但并非平淡无味。要求报告编写者加强各方面的修养和语言文字表达的训练,才能写出生动、通俗易懂的高水平的报告。

(2) 句式技巧。市场调查分析报告以陈述句为主,陈述调查的过程和市场情况,表示肯定或否定的判断,在建议部分会使用祈使句表示某种期望。

此外,从整体上说,编写者还要注意语言表达的连贯性和逻辑性。

4. 议论技巧

(1) 归纳技巧。即运用归纳法将市场调查过程中掌握的若干具体的事实进行分析论证,得出结论。

(2) 局部论证。即将市场调查的项目分成若干部分,然后对每一部分分别进行论证。由于市场调查分析报告不同于议论文,不可能形成全篇论证,只是在情况分析中做出局部论证,如对市场情况从几方面进行分析,每一方面形成一个论证过程,用数据等资料作论据去证明其结论,形成局部论证。

需要注意的是,每个问题在全篇报告中占有的篇幅和位置,须与问题本身的重要程度相一致。

任务回顾

任务指标	表现要求	已达要求	未达要求
(陈述性)知识	掌握重要概念、特征和意义		
(实践)技能	能进行职业操作活动		
认识整体职业任务	能概述并认识整体职业任务		
认识职业任务的地位	能认识职业任务的上下衔接关系		
其他			

10.3　市场调查报告的提交

任务描述：报告编写完成后，调查人员应通过不同的方式将报告提交给委托企业。提交方式包括书面和口头两种方式，提交报告也意味着解释报告。

经过精心的准备和认真的编写，市场调查项目小组已经完成了市场调查报告的初稿工作，但这并非意味着大功告成。若要最后定稿，还须对初稿的内容、结构、用词等进行多次审核和修改，方可定稿并提交。

10.3.1　修改市场调查报告

1. 报告修改安排

在初稿完成后，调查小组人员可以针对初稿的内容、结构、用词等方面进行多次审核和修改，确认报告言之有理，持之有据，观点明确，表达准确，逻辑合理。在定稿前也可以以会议的形式，将整个报告或报告的若干部分拿出来与有关方面进行沟通，从中得到有用信息，提高报告的质量。

2. 报告修改依据

调查报告中容易出现问题的地方列举如下：

(1) 审核报告的标题是否简洁、明了、富有吸引力，并且能揭示调查主题的内容。

(2) 审核报告主体各部分内容与主题的连贯性如何，有无修改和增减。

(3) 是否处理好了篇幅和质量的关系。

(4) 资料的取舍是否合理。

(5) 对图表资料是否做了充分的解释和分析。

(6) 审核所推断出的结论是否科学，论据是否确凿，审核所提建议是否可行。

例 10－12　经调查和分析，企业需要对一个目标市场增加 15 万元的促销费就可达到企业的营销目标，那么，这个结论就作为一项建议被提出来了，即建议“企业每一个目标市场增加 15 万元的促销费”，结果是不可行，因为它超过了企业的财务承受能力。在遇到这类情况时，如果报告撰写者对企业有比较深入的了解，就会将这个结论与其他方面综合起来考虑，因为要达到企业的营销目标并不完全取决于“企业每一个目标市场增加 15 万元的促销费”，最好是能找到一个既在企业财务承受能力之内又能达到企业营销目标的可行建议。

(7) 是否过度使用定量技术。过度使用定量技术会降低报告的可读性，容易造成使用者阅读疲劳，并引发对报告合理化的怀疑。当使用者是一位非技术型营销经理时，他还会拒绝一篇不易理解的报告。

(8) 报告的重点是否突出，报告的顺序安排是否得当。

(9) 语言表述是否做到严谨、简明和通俗。语言严谨体现在选词造句要精确，分寸感强。调查报告的行文要求自然流畅，尽量选用常见的词句，避免使用晦涩难懂的和专业技术性强的术语。

10.3.2 提交市场调查报告

市场调查报告征得各方意见并进行修改后就可以定稿并提交。

1. 以书面方式提交

调查人员将定稿后的调查报告打印为正式文稿，而且要求对报告中所使用的字体、字号、颜色、字间距等进行细心的选择和设计，文章的编排要求大方、美观、有助于阅读。另外，报告应该使用质地较好的纸张打印、装订，封面应选择专门的封面用纸，封面上的字体大小、空白位置应精心设计。因为，粗糙的外观或一些小的失误和遗漏都会严重地影响阅读者的兴趣，甚至信任感。

如果市场调查项目是由客户委托的，则往往会在报告的目录前面附上提交信（即一封致客户的提交函）和委托书（即在项目正式开始之前客户写给调查者的委托函）。一般来说，提交信中可大概阐述一下调查者承担并实施的项目的大致过程和体会（但不提及调查的结果），也可确认委托方未来需要采用的行动（如需要注意的问题或需要进一步做的调查工作等）。有时候，提交信还会说明委托情况。而委托书则是表明授权调查者承担并实施调查项目，并确认项目的范围和合同的时间内容等。

例 10-13 提交信的写法。

尊敬的××，您好：

按照您在2011年2月9日委托书中的要求，我已经完成了对2011年2月A型数码照相机市场销售情况的调查分析。现提交标题为“中洲公司A型数码照相机目标市场销售调查”的报告。该报告的基础是目标市场上1 200位已经成为中洲公司顾客或对数码照相机感兴趣的人的现场访问、问卷调查，在报告中我们进行了详细的描述。本次调查采用了市场营销调查的惯例；并且相信，该报告符合贵公司的限制条件，其结果是可靠且有效的。

我希望您对本次调查的结果（结论和建议）感到满意，并且该结果对贵公司A型数码照相机在2011年的销售有所帮助。如您有什么问题，请立即与我联系。

致礼！

××公司　×××

2. 以口头方式提交

绝大多数市场调查项目在准备和递交书面报告之前或之后都要做口头陈述，它可以简化为在使用者组织的地点与经理人员进行的一次简短会议，也可以正式向董事会做一次报告。不管如何安排，有效的口头陈述均应以听众为中心，充分了解听众的身份、兴趣爱好、教育背景和时间等，精心安排口头陈述的内容，将其写成书面形式。也可以使用各种综合说明情况的图表协助表达，还可以借助投影仪、幻灯片或大型图片等辅助器材，尽可能“直观地”向全体目标听众进行传达，以求取得良好的效果。

如有可能，应从市场调查人员当中抽选数人同时进行传达，各人可根据不同重点轮流发言，避免重复和单调。而且，还应该留适当时间，让听众有机会提出问题。

10.3.3 市场调查报告的跟进

1. 向客户解释调查报告

完成调查报告的编写后，市场调查人员应该明白，精心的服务能创造后续的销售机会。

对于专业从事市场调查的公司来说，在服务的过程中会与客户进行大量的接触。签约仅代表客户关系的开始，如果不能保障良好的后续服务，就很难留住客户。为客户服务的第一要务就是做好市场调查报告的解释工作。

在进行报告解释之前，调查公司负责报告解释的小组必须认真分析和了解报告对象的特点。既要掌握听众们的身份、文化水平、兴趣爱好，更要了解和掌握听众们的需要及其关注点，以及他们对市场调查问题的熟悉程度及以后对决策的参与程度等，从而为确定解释的内容、重点、形式等提供依据。

任务资讯 10－3

市场调查结果沟通的意义

市场调查结果的沟通是指市场调查者与委托方、使用者以及其他人员之间就市场调查结果的一种信息交换活动。

市场调查报告的形成并非市场调查项目的结束，尽管市场调查过程的正确组织和实施是一项市场调查项目成功的基础，高质量的市场调查报告的形成是市场调查项目成功的重要方面，但对市场调查结果的沟通的重要意义也绝对不能低估。

第一，市场调查报告及其沟通是市场调查结果实际应用的前提条件。市场调查本身不是目的，而只是—种手段。其目的是为企业的经营活动提供依据。不形成完整的市场调查报告，市场调查活动的结果就无从体现。同样，即使市场调查过程组织得很完美，市场调查报告也很好，各项资料很精确、有用，但如果不能有效沟通，那些潜在的使用者就无法应用调查的结果，市场调查的目的也就无法实现。

第二，市场调查结果的沟通有利于市场调查结果阅读者和使用者更好地接受有关信息。市场调查结果的沟通过程，也是市场调查者对调查结果使用者的指导过程。市场调查报告的沟通可以使阅读者、使用者能够更全面、更正确地了解市场调查的结果，做出正确的营销决策，更好地发挥市场调查效用。

第三，市场调查结果的沟通有利于扩大市场调查结果的使用范围，可以使调查结果为更多的阅读者或使用者所认识，从而发挥其更大的效用。

第四，市场调查结果的沟通有利于市场调查者水平和能力的提高，也有利于市场调查结果的进一步完善。市场调查结果的沟通是一个双向的过程。在沟通的过程中，市场调查者可以从接受者处了解有关的信息、意见，从而可以对整个项目，尤其是市场调查报告进行总结和提高。

2. 阐释负面结果

作为市场调查人员，起码的职业道德要求我们，告诉客户事实真相是一个专业调查人员的职责。这也是真正对客户负责，是对客户最好的支持。如果隐瞒那些负面结果或避重就轻，调查人员就未真正履行职责，同时，也会给客户带来误导。

尽力表明解释内容与个人不相关。要强调作为市场调查人员和汇报解释者，你不是批评家，也不是“法官”，你仅是在客观地汇报市场调查结果。只要有可能，在解释汇报时，也应列举一些正面的事实，避免使报告成为完全的负面结果。应强调指出应采取哪些措施和对策，预防或减弱哪些可能出现的问题。

3. 指导调查报告使用者

市场调查报告的编写和解释工作的完成,并不意味着市场调查过程的结束和调查任务的最终完成。事实上,对市场调查结果的使用者进行指导,是市场调查过程中的一个有机组成部分,也是市场调查人员的一项任务。

首先,因为市场调查本身只是一种手段而不是目的,其真正目的是通过调查,获取足够的信息资料,为正确的经营决策和经营活动提供依据。所以,仅得到市场调查结果,并未实现其目的,只有当使用者以市场调查结果为依据,指导其经营决策和经营业务,才能达到其目的。为此,需要进一步指导使用者运用市场调查的结果。

其次,因为市场调查人员的帮助指导,对使用者来说是必要的。市场调查报告所反映的情况总有一定的局限,市场调查结果的使用者对报告的理解也总有一定的局限。为此,市场调查人员对使用者给予指导,能够进一步向使用者传递报告中未能反映的信息,帮助使用者更好地了解有关情况。这种指导能大大提高调查结果的使用效果。

第三,对使用者给予指导是市场调查承担者应负的职责。如同物质产品的生产经营者对于自己生产经营的产品,即使产品到了用户手中以后,还要对其进行售后服务一样,市场调查者也应对自己的产品——市场调查结果在提交给使用者以后,继续提供服务。

最后,对使用者的指导也是评价市场调查结果的有效途径。使用者通过使用,对市场调查结果的评价往往具有更强的客观性和全面性。市场调查人员通过指导使用者的使用,可以随时与使用者沟通,听取其意见,对市场调查结果做出评价,发现问题,及时采取补救措施。这对市场调查者和使用者双方都是有益的。

任 务 回 顾

任务指标	表现要求	已达要求	未达要求
(陈述性)知识	掌握重要概念、特征和意义		
(实践)技能	能进行职业操作活动		
认识整体职业任务	能概述并认识整体职业任务		
认识职业任务的地位	能认识职业任务的上下衔接关系		
其他			

◈ 任务10小结

根据市场调查与预测业务活动顺序,本任务主要是前面任务的成果体现——编写市场调查报告。调查报告是充分体现调查质量的关键环节,市场调查报告的内容、写作质量和提交方式决定着能否卓有成效地将市场调查人员的成果传达给有关的公司或政府机构的决策人员,使他们能够很好地利用这些市场调查的成果进行工作。有时候,一份写作质量低劣的市场调查报告,甚至可以将一次组织优良的调查活动所取得的成果全部一笔勾销。

通过调查组充分的准备和精心的设计,一份市场调查报告的初稿完成了。为了使调查报告的内容、结构及用词等更加完善,要反复审核和修改报告,经得各方同意后,方可定稿并提交报告。了解了市场调查报告的重要性,我们应该认真、细致地去完成每一个子任务。本任务围绕编写市场调查报告活动必要的程序，设计了各环节操作的专门知识，设置了**任务资讯**等栏目，体现了对一些重要理论知识的重组。

本任务进程以**任务描述**开始，以**学生自我总结**结束，希望读者在完成**子任务**之后，能够及时进行自我的**任务回顾**，做好自我的过程性评价，在完成所有子任务后，进行自我工作评价。

本任务能力目标：完成本任务后，读者应该能够写出高质量的市场调查报告。完成本任务将为企业的实际工作提供指导。

◈ 重要技能

市场调查报告的编写

◈ 课堂讨论

1. 市场调查报告在整个调查活动中的意义。
2. 市场调查报告的行文要求。
3. 调查报告的修改依据。
4. 为什么要做调查报告的跟进工作？
5. 就调查报告与客户企业进行沟通的意义有哪些？

◈ 课后自测

◇选择题

1. (　　)是调查分析报告内容的浓缩点。

A. 题目　　B. 摘要
C. 目录　　D. 调查结论
E. 调查建议

2. 市场调查分析报告在营销管理活动中的作用有(　　)。

A. 可作为委托方营销管理活动的参考文件
B. 证明调查人确实履行了合同
C. 可以用来衡量调查工作开展的质量
D. 可以作为企业历史资料供以后参考

3. 市场调查分析报告的特点是(　　)。

A. 针对性　　B. 求实性
C. 创新性　　D. 时效性
E. 科学性

4. 编写市场调查分析报告应坚持的原则是(　　)。

A. 简明扼要　　B. 客户导向
C. 真实性　　D. 具体化

E. 紧扣主题

◇判断题

1. 题目是调查者对全部调查资料价值(意义)的准确概括,但它不是调查分析报告的中心问题。 ( )

2. 只有针对性强的题目才能使市场调查分析报告发挥作用。 ( )

3. 市场调查分析报告可以用大量的图表来代替文字性的说明工作。 ( )

4. 市场调查分析报告的摘要部分一般在完成报告后写,所以并不是很重要。 ( )

5. 由于时间、经费、调查组织等因素的制约,市场调查分析报告都会有局限性,而这会影响其信任度,所以报告中尽量不要披露。 ( )

6. 市场调查报告是将调查方案、质量控制方案等原始的文件重抄一遍,或者是稍加修改。 ( )

◇简答题

1. 市场调查分析报告的结构由哪几部分组成?

2. 调查报告摘要包括哪几方面内容?

3. 为什么说市场调查分析报告是衡量一项市场调查项目质量水平的重要标志?

4. 为什么要阐释负面结果,而不能回避?

5. 应该怎样指导调查报告使用者?

⊙ 案例分析

洗衣粉市场分析报告

一、洗衣粉中国市场品牌发展历程

洗衣粉是中国本土品牌最早面对国际品牌竞争的行业之一,也是竞争最激烈的行业之一,到目前为止,其品牌格局的演变大致经历了四个阶段。

第一阶段:(1983 年以前)白猫独秀

计划经济体制下,厂家只负责生产,销售则由国家统一实行配给。"白猫"洗衣粉则成了这一阶段国家在洗衣粉配给中的主要产品,从而也奠定了它在消费者心目中的重要地位。

第二阶段:(1984—1993 年)活力 28 开创新纪元

20 世纪 80 年代初期,"活力 28"超浓缩无泡洗衣粉的问世,开创了中国洗衣粉历史的新纪元,同时"活力 28"也敢为天下先,在当时企业广告意识不强的情况下,在中央电视台不间歇地播放"活力 28"的广告,一时间"活力 28、沙市日化"的广告语和"一比四、一比四"的广告歌走进千家万户。"活力 28"从此天下扬名,一跃成为国内洗衣粉行业的大哥大。同时,海鸥、熊猫、桂林、天津等地方品牌开始雄踞一方。

第三阶段:(1994—1997 年)外资四大家族主导

这一时期,外资洗衣粉开始在中国控股合资或直接设厂生产。凭借其丰富的促销手段、高密度的广告宣传、不断的技术革新,它们在市场上取得节节胜利。在强大的外来攻势下,许多国内品牌要么选择与外国洗衣粉厂合资,要么无奈地退出市场。市场基本由联合利华、汉高、宝洁、花王四大外资集团所主导。

第四阶段:(1997 至今)本土品牌成功阻击四大家族

由于成本过高，外资洗衣粉一直未在中国市场有好的盈利表现，所以广告、促销力度渐渐减弱，再加上国内一段时间内消费低迷，消费者也渐渐转向购买价格低廉的国有品牌。而一些国内品牌借此机会，凭借价格和广告优势，确立了自己的地位，如奇强、立白等，而雕牌纳爱斯更是在中低端市场独霸天下。

二、2002—2003年度品牌竞争格局

（一）总体竞争格局

洗衣粉是中国快速消费品市场充分竞争的领域。洗衣粉行业品牌众多，产品林立。有以量取胜的雕牌、立白，有跨国巨头宝洁、联合利华、日本花王等，也有盘踞一隅的地方性品牌，整个行业充满了变化与变革的契机。

（二）市场竞争深度分析

1. 市场渗透率分析

进入21世纪后，雕牌在洗衣粉市场上演了一出从北到南、由西向东横扫天下的好戏。

洗衣粉作为家庭日常必需品，其市场渗透率近乎100%，市场容量已经基本饱和。另一方面，尽管人们的洗衣频次似乎有所增加，但趋势依然不明显。所以，任何品牌的增长都以蚕食其他品牌的地盘为代价。在全国洗衣粉市场竞争中，只有两个品牌在增长：雕牌一枝独秀，大幅上升；立白避其锋芒，小幅上涨；其他品牌均呈败退之势。截至2003年年底，洗衣粉市场大盘已定。

（1）华北区雕牌急剧增长。雕牌2001年攻下华北，奥妙勉强坚守第二阵营，活力28一落千丈，与其他品牌共同据守第三阵营。

（2）华东区奥妙一直雄霸第一，白猫第二。但在2003年，雕牌一举攻下华东，坐上华东区头把交椅。

（3）华南区品牌竞争尤酣，立白、汰渍、雕牌均全力攀升，甚至在2002年已呈颓势的奥妙也在奋力上扬。尽管雕牌依然表现出最强劲的上升幅度，但鹿死谁手，尚未可知。

（4）雕牌在2002年攻下西部地区，奥妙和汰渍在第二阵营竞争，但似乎汰渍率先开始动作。

（5）东北区雕牌一马当先，其他品牌一泻千里，溃不成军，只汰渍有微弱反抗。

2. 品牌忠诚度分析

雕牌较高的忠诚度为其一马平川奠定了坚实的基础，或者说，雕牌之所以能在全国范围内所向披靡，得益于其较高的品牌忠诚度。

三、主要品牌手段分析

1. 雕牌

雕牌的成功，除在区域市场的运筹帷幄、各个击破外，其对于自身的品牌定位及对核心消费人群的诉求，是其制胜的另一法宝。

作为家庭必需品的洗衣粉，价格不能不是一项考虑的因素。尤其是洗衣频次高、洗衣粉消费多的家庭，对价格越敏感。雕牌采取了走中低端路线、瞄准家庭主妇的方法，不仅瞄准了最核心、最大量的消费人群，而且为自己开辟了一块广阔的天地。

此外，从雕牌消费者的心理定位看，雕牌依然瞄准比较传统、保守、具有奉献精神的那部分家庭主妇，而她们是家庭主妇的主流和主体。相反，像奥妙的消费者，则倾向于追求自我，具冒险精神，更具职业女性的态度。而职业女性，注定不会成为洗衣粉市场的消费主力。

2. 奥妙

1999年,经过多年摸索后的联合利华,向宝洁发起总攻,当年11月,联合利华将两款新推出的“奥妙”洗衣粉——奥妙全效和奥妙全自动洗衣粉全面降价,降幅分别达40%和30%,400克奥妙洗衣粉的价格从近6块钱一下落到3.5元,这个价格当时仅相当于宝洁产品价格的一半左右。由于奥妙精心营造的高档形象已深入人心,老百姓突然能够买得起以前买不起的高档洗衣粉了,市场由此洞开,奥妙也得以超越宝洁的汰渍。这种局面一直维持到今天。

3. 汰渍

作为宝洁旗下的主打品牌,在进入中国市场之初,凭借丰厚的财力及自己准确的产品诉求,在短时间内成为市场的领导品牌,虽然这几年由于营销力度减弱而出现市场份额下降的情况,但它在消费者心目中还是有较强地位的。

4. 立白

1994年进入洗衣粉行业的立白,在一开始,就选择了农村包围城市的策略,在每个县找经销商,和每个经销商探讨立白的销售与经营,在双方的共同努力下,立白站稳了根基。

四、洗衣粉市场未来发展走势

目前,洗衣粉的竞争是外资打外资,中资打中资。中资的首要任务就是消灭二、三级的品牌,然后成长为全国性的大品牌。估计只需三、四年时间,中资品牌就可以在市场站稳脚跟,然后将向洋品牌发起总攻。

(资料来源:市场营销——年度特别策划,成功营销,2004年第1期.)

阅读以上材料,回答问题:

1. 在该市场调查报告的开头,使用了什么样的叙述技巧?

2. 你认为该调查报告在结构上存在问题吗?请说出你的看法。

◈ 模拟演练

结合任务内容,每个小组写一份关于大学生手机消费状况的调查报告,并提供给班级中的其他组(假定该组同学为报告的使用者),与其进行良好的沟通,同时针对报告使用者反馈的信息对报告进行修改和完善。

[演练目标]市场调查报告的编写

[演练组织]可以进行小组分工,3~4人为一组,每组要求选出1名组长,组长对该项任务进行详细的分工,并对整个过程进行控制。每名学生对自己完成的编写任务负责。

[演练提示]参考任务内容中的相关说明。

[成果评价]教师可以根据以下标准对小组的成果进行考核:① 完成时间;② 内容要求;③ 外观设计。

◈ 学生自我总结

通过完成任务10 市场调查报告的完成,我能够做如下总结:

一、任务概述

本任务的主要内容有：

二、任务定位

本任务在职业活动中的地位：

三、完成任务过程分析

本任务的完成过程是：

四、工作过程要素分析

在本任务的完成过程中： 1. 工作过程要素有： 2. 操作要领有： 3. 这么做的原因有：

五、成果检验

本任务的工作成果： 1. 完成本任务的意义有： 2. 体会的经验有： 3. 自悟的经验有： 4. 形成的策略有：

参 考 文 献

1. (美)小卡尔·迈克丹尼尔. 当代市场调研. 范秀成，等译. 北京：机械工业出版社，2000.

2. (英)托尼·普罗克特. 营销调研精要. 吴冠之，等译。北京：机械工业出版社，2004.

3. 赵铁. 市场调查与预测. 北京：清华大学出版社，2007.

4. 赵铁. 市场调查与分析. 北京：北京交通大学出版社，2008.

5. 赵铁. 高职财经管理类专业工作过程导向课程开发——以市场营销专业为例. 北京：高等教育出版社，2009.

6. 李国强，苗杰. 市场调查与市场分析. 北京：中国人民大学出版社，2005.

7. 赵伯庄，张梦霞. 市场调研. 北京：北京邮电大学出版社，2004.

8. 龚曙明. 市场调查与预测. 北京：清华大学出版社、北京交通大学出版社，2005.

9. 张德斌. 市场调查和预测. 北京：中国经济出版社，2005.

10. 姚小远，杭爱明. 市场调查原理与方法. 上海：立信会计出版社，2006.

11. 王若军. 市场调查与预测. 北京：清华大学出版社、北京交通大学出版社，2006.

12. 雷培莉，姚飞. 市场调查与预测. 北京：经济管理出版社，2008.

后　记

尽管步履蹒跚，高等职业教育教学的改革始终在前行。2006 年岁末，国家首批示范性高职院校建设项目正式启动；2010 年 7 月，《国家中长期教育改革和发展规划纲要》（2010—2020 年）正式发布；2010 年，国家骨干高职院校建设项目开始启动。中国高等职业教育正上改革的快车道。

作为首批立项的国家示范性院校，我们在探索中不断前行。《市场营销专业人才模式创新研究与实践》、《“任务导向”市场调查与预测教材建设研究与实践》分别于年、2010 年先后获得省级教学成果奖；高等教育出版社出版了教育教学专著《高职财经类专业工作过程导向课程开发研究——以市场营销专业为例》。更为可喜的是，2009国商科院校首届市场调查技能大赛”共设一等奖四项，我校两项作品参赛，均获一等学研究取得了可喜的效果，也进一步增强了我们进行课程改革探索的信心。

本书作为示范性高职院校教学改革的成果，希望能够传播一种职业教育思念。也感谢所有在自己平凡的岗位上默默为中国职业教育做出严肃思考并积极人们！

是

培养
2008
管理
年"全
奖。教

息、一种理
讨诸实践的

编 者
2011.10

经管理实一体化课程平台使用说明

1. 登录 http://hve.hep.com.cn,点击按钮 经管理实一体化课程平台(点击此处登录)。

2. 登录方法:请使用本书封底标签上防伪明码作为登录账号,防伪密码作为登录密码。

3. 注意事项:

(1) 本账号有效学习时间50小时。到期账号失效。

(2) 本账号过期作废,有效登录时间截至2015年12月31日。

课程咨询电子邮箱:songchen@hep.com.cn　　咨询电话:(010)58581854

技术支持电子邮箱:gaojiaoshe@itmc.cn　　咨询电话:(010)68208490